担负起新时代的文化使命

文化强国建设实践案例选编

本书编写组/编

中国出版集团 东方出版中心

图书在版编目(CIP)数据

担负起新时代的文化使命：文化强国建设实践案例选编 / 本书编写组编. -- 上海：东方出版中心, 2025.6. -- ISBN 978-7-5473-2740-1

Ⅰ. G12

中国国家版本馆 CIP 数据核字第 2025WP5419 号

担负起新时代的文化使命——文化强国建设实践案例选编

编　　者　本书编写组
本书策划　陈义望
责任编辑　沈旖婷
装帧设计　钟　颖

出 版 人　陈义望
出版发行　东方出版中心
地　　址　上海市仙霞路 345 号
邮政编码　200336
电　　话　021-62417400
印 刷 者　上海万卷印刷股份有限公司

开　　本　890mm×1240mm　1/32
印　　张　11.5
字　　数　190 千字
版　　次　2025 年 7 月第 1 版
印　　次　2025 年 7 月第 1 次印刷
定　　价　68.00 元

目 录

前言
引领和推动新时代新征程宣传思想文化工作不断开创新局面

　　文化关乎国本,文化兴国家兴,文化强民族强,文化兴盛是一个民族强盛的根本支撑和重要条件。党的十八大以来,习近平总书记把文化建设摆在全局工作的重要位置,不断深化对文化建设的规律性认识,提出一系列新思想新观点新论断,从政治高度、历史厚度和实践深度回应文化建设的时代之思、世界之问、实践之路,勾勒出新时代文化建设的新蓝图,明确了新时代的文化使命,丰富和发展了马克思主义文化理论,构成了习近平新时代中国特色社会主义思想的文化篇,形成了习近平文化思想。习近平文化思想秉承了党的创新理论所具有的与时俱进、勇于创新的理论品格,始终随着时代发展与实践深化而不断发展和深化,在围绕中心、服务大局的伟大实践中高举旗帜、领航定向,在统一思想、汇聚力量的使命任务中补钙壮骨、固本培元,引领和推动新时代新征程宣传思想文化工作不断开创新局面、谱写新篇章。

一、把文化建设作为民族复兴的
根本支撑和重要条件

文化兴国家兴，文化强民族强。一个国家、一个民族的强盛，总是以文化兴盛为支撑的，中华民族伟大复兴需要以中华文化发展繁荣为条件。党的十八大以来，习近平总书记把文化建设摆在全局工作的重要位置，不断深化对文化建设的规律性认识，提出一系列新思想新观点新论断，从政治高度、历史厚度和实践深度擘画了新时代文化建设的新蓝图，明确了在新的历史起点上担负的新时代的文化使命，丰富和发展了马克思主义文化理论，形成了习近平文化思想。习近平文化思想着眼于实现民族复兴伟业，扎根于源远流长的中华优秀传统文化，渊源于马克思主义文化观，奠基于百余年来我们党领导文化建设的辉煌历史，形成于推进新时代文化建设的伟大实践，具有深厚的文化底蕴、理论基础、历史渊源和实践支撑。

从 2013 年习近平总书记在全国宣传思想工作会议上提出"两个巩固"到 2018 年习近平总书记在全国宣传思想工作会议上提出"九个坚持"，从 2023 年文化传承发展座谈会明确文化建设方面的"十四个强调"到全国宣传思想文化工作会议强调的"七个着力"要求，从提出习近平总书记关于宣传思想工作的重要思想到习近平文化思想的形成,我们可以直观而深刻地领会到新时代党的宣传思想文化工作的守正创新、不断发展,领会到习近平文化思想理论体系的开放性和实践性。习近平文化思想集中体现了马克思主义文化理论的创新发展,标志着我们党对中国特色社会主义文化建设规律的认识达到了新高度,表明我们党的历史自信、文化自信达到了新高度。

二、把"两个结合"作为开辟和发展中国特色
　社会主义的必由之路和最大法宝

不同国家、民族有不同历史积累、文明积淀,由此决定了不同的发展道路。回望历史,我们党之所以能够领导广大人民群众在一次次求索、一次次挫折、一次次开拓中完成中国其他各种政治力量不可能完成的艰巨任务,"根本在于坚持解放思想、实事求是、与时俱进、求真务实,坚持把马克思主义基本原理同中国具体实际相结合、同中华优秀传统文化相结合,坚持实践是检验真理的唯一标准,坚持一切从实际出发,及时回答时代之问、人民之问,不断推进马克思主义中国化时代化"。坚持和发展马克思主义,必须同中国具体实际相结合,这是我们党的宝贵历史经验。早在1938年,毛泽东同志在党

的六届六中全会上就鲜明指出,"马克思列宁主义的伟大力量,就在于它是和各个国家具体的革命实践相联系的",强调"马克思主义必须和我国的具体特点相结合并通过一定的民族形式才能实现",如果"离开中国特点来谈马克思主义,只是抽象的空洞的马克思主义",向全党提出了马克思主义中国化的重大命题。

党的十八大以来,以习近平同志为核心的党中央,高度重视传承和弘扬中华优秀传统文化,开辟了马克思主义基本原理同中华优秀传统文化相结合的新境界。习近平总书记在庆祝中国共产党成立 100 周年大会上首次提出"两个结合"重大论断;在党的二十大报告中进一步阐述"两个结合"的深刻内涵;在文化传承发展座谈会上,习近平总书记从五个方面阐明"两个结合"的重大意义,指出"在五千多年中华文明深厚基础上开辟和发展中国特色社会主义,把马克思主义基本原理同中国具体实际相结合、同中华优秀传统文化相结合是必由之路。这是我们在探索中国特色社会主义道路中得出的规律性的认识,是我们取得成功的最大法宝"。

习近平总书记关于"两个结合"的一系列重要论述,将"两个结合"从马克思主义中国化时代化的方法,升华为开辟和发展中国特色社会主义的必由之路,赋予"两个结合"更高地位和更大作用空间。马克思主义基本原理同中华优秀传统文化相结合,造就了一个有机统一的新的文化生命体,让马克思主义成为中国的、中华优秀传统文化成为现代的,让中国特色社会主义道路有了更加宏阔深远的历史纵深,拓展了中国特色社会主义道路的文化根基。"两个结合"特别是"第二个结合"诠释了新时代文化建设的路径方法,充分彰显了我们党高度的文化自信和强烈的文化担当,为马克思主义中国化时代化奠定了坚实的文化基础。

当前,世界百年未有之大变局加速演进,不同文明相互激荡,文化软实力的竞争越来越激烈。只有牢牢把握住意识形态工作领导权、管理权、话语权,我们才能在大国较量中把握主动、赢得先机。一百多年来,我们党在革命、建设和改革过程中,积极推进马克思主义中国化时代化,通过对中华优秀传统文化精髓的发掘、继承、弘扬,用马克思主义真理的力量,激活了中华民族历经几千年创造的伟大文明,使中华优秀传统文化的精神价值得以拓展、重构和超越,赋予其新的时代意义和实践价值。我们要想在百年未有之大变局中为世界提供中国智慧、中国方案、中国力量,就必须坚持中国特色社会主义文化发展道路,传承中华优秀传统文化,弘扬革命文化,发展社会主义先进文化,不断增强实现中华民族伟大复兴的精神力量,不断提升国家文化软实力和中华文化影响力,不断丰富和发展人类文明新形态。

三、把坚定文化自信作为文化发展乃至整个中国特色社会主义事业发展的精神支撑

　　文化自信是基于中华民族历史发展而生成的对于中华文化的信心和信念,是推动文化发展的重要力量。党的十八大以来,习近平总书记在多个场合提到文化自信,指出文化自信是一个国家、一个民族发展中最基本、最深沉、最持久的力量。在庆祝中国共产党成立 95 周年大会上,习近平总书记明确将"文化自信"与"道路自信、理论自信、制度自信"并列起来,共同作为社会主义现代化建设的战略支撑,并强调文化自信是"更基础、更广泛、更深厚的自信"。"四个自信"重要论断的提出,标志着我们党对中华优秀传统文化的重视达到了一个新的历史高度。

　　从生成逻辑上看,文化自信是中华民族现代化进程和为实现中华民族伟大复兴奋斗实践的观念反映,是中国特色社会主义建设特别是文化建设经验的总结概括。习近平文化思想从推进中国式现代化和实现中华民族伟大复兴的高度,深刻揭示了中华文明的突出特性,明确把坚定文化自信作为文化发展乃至整个中国特色社会主义事业发展的精神支撑,明确提出创造人类文明新形态的目标,不仅在宣传思想文化事业发展史上具

有里程碑意义,同时在党和国家发展史上特别是中华民族发展史上也具有重要意义。

理论的价值在于指导实践、推动发展。在内容上,习近平文化思想既有政治、理论、原则上的要求,又有工作格局、内容、方式的部署;既有深邃、深刻的道理,又有科学、务实的方法;既是思想的结晶,又是行动的纲领,彰显着这一思想明体达用、体用贯通的鲜明特征,为深入开展新时代新征程宣传思想文化工作、全面推进文化强国建设提供紧跟时代步伐的理论指导和科学指南。

“明体达用、体用贯通”是中国传统哲学智慧,也具有丰富的现代意义。“体”与“用”是中国古代哲学的一对重要范畴,分别指本体和作用。一般认为,“体”是最根本的、内在的、本质的,“用”是“体”的外在表现、表象、表征。全国宣传思想文化工作会议用“明体达用、体用贯通”对习近平文化思想的重大意义作出总结,强调习近平文化思想既有文化理论观点上的创新突破,又有文化工作布局上的部署要求。习近平文化思想的“明体达用、体用贯通”实践品格,源于中国古典哲学中的经世致用传统,又根据党的思想路线并结合时代发展进行了重大理论创新,将理论和实践融为一体,阐明了理论指导实践、实践提升理论的重大意义。对全党特别是宣传思想文化战线来说,学习好、宣传好、贯彻好习近平文化思想,既是政治要求,也是使命责任。新征程上,我们要坚持不懈以习近平新时代中国特色社会主义思想为指导,全面贯彻习近平文化思想,坚持学思用贯通、知信行统一,熟练掌握蕴含其中的领导方法、思想方法、工作方法,不断提高履职尽责的能力和水平,以高质量的宣传思想文化工作,不断推动新时代宣传思想文化事业开创新局面、铸就新辉煌。

专题一

坚持和加强党对宣传思想文化工作的全面领导,担负起新时代文化使命,建设社会主义文化强国,铸就社会主义文化新辉煌

要坚持马克思主义在意识形态领域的指导地位,坚守中华文化立场,坚持以社会主义核心价值观引领文化建设,紧紧围绕举旗帜、聚民心、育新人、兴文化、展形象的使命任务,加强社会主义精神文明建设,繁荣发展文化事业和文化产业,不断提高国家文化软实力,增强中华文化国际影响力,发挥文化引领风尚、教育人民、服务社会、推动发展的作用。

——2020 年 9 月,习近平总书记在教育文化卫生
体育领域专家代表座谈会上的讲话

各级党委(党组)要把做好宣传思想文化工作作为重大政治责任扛在肩上,确保党中央关于文化建设的决策部署落到实处。

——2023 年 10 月,习近平总书记对宣传思想文化
工作作出的重要指示

一、守正创新做好新时代宣传
思想文化工作

党的十八大以来，习近平总书记高度重视宣传思想文化工作，作出了一系列重要讲话，彰显了新时代宣传思想文化工作在建设现代化国家、实现中华民族伟大复兴的主力军作用。我们要坚定不移地学习贯彻习近平总书记的重要指示精神，深入探究新时代党领导下宣传思想文化工作的核心价值，总结其宝贵经验，并从中汲取智慧和启示，不断提升宣传思想文化工作的质量水平，为推动社会主义文化繁荣兴盛、实现中华民族伟大复兴中国梦贡献力量。

（一）守正创新做好新时代宣传思想文化工作的重要意义

一是推动党和国家事业发展的重要力量。党的宣传思想文化工作是一项系统工程，事关党执政兴国全局，是一项庞大的系统工程，需要统筹谋划、强化协作，需要多方联动、全员参与。宣传思想文化工作不仅能汇聚起全社会的发展共识，更能充分发挥社会主义制度集中力量办大事的显著优势，构筑起坚实的群众根基,为党的长期执政提供源源不断的动力。宣传思想文化工作坚守马克思主义的指导地位,奠定全党全国人民共同的思想基石,是培育时代新人的精神沃土,肩负着培养党员干部、教育引导人民群众的神圣使命。要紧扣习近平新时代中国特色社会主义思想这一时代主题,广泛开展思想教育和理论普及,不断强化思想武装,筑牢党长期执政的基石。

二是建设文化强国和社会主义现代化国家的坚实基石。在中国共产党的坚强领导下,我们正步入全面建设社会主义现代化国家的新征程。党的二十大报告深刻阐述了新时代党和国家的中心任务,即"全面建成社会主义现代化强国、实现第二个百年奋斗目标,以中国式现代化全面推进中华民族伟大复兴"。在这一宏伟蓝图中,文化建设作为"五位一体"总体布局的灵魂,占据着至关重要的地位。文化不仅是政治、经济、社会和生态文明建设的内在动力,更是滋养民族精神的沃土,是我们推动中华文化创造性转化、创新性发展的关键途径,是实现"第二个结合"战略部署的重要环节。一个社会主义现代化强国,必然拥有以先进文化为指南、政治文化为领航、社会文化为保障的现代化文化体系。在这个体系中,先进的思想理论是核心,深厚的文化底蕴是支撑,高效的宣传机制是保障。这样的文化体系不仅为全社会提供了学习平台、传播机制和表达渠道,更有效提升了国民的综合素质和民族国家的凝聚力向心力。

三是实现中华民族伟大复兴的精神动力。我们党肩负着引领宣传思想文化工作的神圣职责,这一使命在新时代的浪潮中愈发凸显更重要作用。我们要深入挖掘阐释党的最新思想理论政策,这不仅是对意识形态领域的坚守,更是对时代脉搏的敏锐捕捉。我们必须深刻理解政策的核心要义,紧密联系实际,关注受众反响,以准确无误地解读和传播,筑牢思想理论的坚实基础。随着中华民族伟大复兴步伐的加快,宣传思想文化工作也在不断开拓新局面,特别是在话语表达上要与时俱进,融入党的创新理论和实践成果,构建富有中国特色的话语体系,使之成为凝聚民心、赢得国际认可的强大力量,为推动中国式现代化建设提供有力的舆论支持和群众基础。面对信息化时代的挑战与机遇,要不断优化传播策略,提升技术应用,拓宽传播渠道,特别要在网络空间中发挥积极作用,既要加强网络安全和风险管理,又要善于利用网络平台,塑造具有鲜明中国特色的网络话语体系,让中国智慧和中国方案在全球范围内传扬开来。这一切,都是为了更好地讲述中国故事,为中华民族的伟大复兴注入强大的精神动力和文化自信。

四是铸牢中华民族共同体意识的关键因素。在中华民族的历史长河中,文明传承赓续不仅是时代的召唤,更是人们共同的责任与追求。我们见证了中华文化的瑰宝如何在党的引领下,与时俱进融合时代精神,实现了从古至今的华丽转身。党的宣传思想文化工作在现代社会的土壤中生根发芽,绽放出更加绚丽的光彩,让中华优秀传统文化焕发出新的生命力,成为铸牢中华民族共同体意识的强大动力。同时,这一过程也深刻体现了新时代文化强国建设的鲜明特征。在党的坚强领导下,宣传思想文化工作紧密围绕新时代党的建设总要求,紧扣党和国家的中心任务,顺应国际政治经济格局的变化,确立了清晰的发展方向,深化了对文化发展规律的认识。它不仅承担起培育时代新人、弘扬社会主义核心价值观的重要使命,更是以鲜明的时代特色、浓郁的民族风情和多彩的中国元素,绘制出一幅幅文化强国的壮丽画卷。中华文明正朝着多元化、开放性和包容性的方向稳步前行,不同文明的交流互鉴、信息技术的飞速发展和网络手段的不断更新,以及文明自身的积极扬弃,都成为推动中华文明传承赓续的重要因素。党的宣传思想文化工作,正是这场伟大实践的积极参与者和有力推动者,在传播思想文化的同时也在实践中不断塑造和完善着中华文明的宏伟蓝图。

(二)守正创新做好宣传思想文化工作的核心要义

在中国共产党的坚强领导下,宣传思想文化工作深邃的内涵与宏伟的目标交相辉映。要深入挖掘其精髓,不断提升宣传思想文化工作专业素养,以精益求精的态度提升工作成效。

一是坚定不移践行"两个维护"。这是我们党宣传思想文化工作的首要任务,我们要毫不动摇地贯彻这一原则,用党的最新理论成果武装头脑,引领全体党员在思想上政治上行动上同以习近平同志为核心的党中央保持高度一致,特别是深刻理解"两个确立"的历史必然性和战略重要性,牢固树立马克思主义在意识形态领域的指导地位,坚持以习近平新时代中国特色社会主义思想引领新时代文化发展,增强文化自信,立足中华文化根基,结合中国特色社会主义实践,推动文化的创新与繁荣。

二是牢牢坚守正确政治方向。习近平总书记强调:"党性原则是党的新闻舆论工作的根本原则。党管宣传、党管意识形态、党管媒体是坚持党的领导的重要方面。"党领导的媒体是党的宣传阵地,必须始终如一地发挥党和人民喉舌作用。面对时代变迁和媒体格局的变化,党管媒体的原则和制度绝不可动摇。因此,我们的宣传思想文化战线要不断提升自身的政治素质,增强把握大局、洞悉趋势、驾驭全局的能力,以及辨识政治是非、保持政治定力、防范政治风险的能力,练就过硬的政治本领,掌握引领宣传思想文化工作的"看家本领"。

三是始终坚持以人民为中心。习近平总书记指出,"做好宣传思想工作,必须讲人民性"。维护和发展人民群众的文化权益,是社会主义文化建设的终极目标,也是强化党对宣传思想文化工作全面领导的价值所在。在新时代肩负起文化使命,我们必须始终把人民放在首位,致力于提供更多优质的精神文化产品,尊重和保障人民群众的文化权益,鼓励宣传思想文化工作者深入生活、扎根群众,汲取创作灵感,通过高品质的文化供给,持续增进人民群众的文化获得感幸福感。

(三)守正创新做好新时代宣传思想文化工作的实践要求

一是高举旗帜树立明确目标。在新时代新征程上,我们必须始终如一地高扬党的旗帜,确立清晰的奋斗目标,这面旗帜不仅是行动指南,也是信念的象征。要加强党对宣传思想文化工作的领导,坚持不懈地将马克思主义、中国特色社会主义理论精髓内化于心、外化于行,持之以恒地运用习近平新时代中国特色社会主义思想武装全党、教育引导广大人民群众使当代中国的马克思主义入脑入心,推动各项事业向前发展。要深刻领会习近平文化思想作为习近平新时代中国特色社会主义思想的文化组成部分,为铸就社会主义文化新辉煌指明了方向,提供了坚实的思想支撑。要深入学习领会习近平文化思想,准确把握其深远意义、丰富内容和实践要求,持续深化研究阐释,自觉将其贯彻到宣传思想文化工作的各个方面和全过程,对重大问题进行精准分析,对重大战略任务进行有力统筹,确保党中央的各项决策得到全面落实,推动宣传思想文化工作不断取得新辉煌。

二是凝聚民心巩固思想基础。宣传思想文化工作的成效最终体现在人民群众的认同和支持上。唯有确保党的旗帜始终在宣传思想文化战线上高高飘扬,不断巩固全党全国各族人民共同的理想信念和思想基础,方能汇聚起强大的民心力量。要持续强化党的政治领导力,深化思想引领力,提升群众组织力,增强社会号召力。要充分发挥党的领导核心作用,既是舵手也是指挥家,既要统揽全局又要协调各方,敢于革故鼎新,勇于直面挑战,提高宣传工作的精准度和影响力,使之更具吸引力与感染力。要持续奏响时代的主旋律,传播正能量的强音,深入解读党的创新理论和中央政策,及时回应干部群众的关切,让党的理论创新成果流淌进每一个角落,浸润每一片心田。我们将激发全民族的奋斗精神,引导人们深刻理解"两个确立"的历史地位和深远影响,坚决做到"两个维护",从而凝聚起推动新时代党和国家事业蓬勃发展、助力中华民族伟大复兴的磅礴之力。

三是培养新人强化价值引领。习近平总书记指出:"宣传思想工作是做人的工作的,要把培养担当民族复兴大任的时代新人作为重要职责。"在党的坚强领导下,要持续深入学习习近平新时代中国特色社会主义思想,坚守立德树人的根本任务,弘扬文化育人精神,不断加强价值导向的引领作用,确保这一思想的光辉照耀每一个角落,融入每一本教材,活跃在每一堂课程。要深化理论研究,促进实践成果上升为理论成果,加强思想政治教育的创新,推动知识体系的更新与价值体系的构建,使广大人民群众在深刻领会党的思想精髓中,增强对党的政治、思想、理论和情感的认同。要重点加强社会主义核心价值观的教育,通过教育引导、实践锻炼和制度保障,广泛开展群众性主题宣传教育活动,丰富文明实践的内容,树立文明新风尚,不断提升人民的思想境界、道德水平和文明素质,培养在社会主义现代化建设中担当重任、大有作为的优秀人才,推动党和国家的伟大事业代代相传,不断向前发展。

四是振兴文化坚持守正创新。文化犹如民族之血脉,承载着人民深邃的精神寄托。随着时代的进步和个人意识的觉醒,人们对精神层面的追求愈发迫切,对文化领域的繁荣与发展寄予更殷切的期望。要坚定不移地把宣传思想文化工作的领导权、管理权、话语权牢牢掌握在党的手中,确保马克思主义的灵魂与中华优秀传统文化的根基全面贯穿于每一项工作中,持续推动党的理论与实践的创新进程。要毫不动摇地坚持走中国特色社会主义文化发展之路,强化文化自信,积极培育和发展社会主义先进文化,弘扬革命精神,继承并发扬中华优秀传统文化,促进文化事业的全面开花和文化产业的加速腾飞。要鼓励和引导文艺工作者创作出既饱含情感温暖又蕴含深刻理论见解、具有坚实实践基础的优秀作品,准确捕捉人民的愿望、抒发人民的情感、解答人民的困惑,以不断丰富和提升人民的精神世界,充分激发整个民族的文化创新潜力,共同构筑充满活力的社会主义文化强国。

五是展现形象讲述中国故事。党的十八大以来,我们党大力推动中华民族优秀文化走向世界,全面展示了一个既可信赖又充满魅力的中国形象,显著提升了我国在国际舞台上的话语权和影响力。在新的历史起点上,要坚定不移地坚持党的全面领导,牢牢掌握宣传思想工作的领导权,坚守意识形态阵地,强化媒体管理,既要深化内容建设,又要创新传播手段,深刻理解和运用新媒体时代的传播规律。要以真实的信息、精准的表达、恰当的诠释,引导国际社会正确认识和理解中国的真实面貌,向世界展示一个不断进步的时代中国、一个多元和谐的中国,以及一个与世界共同迈向人类文明美好未来的中国。要让中国共产党、中国政府和中国人民的诚信、情感、正义和道义形象深深植根于国际社会之中,为全面建设社会主义现代化国家创造有利的外部条件。

二、北京市东城区：坚持"崇文争先"理念以文化赋能城市高质量发展

北京市东城区作为首都功能核心区，是全国政治中心、文化中心和国际交往中心的核心承载区，是历史文化名城保护的重点地区和展示国家首都形象的重要窗口地区，历史文化深厚、文物古迹集中、资源禀赋优越、区位优势显著。东城区文源深、文脉广、文气足、文运盛，既承载着中华民族深厚的文化底蕴，又洋溢着现代化国际大都市重要窗口地区的蓬勃生机与活力。习近平总书记在北京考察时强调，历史文化是城市的灵魂，要像爱惜自己的生命一样保护好城市历史文化遗产；强调要注意保留胡同特色，让城市留住记忆，让人们记住乡愁。东城区始终牢记习近平总书记殷切嘱托，保护好、传承好、利用好老祖宗留下的宝贵历史文化财富，持续做好文化这篇大文章，推动文化与时代共进、与城市共生、与生活共享、与产业共融、与传播共促，以文化自信传承城市历史文脉，以守正创新激发文化发展活力，以开放包容促进文明交流互鉴，持续推动习近平文化思想在全国文化中心核心承载区形成生动实践。

（一）主要做法

东城区始终把宣传思想文化工作摆在重要位置，坚持以习近平新时代中国特色社会主义思想为指导，全面贯彻党的二十大精神，深入学习贯彻习近平文化思想，始终围绕中心、服务大局，在学习宣传贯彻党的创新理论中高举旗帜，在防范化解重大风险中凝聚共识，在服务经济社会发展中贡献力量，自觉担负起推动文化繁荣、建设文化强国的文化使命，展现出活力迸发的崭新气象，形成了积厚成势的良好格局，努力在服务全国文化中心建设、铸就中华文化新辉煌的进程中走在前列。

2020 年，中共中央、国务院批复《首都功能核心区控制性详细规划（街区层面）（2018—2035）》，明确东城区要加强老城整体保护，建设弘扬中华文明的典范地区。东城区提出"崇文争先"理念，"崇文"意味着在充分尊重历史文化资源的基础上，全区上下对历史文化责任的主动担当，"争先"意味着将文化的引领性、创新性摆在全局考虑的第一位，以对文化的执着追求推动区域的高质量发展。东城区出台《贯彻落实"崇文争先"理念 进一步加强"文化东城"建设的实施意见（2020—2025 年）》，为推动文化高质量发展锚定了方向。聚焦文化传承、文化服务、文化传播等领域，出台《东城区关于加快"书香之城"建设引导支持实体书店"四进"的实施意见》《东城区焕发会馆文化活力伙伴计划》等 40 余项政策,为文化建设高站位谋划、系统性推进、多角度创新提供了坚实基础。近年来,东城区通过构建"一轴、两区、五带、五城"的文化发展格局,推动形成以文化赋能城市发展的新范式,走出了一条以文化为根基、为底色、为驱动的城市创新发展之路。

1. 推动文化与时代共进,汇聚使命价值的奋进力量

"正阳门下、金水桥边",东城区作为首都功能核心区,有着不同寻常的政治使命,各项工作都关乎"国之大者"。东城区高举习近平新时代中国特色社会主义思想伟大旗帜,推动党的创新理论以更加鲜活的方式在东城区落地生根、开花结果。

一是筑牢思想根基。东城区将学习贯彻习近平新时代中国特色社会主义思想作为首要政治任务,全力组织好党的二十大和党的二十届二中、三中全会精神学习宣传贯彻,深入开展党史学习教育、学习贯彻习近平新时代中国特色社会主义思想主题教育、党纪学习教育等,引导党员干部群众深刻领悟"两个确立"的决定性意义,坚决做到"两个维护"。坚持在深化、内化、转化上下功夫,构建起以党委(党组)理论学习中心组为龙头、覆盖全区各级党组织的全方位学习体系。在东城的年轻人眼中,理论已不是沉闷的"大道理",宣讲也不是枯燥的"照本

宣科",东城区高质量打造"'理'响东城"理论宣传品牌,建立"有声""有形""有力"的"三有"基层理论宣传教育通俗化大众化传播机制,创新开展"理论+百姓+文艺""胡同里的红色讲坛"等互动化宣讲活动,构建"专家学者宣讲精神实质、领导干部宣讲基层实践、胡同居民宣讲身边故事、各界代表宣讲行业风采、青少年学生宣讲爱国情怀"的"五讲并举"宣讲体系,党的创新理论持续"飞入寻常百姓家"。

二是传承红色基因。红色是东城区的最鲜明底色,北京31 处中国共产党早期革命活动旧址有 13 处位于域内。东城区全面加强红色资源保护管理运用,出台《关于进一步加强东城区红色文化资源挖掘传播利用的实施意见》,推动红色文化薪火相传、与时俱进。精心策划推出"伟大开篇——中国共产党早期北京组织专题展""《新青年》编辑部旧址(陈独秀旧居)专题展",打造"初心课堂""印象百年"沉浸式体验课堂,成为红色文化教育的热门目的地。将红色文化点位融入学校实践课程,形成爱国主义教育课程体系,打造学生第二思政课堂、教师教学研究基地以及家庭亲子活动场所。依托域内革命活动旧址、59 家爱国主义教育基地,创设"爱国主义教育大课堂",推动"流动的红色课堂"专题展览巡展活动走进高校、企业、机关、军营、社区等,打造群众身边"行走的思政课"。与上海黄浦、山东青岛、陕西延安、广东东莞的革命旧址发起隔空对话直播活动,实现革命旧址资源共享、双向联动,联合北大红楼、中法大学旧址等开展"云游北大红楼与中国共产党早期北京革命活动旧址专题活动",凝聚奋进新时代的强大力量。

三是弘扬文明风尚。漫步东城,处处能够感受到城市文明的浸润。东城区下足"绣花"功夫,做好"文明"文章,构建全域、全员、全时、全面的"四全"创建机制,出台文明创建促进年行动方案,创新提出"五新五聚"理念,即建立"创建走基层"新制度、开创"互联网+创建"新模式、打造"创建日历"新载体、推出"创建大家谈"新平台、实施"创建五提升"新举措,努力建设更高水平的全国文明城区。开发文明城区创建工作常态化指挥决策系统,连续五次蝉联"全国文明城区"殊荣。原创文明城区主题歌曲《我和东城一起长大》引发群众共鸣,"创建大家谈"新媒体访谈节目让群众成为创建主角,城市的"文明指数"日益转化为群众的"幸福指数"。依托全区1个新时代文明实践中心、17个新时代文明实践所、163个新时代文明实践站开展"文明实践进万家"系列活动,平均每年开展6 000余场,打通宣传群众、服务群众、教育群众"最后一公里"。创新推出"我为群众办实事 点亮百姓微心愿"活动,通过"指尖上的文明实践"持续提升群众的获得感、幸福感和满意度。

2. 推动文化与城市共生,打造融通古今的文化名片

行走在东城,仿佛展开了一幅文化卷轴。一寸寸,品味老城文化积淀;一步步,感受古都文化魅力。东城区大力传承历史文脉,利用好厚重的文化积淀,推进文脉保护与城市发展互融互促,让城市留住记忆、让人们记住乡愁。

一是"古都之脊"彰显壮美秩序。丰富的历史文化遗产为老城区增添了独特的魅力。作为中华优秀传统文化的重要元素,北京中轴线是鲜明的中华文化符号。东城区助力北京中轴线历时 12 年申遗成功,中轴线上的 15 处重点文物,东城区独占 12 处,它们见证了这座城市八百余年的辉煌历程,也承载着 3 000 余年历史名城的厚重记忆。作为这条中轴线的重要守护者,东城区以中轴线申遗保护为契机,攻坚完成国家话剧院高层住宅楼居民腾退、五八二电台家属区腾退、天坛医院旧址拆除及绿化提升等重点任务,积极推进社稷坛、太庙、皇史宬等一批重点文物腾退,扎实开展钟鼓楼保护修缮和北大红楼周边综合整治,打造形成永定门北望中轴线景观视廊,全方位重塑古都风貌的壮美空间秩序。依托北京中轴线周边文化资源,策划开展"中轴线上"系列文化活动,举办永定门光影秀、"一元'中'始"中轴线特展、"唱响中轴"等活动,为这条古老的城市之轴注入新的生机活力。

二是"绣花功夫"留住老城味道。灰瓦青砖的胡同,古韵与新貌相融共生,编织着可以触摸的时光记忆。东城区严格落实习近平总书记"老城不能再拆了"的要求和"留住乡愁"的嘱托,不仅致力于保护和恢复老城区的物质形态,更重视对其精神内涵的传承和发展。深化历史文化街区成片保护、有机更新,坚持以"绣花功夫"实施城市精细化治理,成功提升前门大街、万宁桥东侧、钟鼓楼紧邻周边以及西草市沿街环境,塑造东四三条至八条等多片文化精华区。持续推动历史建筑、城市水系和传统四合院民居进行整体保护,推出"新老建筑共生、新老居民共生和文化共生"的共生院,推进"大运河文化带"景观恢复,重现"水穿街巷、绿树成荫"的玉河故道风光,还原崇雍大街"文风京韵、大市银街"的古都风貌,打造出"文化更可知、水街更开放、蓝绿更相融"的风貌展示区,守住老城文脉、肌理和底色。将整治工作由街巷向院落延伸,通过"微整治"建成"美丽院落"百余个,让老街坊住上古朴雅致的院落,尽展安静祥和的幸福生活图景,提升了老城居民的生活质量和幸福感。

三是"古今对话"焕发文物活力。东城区注重文物内涵挖掘和活化利用相统一,推动古都文脉与现代都市发展融荣共生。通过构建"一轴两线多片"的文物开放整体格局,成功塑造中法大学旧址、皇史宬、曹雪芹故居纪念馆、宏恩观等文物活化利用典范,实现城市发展和文物保护协调共赢。实施东城文物"活历计划",设立"活历基金",鼓励社会力量有序地参与区域文物保护,探索"文物+"融合发展,推出钟鼓楼数字展陈,举办北京古建艺术季等活动,以"文物+音乐""文物+演艺"的形式让优秀传统文化更好地面向社会、融入时代。依托域内丰富的会馆文化资源,打响"会馆有戏"品牌,推出焕发会馆文化活力伙伴计划,韶州会馆"样板间"崭新亮相,联动广东韶关、安徽池州等五省九市签订10处会馆合作意向,推出"京地文化长廊会馆宣介周"活动,利用会馆地域连接、文化联结、价值链接功能,共建中华文化"百花园"。颜料会馆、临汾会馆等联袂上演"会馆有戏",一批"小而美""小而精""小而雅"的沉浸式演艺活动使文物活化利用成果广泛惠及群众,将会馆打造成为历史文化精华展示地、多元文化交融共生地、中外文明交流互鉴地。

3. 推动文化与生活共享,绘就公共服务的"首善画卷"

在东城,文化的浸润无处不在,市民群众在城市中尽享诗意生活。东城区持续不断加大文化领域供给侧改革,让文化空间可感可知、文化生活触手可及。

一是文化空间注入多元业态。东城区推动博物馆、书店、剧场、文化产业园区等场所由单一型文化体验空间转变为复合型文化服务空间,成为市民身边的"文化会客厅"。将公共文化服务融入城市生活服务圈,在全市率先建成覆盖均匀、便捷高效的"十分钟文化圈"。利用各类腾退空间拓展文化新场景,40个剧场平均每年举办各类演出5 000余场,全国话剧展演季、南锣鼓巷戏剧展演季等一系列戏剧活动"好戏连台"。37处博物馆带领群众探古寻今,充分发挥"国字号"博物馆带动效应,联动故宫博物院推出"中轴线上 读懂故宫"——故宫艺术公开课,借力中国美术馆推动"一馆一城"建设,提升城市艺术品位。推出"北京最欢腾的四合院"美后肆时、最具京味特色的角楼图书馆、"胡同里的艺术社区"27院儿、槐轩等集生活美学和文化体验于一体的新型城市文化空间,让群众不出胡同就能近距离接触文化艺术。建设故宫—王府井—隆福寺"文化金三角",联动周边资源形成文化聚集效应,打造综合性文化融合发展新地标,为文化交流、文化融合等多元化发展提供优质空间载体和配套服务。

二是文化供给实现跨界融合。文化供给需要激发全社会的创新创造活力。东城区结合区域公共文化服务社会化实践,围绕"选、用、管、培"四个环节,推进形成以全过程管理为牵引的"1+6"公共文化设施社会化运营4.0制度体系,更好地整合了文化资源,优化了社会力量参与公共文化服务的路径。推出"戏剧之城""5+4+3"工作体系,即布局创作、演出、交流、展示、消费的五大文化平台,夯实组织、人才、空间、市场的四大发展基础,落实智库建设、资金投入、评估监测三大保障措施,以构建戏剧演艺全产业生态链为目标,不断提升区域戏剧资源集聚效应。发挥"王府井戏剧谷"顶级资源优势,建设集创作、展演、交流于一体的剧场群。南锣鼓巷戏剧展演季、全国话剧展演季等一系列戏剧活动"好戏连台",饱满而挺立的戏剧版图、一年四季不落幕的戏剧活动嘉年华,滋养了市民群众的精神文化生活,也助力东城成为全国戏剧产业链条最完整、戏剧生态最好、全国最有影响力的戏剧中心之一。出台引导支持实体书店进商场、进楼宇、进社区、进园区的"四进"政策,推出"书映百年""国风静巷""旧卷新章"等十条探访打卡线路,190余家实体书店织密了41.84平方公里城市的阅读网络,"我与地坛"北京书市、"旧书新知""阅迎新"等系列活动贯穿全年,脉脉书香充盈着老城的每一个角落,让群众在"市井烟火"中体验读书之悦,在家门口就能遇见诗与远方。

三是文化品牌扩大惠民实效。文化品牌凝聚着城市的文化积淀、价值理念,体现着城市的特色风貌、精神气质。东城区积极培育城市文化土壤,借势借力、联动合作打造了一批品牌文化活动,形成了梯度化的文化品牌,构建了"文在城中、以文化城、文城一体"的文化气象,丰富了市民群众的精神文化体验。中国文学盛典大会、北京国际电影节·大学生电影节等重点品牌活动彰显文化气韵,搭建以文载道、以文传声的重要平台。孔庙国子监国学文化节、前门历史文化节、钟鼓楼相声会、"故宫以东""书海听涛"等生发于东城的文化品牌,辐射影响至全市乃至全国,成为东城文化展示与体验的新场景。创新发展"一街道一品牌、一社区一特色"成果,景山文化戏剧展演季、立春文化节等文化品牌持续涌现,百姓家门口的文化活动让群众文化幸福感不断升级。与北京师范大学、中央美术学院等高校启动校地校企共建计划,落地"胡同里的电影院""胡同里的艺术能量馆"等"种子库"项目,让市民零距离感受艺术新场景。联动人民文学出版社、商务印书馆等8家出版社共建"胡同里的图书馆",成立北京东城文化发展研究院,集结各领域文化专家开办群众身边的"文化会客厅",推动优质文化资源直达基层。

4. 推动文化与产业共融,激发创新创造的澎湃活力

文化是城市的软实力,也是发展的硬道理。东城区构建起"科技赋能、金融加速、贸易扩容、园区提质、项目带动"的文化创新融合发展新模式,以"文化+"融合延伸文化产业链条,打通文化链与价值链的连接,构建起文化产业蓬勃发展的强磁场。2024年,全区文化产业收入规模超1 500亿元。文体娱乐业收入超300亿元,在北京市占比逾15%。

一是倍增文化产业价值新动能。作为全国首批国家文化

与金融合作示范区创建地区之一,成立示范区服务中心,联合人民银行北京市分行上线全国首个示范区线上"文化金融产品超市",累计上线"文旅 e 贷""文化创意设计贷"等 28 家银行48 款文化金融产品。与清华大学五道口金融学院合作举办国家文化与金融合作示范区文化金融创新大会,搭建政府、企业、行业专家对接平台,为文化产业浇灌金融"活水"。全力建设文化产业与文化贸易相互促进的国家文化出口基地,创新认定5 家企业为文化出海"领航站",2 个海外机构为"联络岗","文菁守信 礼遇东城"礼物品牌走进多哈国际书展,越来越多的中国元素被世界看见。到前门大街打卡"老字号"潮流主题店铺,在隆福寺街区品一味"故宫以东"下午茶……东城区推动文化资源创意转化,强化文化消费内容供给,打造传统文化与现代文化交相辉映的文化艺术消费目的地。成立汇集嘉德艺术中心、中国美术馆、首都剧场等多家文化机构的"故宫以东"文商旅联盟,打造"故宫以东"文商旅融合品牌,吸纳保利文化、中青旅等优质企业加入共创计划,推动文化消费的供给侧升级,培育"文化+"新模式新业态。不断"上新"的文化新场景、新体验,丰富了人们的精神生活,也为城市的发展持续赋能。

二是涵养文化产业发展新生态。创新推出文化新质生产力创新实验室共建计划,组建"产业生态联盟",形成集文化创新、科技赋能、金融支持于一体的产业生态链。启动优质文化企业专项扶持的"文菁计划",吸引培育各类文化产业基金落地,联合北京金融监管局推出文化企业投融资"白名单"政策,不断探索为优质文化企业增信助贷新路径。上线国家文化金融线上线下"一站式"综合服务平台,构建文化企业信用评级、文化信贷风险分担、文化创业投资扶持引导、文化资产定价流转"四个体系",探索文化金融产品和服务、文化与金融合作模式"两个创新"。持续促进各方资源对接合作,每年开展银企对接活动近百场,汇聚文化企业万余家,投资机构、金融机构近千家,文化实力和竞争力与日俱增。东城区文化上市企业占全区上市企业的三分之一,2024年,3家驻区企业当选"全国文化企业30强"。

三是打造文化产业空间新亮点。栽下梧桐树,引来金凤凰。一批工业遗存、老厂房变身文化产业园区,既保留了老旧工业厂房的历史记忆、文化底蕴,又实现了产业空间"腾笼换鸟、筑巢引凤"。东城区积极利用老旧厂房等疏解腾退空间建设文化产业园区,通过存量空间有机更新,以"城市针灸"方式不断探索出"胡同里的创意工厂"的东城模式,随形就势打造产业类聚的"文巷"。由北京胶印厂改造而成的"77文创园"、由三友商场改造建成的雪莲·亮点文创园等一批文化产业园区成为网红打卡地。坚持"一园一品",从传统"瓦片经济"向"品牌经营"持续探索,鼓励园区围绕细分领域开展差异化、特色化运营,推动禄米仓打造新视听场景创新展示区,红桥智创打造"非遗电商直播基地",首开首创文化金融产业园融合文化、金融、科技等龙头企业,大磨坊、恒信东方等建设智能搜索、影视特效主题的全市首批"新视听空间"。推动园区由"封闭管理"走向"开放共享",创新推出"园来有戏""园来有理"文化品牌,首发东城区"园来有咖香"地图,推广文化消费"主理人"模式,积极鼓励园区孵化文化新业态、新模式。打造园区、街区、社区、商区"四区联动"创新融合新范式,构建市民生产生活新场景。东城区文化产业园区正逐步从单纯承载空间向文化体验场景迭代,从优化内部环境到"四区联动"升级,不仅是文化科技融合的创新地、优质企业的集聚地,更在逐渐成为城市更新的承载地、生活美学的新高地。

5. 推动文化与传播共促,塑造"崇文礼敬"的城市形象

笔墨当随时代,书写奋进华章。东城区宣传思想文化战线以饱满的热情感知时代脉动,以生动的笔触记录时代变迁,用一个个展示老城气象的优秀作品,讲好东城故事,传播东城声音。

一是主流价值合拍共鸣。坚持正确的政治方向,完善宣传舆论引导工作机制,唱响主旋律,弘扬正能量。创新重大主题新闻宣传策划机制,搭建新闻媒体统筹协调服务平台,联动中

央媒体建设《光明日报》"文化强国"协同推广平台东城工作站和《中国青年报》"晨钟之声"北京(东城)宣传平台,在"学习强国"学习平台上线全国首个地方宣传专区,形成央地合作、共建共享的宣传新模式。发展积极健康的网络文化,打造"东城有约"网宣品牌,持续开展"网络中国节""互联护苗"网络宣传活动,多元化扩大"东城网络大V联盟",以网络正面宣传引导良好舆论氛围。创新社会宣传,提档升级各级各类宣传阵地,让社会主义核心价值观更好地融入城市环境、市民生活。健全"东城爱相融"好人好事挖掘选树机制,截至目前,全区累计16人荣获首都道德模范及提名,20人获评全国、首都"新时代好少年","德者受尊、德者有得"的导向愈发鲜明。以中华优秀传统文化丰富内涵涵养城市品格,围绕传统文化节日,每年开展"我们的节日"系列活动2 000余场,参与人数达250余万人次。

二是文化叙事尽展风采。东城区坚持用文艺为时代发声、为人民发声,策划推出人文专题纪录片《40年,我和我的东城》《70年,古都新韵》《恰是百年风华》《胡同里的幸福》《我们的十年》《足迹》"六部曲",全面展现东城发展成果和人民精神风貌。联动光线传媒、煌程影业等驻区文化企业开展文艺精品创作,推出电影《革命者》、电视剧《胡同》《情满九道弯》、大型网络文化节目《登场了!中轴线》等一批富有正能量和感染力的文艺精品,有效激发群众文化自信。策划文化探访微纪实专题片《寻古访今话东城》《课本里的东城》，原创话剧《钟鼓楼》《篱街》将"东城故事"搬上舞台，沉浸式戏剧《现在开市》《大真探赵赶鹅》助力文化园区化身演艺新空间，《城南旧事之评书传奇》《茶馆》《老门神》《京城拍卖会》等"会馆有戏"主题剧目实现戏剧与文物的破圈传播。创新推出影视摄制"一卡、一册、一窗"服务机制，打造东城形象宣传片《爱相融》，公益宣传片《古都新韵 未来可期》在央视推广，让古韵悠悠又创新涌流的东城映入眼帘、浮响耳畔。用好 H5、SVG、动态视频海报等新媒体传播手段，推出融媒轻量化宣传产品，《我和中轴》《曼行东城》《百元挑战东城嗨吃 high 购》等作品广获好评，《趣逛东城消费图鉴 H5》《非遗体验官：堂前燕毽子》等多部作品获评国家级、市级奖项。

三是对外交流辐射带动。以重要国事活动、重大纪念活动、重要会议为平台，做好首都功能核心区的对外宣传展示。东城区积极承办、参与中国纪录片大会、北京文化论坛、中国国际服务贸易交易会等国内外高端活动，策划举办"东城文化月"等配套活动，汇聚东城文化走出去的宣介力量。"借梯登高"开辟国际传播渠道，东城非遗项目剪纸和京剧脸谱借力北京冬奥会吸引外国元首驻足观赏，"故宫以东——文商明珠"驻华使节感知北京东城行、"一带一路"国家媒体青年采风、"走读中国·走进北京老城区"、"丝路大 V 北京行"等参观寻访活动,带领中外记者、驻华大使等走进东城进行深度采访,向世界讲述东城故事。更丰富、更多元的呈现方式,不仅让东城区工作成效被阐释得更生动透彻,也让老城形象传播更加"出圈"。

(二) 启示与思考

"崇文争先"理念,回答了像东城区这样一个文化资源集聚、地域空间有限的城市核心区应该如何发展的问题,使文化与城市相生相融,让文化成为推动城市发展深沉持久的力量。东城区成功地将"崇文争先"由理念落为现实,一系列有深度有价值有分量的理论成果在《人民日报》《求是》《党建》《思想政治工作研究》等发表。在习近平文化思想的引领下,东城区统筹好"五对关系",让社会主义核心价值观凝心铸魂,让文化融入城市肌理,让现代治理引领未来,让产业动能更加充沛,让文化魅力竞相绽放,以"崇文争先"的高度自觉,更好担负起新时代的文化使命。

一是统筹好守正与创新的关系。在文化建设中,习近平总书记多次强调要守正创新。"守正"就是要坚定不移地贯彻落实习近平文化思想,遵循文化建设的基本规律,守方向、守立场、守根脉、守底线。守正是基础,不能有半点动摇、不能有丝

毫含糊,确保了文化的价值认同和发展方向。"创新"就是要
"敢为天下先",紧跟时代步伐、大胆解放思想、勇于破解难题,
进一步深化文化体制机制改革,让文化建设工作始终充满旺盛
的生命活力。要聚焦"七个着力"的要求,坚持文化服务于人、
落脚于人,围绕市民群众关心什么、喜欢什么、盼望什么,创新
工作的内容、形式、渠道、载体,创造性地解决工作中遇到的新
问题,形成特色亮点和品牌,不断打开工作新局面。

二是统筹好保护与发展的关系。在东城,文化不仅是壮美
中轴、国风静巷,也是融入城市肌理的市井乡情和人间烟火,更
是赓续古都文脉,赋彩百姓生活,激活发展动力的不竭源泉。
近年来,"鼓楼'爆红'""时间博物馆跃身网红打卡地"等多个
微博话题冲上热搜,成为现象级传播事件,短时间内呈井喷式
网络传播现象的背后不仅是因为历史文化遗产的独特文化魅
力,也是北京中轴线沿线人文环境有效提升和市民对老北京生
活和烟火气向往的叠加体现。保护是发展的前提和基础,发展
是保护的动力和目标。"保护"就是要注重传承和弘扬,要站
在对历史负责、对人民负责的高度保护源远流长的中华文明,
保护中华文明的连续性、创新性、统一性、包容性、和平性。"发
展"是要注重创新和进步,要在传承中展现城市的新貌,让历史
文化同现代化建设交相辉映。要促进传统文化和现代生活有
效连接、传统文化与当代艺术交叠共鸣、传统文化与现代产业

深度融合,让中华优秀传统文化创造性转化、创新性发展。

三是统筹好供给与需求的关系。随着演艺市场日益火爆、消费活力逐步释放,文化供给与需求的重要性明显体现。"需求"方面,市民群众求新、求乐、求美的文化需求热点日益凸显。原创沉浸式剧目《大真探赵赶鹅》等互动性较强的剧目再现"一票难求"的场景,这背后呈现的就是市民对互动式、沉浸式戏剧文化的新需求。为此,"供给"方面,要找准高端文化与大众文化的平衡点,以多层次文化产品满足群众的差异性需求,通过探索建立社会力量资源库,持续提升基层公共文化服务效能,联动驻区文化机构、各地市引入优质文化资源,借助外力、外脑,不断提升文化服务供给效能。

四是统筹好"文化+"与"+文化"的关系。文化创新融合发展是推动文化产业高质量发展的必然选择,要以新质生产力赋能文化产业高质量发展。"文化+"是以文化本体为主价值,以新技术、新手段、新模式激活文化资源、创新文化业态、培育新动能、打造新优势。"+文化"是在各产业、各领域注入文化灵魂,加入文化内核、文化元素、文化细胞和文化支撑,将文化作为经济社会高质量发展不可或缺的底色。在东城,文化创新融合发展模式打通了上下游产业链,让各种资源活起来、亮起来、动起来,用文化定义东城、加持东城、壮大东城已成为共识。

五是统筹好形式与形象的关系。推动文化建设离不开一定的形式和载体。"形式"是形象的基础，文化建设要通过举办文化活动、开发文化产品等形式，传达文化的内涵和精神，从而塑造出良好的文化形象。"形象"是形式的升华，通过特定形式的转化，形成具体的"象"，从而让人们更加直观地感受到文化的魅力，提高文化的影响力和吸引力。"故宫以东"品牌将区域文旅资源"打包"呈现，变成群众可看、可听、可体验、可回味的文化产品；"会馆有戏"通过"戏"的展现形式，将会馆这一文物建筑及其历史文化内涵融入其中，彰显东城区作为全国文化中心核心承载区的文化集萃。形式与形象相互依存、相互促进，要将形式和形象有机地结合起来，用好新媒体、数字传播等各种形式，围绕古都文化印记、红色文化地标、京味文化符号、创新文化场景打造城市文化 IP，助力展现全国文化中心的魅力形象。

撰稿人：赵海英，时任中共北京市东城区委常委、宣传部部长

专题二

坚持马克思主义在意识形态领域指导地位的
根本制度，推进马克思主义中国化时代化，
建设具有强大凝聚力和引领力的社会主义
意识形态

我们在集中精力进行经济建设的同时，一刻也不能放
松和削弱意识形态工作。一个政权的瓦解往往是从思想
领域开始的，政治动荡、政权更迭可能在一夜之间发生，但
思想演化是个长期过程。思想防线一旦被攻破了，其他防
线就很难守住。我们必须把意识形态工作的领导权、管理
权、话语权牢牢掌握在手中，任何时候都不能旁落，否则就
要犯无可挽回的历史性错误。

——《习近平论党的宣传思想工作》，中央文献
出版社 2020 年版，第 9 页

各级党委要把做好意识形态工作摆在重要位置，加强
组织领导，及时掌握意识形态领域形势和动态，对各种政
治性、原则性、导向性问题要敢抓敢管，对各种错误思想必

须敢于亮剑,帮助人们明辨是非,牢牢掌握意识形态工作主动权。特别是要防止各种敌对势力借机干扰和破坏,避免一些具体问题演变成政治问题、局部问题演变成全局性事件,避免出现大的意识形态事件和舆论漩涡。

——2016 年 10 月 27 日,习近平总书记在中共十八届六中全会第二次全体会议上的讲话

一、扛牢意识形态工作主体责任,防范化解意识形态领域风险

意识形态工作是党的一项极端重要的工作。社会主义意识形态工作是党和国家工作的重要组成部分,在中国特色社会主义事业全局中具有重要地位。党的十八大以来,习近平总书记在系统总结我们党领导意识形态工作经验教训的基础上,就意识形态工作的方向性、根本性、全局性、长远性问题进行了全面阐述,科学分析了意识形态工作的形势任务,深刻揭示了意识形态工作的本质特征,突出强调了意识形态工作的原则要求和工作重点,创造性地丰富和发展了马克思主义意识形态理论。习近平总书记关于意识形态工作的重要论述是习近平文化思想的重要内容,是习近平新时代中国特色社会主义思想的

重要组成部分,为建设具有强大凝聚力和引领力的社会主义意识形态提供了科学指引,为做好意识形态工作提供了根本遵循。

(一) 提高政治站位,充分认识意识形态工作的极端重要性

习近平总书记从政党、国家、民族的高度,对意识形态工作的重要地位、重要意义进行了深刻阐述。强调意识形态工作是党的一项极端重要的工作,意识形态工作,关乎旗帜、关乎道路、关乎国家政治安全,能否做好意识形态工作,事关党的前途命运,事关国家长治久安,事关民族凝聚力和向心力。强调在集中精力进行经济建设的同时,一刻也不能放松和削弱意识形态工作,必须把意识形态工作的领导权、管理权、话语权牢牢掌握在手中,任何时候都不能旁落,否则就要犯无可挽回的历史性错误。强调既要切实做好中心工作、为意识形态工作提供坚实基础,又要切实做好意识形态工作、为中心工作提供有力保障。意识形态工作之所以极端重要,就是因为意识形态决定文化前进方向和发展道路,是为国家立心、为民族立魂的工作;意识形态领域是政治安全的前沿阵地,意识形态领域的斗争是没有硝烟的暗战。如果意识形态阵地局部失守进而逐渐全盘被动,就会从根本上威胁党的领导,威胁国体和政体。中国共产

党人一贯重视意识形态工作。毛泽东同志曾指出,凡是要推翻一个政权,总要先造成舆论,总要先做意识形态方面的工作,革命的阶级是这样,反革命的阶级也是这样。邓小平同志、江泽民同志和胡锦涛同志也都非常重视意识形态工作。党的十八大以来,习近平总书记对意识形态工作高度重视,强调"一个政权的瓦解往往是从思想领域开始的。思想防线被攻破了,其他防线就难守住"。历史和现实都警示我们,在任何时候任何情况下,我们都不能忽视思想的力量、忽视意识形态的作用。正如马克思所言:"如果从观念上来考察,那么一定的意识形态的解体足以使整个时代覆灭。"当前,在进行伟大斗争、建设伟大工程、推进伟大事业、实现伟大梦想的进程中,在集中精力进行经济建设的同时,必须一刻也不放松意识形态工作,发挥好社会主义意识形态凝心铸魂的作用,为实现新的伟大飞跃提供思想保证和精神支撑。

当前意识形态领域仍不平静,面对的形势依然错综复杂,面临的风险挑战依然严峻,各种错误思潮和观点时有出现,斗争和较量有时还十分尖锐。从国际思想文化领域看,各种思想文化交流交融交锋更加频繁、斗争更加尖锐,维护意识形态领域安全,关乎稳定大局,任务十分艰巨。从国内经济社会发展看,在转型发展阶段,各种矛盾相互叠加,利益诉求更加多元,人们思想活动的独立性、选择性、多变性、差异性明显增强,稳定社会心理、理顺社会情绪、改善社会预期、凝聚社会共识的难度明显加大。从现代传播技术看,以互联网为代表的新兴媒体裂变式发展,正深刻改变着社会结构和社会关系,重塑着媒体格局和舆论生态,亟须加强对新兴媒体的舆论引导和规范管理。在这样的形势下,必须牢牢掌握意识形态工作领导权,把意识形态领域已有的良好态势巩固好、发展好,进一步增强意识形态领域的主导权和话语权,不断巩固马克思主义在意识形态领域的指导地位,巩固全党全国人民团结奋斗的共同思想基础。

(二) 站稳政治立场,准确把握做好意识形态工作的基本原则

牢牢把握意识形态工作的正确方向。旗帜鲜明讲政治是我们党作为马克思主义政党的根本要求。意识形态工作本质上是政治工作,党性原则是意识形态工作的根本原则,牢牢掌握意识形态工作领导权,重要标志是牢牢掌握正确的政治方向。原则问题是一个国家和政党发展的根本性问题。做好意识形态工作,防范意识形态风险,必须坚持重大原则决不动摇。

1. 坚持党对意识形态工作的全面领导。党政军民学,东西南北中,党是领导一切的。意识形态极端重要,理所当然要置

于党的领导之下。正如习近平总书记所说,我们必须切实加强党对意识形态工作的全面领导,把意识形态工作的领导权牢牢掌握在手中,任何时候、任何情况下都不能旁落,否则就会犯无可挽回的颠覆性错误。

党的十八大以来,以习近平同志为核心的党中央,在全面分析总结意识形态斗争经验教训基础上,站在统筹国家发展和安全的战略高度,着力解决意识形态领域党的领导弱化问题,就许多方向性、战略性问题作出部署,全面加强党的领导,全面压实意识形态工作责任制,从根本上扭转了一度出现的被动局面,使我国意识形态领域发生了全局性、根本性转变。

习近平总书记强调,加强党对意识形态工作的全面领导,要切实解决对意识形态工作"不想抓""不敢抓""不会抓"的问题。因此,我们要旗帜鲜明坚持党管宣传、党管意识形态、党管媒体,牢牢把握意识形态领导权、管理权、话语权;要突出"关键少数",引领带动多数,切实把责任扛在肩上,抓在手上,推动意识形态工作强起来、实起来。

2. 坚持马克思主义在意识形态领域的指导地位。坚持以马克思主义为指导,充分体现社会主义意识形态的时代性和主导性。习近平总书记指出:"马克思主义及其在中国的发展,为党和人民事业发展提供了既一脉相承又与时俱进的科学理论指导,为增进全党全国各族人民团结统一提供了坚实思想基础。"做好意识形态工作,必须坚持马克思主义在意识形态领域的指导地位这一根本制度,任何时候任何情况下都不能丝毫动摇。

马克思主义是人类历史上最伟大的思想,不仅深刻影响了世界,也深刻改变了中国。从我们党的百年奋斗历程来看,中华民族实现从站起来、富起来到强起来的伟大飞跃,关键在于坚持了马克思主义,坚持推进马克思主义中国化、时代化,坚持马克思主义与中国实际相结合,创立了毛泽东思想、邓小平理论、"三个代表"重要思想、科学发展观,特别是坚持把马克思主义基本原理同中国具体实际相结合、同中华优秀传统文化相结合,创立了习近平新时代中国特色社会主义思想,对丰富和发展马克思主义作出原创性贡献,推动党和国家事业取得历史性成就、发生历史性变革。

习近平总书记指出,我们党在中国这样一个有着 14 亿多人口的大国执政,面对着十分复杂的国内外环境,如果缺乏科学的正确的指导思想,是难以战胜各种风险和困难的,也是难以不断前进、取得新胜利的。因此,我们要坚决落实好"两个巩固"的根本任务,一方面通过思想政治教育,引领党员干部坚定马克思主义信仰,在意识形态斗争中立根本、强底气。另一方面结合开展主题教育,学懂弄通做实习近平新时代中国特色社会主义思想,以学铸魂、以学增智、以学正风、以学促干,把牢意识形态"方向盘"。

3. 坚持以人民为中心。坚持以人民为中心,充分体现社会主义意识形态的民本性和服务性。坚持以人民为中心的发展思想,深刻诠释了党的根本政治立场和价值取向。当然,习近平总书记指出也告诫:"以人民为中心的发展思想,不是一个抽象的、玄奥的概念,不能只停留在口头上、止步于思想环节,而要体现在经济社会发展各个环节。"这就需要我们在社会主义意识形态建设过程中,牢固树立以人民为中心的工作导向,以民为本,服务群众,夯实社会主义意识形态建设的阶级基础和群众基础。

党的十八大以来,党中央坚持立破并举、激浊扬清,对宣传思想文化工作作出系统谋划和全面部署,推动意识形态领域形势发生了全局性、根本性转变。究其根源,在于我们党始终坚持意识形态工作的科学性、党性与人民性的有机统一,特别是牢牢把握意识形态工作的人民中心导向。始终坚持以人民为中心的意识形态工作导向,是坚持马克思主义在意识形态领域的指导地位的必然选择,更是我国文化建设事业具有鲜明中国特色的必然要求。

坚持以人民为中心,就要把实现好、维护好、发展好最广大人民根本利益作为意识形态工作的出发点和落脚点,就是要让意识形态工作反映人民诉求、回应人民关切。坚持以民为本、以人为本,切实解决好"为了谁、依靠谁、我是谁"这个根本问题。意识形态工作者必须坚持走群众路线,在调查研究、深入基层、服务群众的实践活动中归纳出、总结好人民的诉求与主张。做好意识形态工作,不仅要有坚持正确舆论导向、传播好党和政府声音的正气,也要有及时反映人民群众心声、回应好社会关切的勇气;不仅要做好党和人民之间的"传声筒",更要筑牢错误内容、不良信息与人民之间的"防火墙"。为政之道,以顺民心为本,以厚民生为本。意识形态工作本质上做的是政治工作,民心是最大的政治,是我们党执政最根本的政治基础。只有坚持回应人民关切这一意识形态工作方向,我们党才能准确把握人民群众的愿望和需要,才能始终获得人民群众的拥护和支持,才能在中国式现代化建设的生动实践中汇聚力量、凝聚人心。

(三) 把握政治方向,真正抓实意识形态工作的重点任务

做好意识形态工作,要抓纲带目、纲举目张,通过抓重点、抓关键,撬动整体、带动全局。

一是持之以恒深化理论武装。意识形态工作是在人的头脑里搞建设,牢牢掌握意识形态工作领导权,必须坚持重在建设,加强理论武装。从党的历史上看,坚持党的理论创新每前

进一步,理论武装就跟进一步、深入一步,是我们党的一大传统和政治优势。习近平新时代中国特色社会主义思想,是 21 世纪马克思主义、当代中国马克思主义,是新时代中国共产党人的思想旗帜、中国人民的精神旗帜,是全党全国各族人民为实现中华民族伟大复兴而奋斗的行动指南。加强理论武装,最重要的任务、第一位的要求,就是要按照学懂、弄通、做实的要求,推动习近平新时代中国特色社会主义思想深入基层、深入人心,引导人们坚定理想信念、增强"四个自信"。要坚持不懈用习近平新时代中国特色社会主义思想武装全党、教育人民,引导人们深刻领会这一思想的时代背景、历史地位、科学体系、精神实质、丰富内涵、实践要求,深刻领会这一思想贯穿的马克思主义立场观点方法,深刻领会蕴含其中的坚定信仰信念、鲜明人民立场、强烈历史担当、求真务实作风、勇于创新精神和科学思想方法,推动全党全社会把这一思想作为主心骨、定盘星、度量衡。理论研究越深入,对科学理论的认识越深刻,掌握理论、运用理论才会越自觉。要深化马克思主义理论研究和建设,加快构建中国特色哲学社会科学,加大对马克思主义理论特别是习近平新时代中国特色社会主义思想的研究力度,不断推出有深度、有说服力的研究成果,研机析理、融会贯通,帮助人们知其然更知其所以然,更好用于武装头脑、指导实践、推动工作。

二是不断巩固壮大主流思想舆论。新闻舆论工作是意识形态建设的桥梁和纽带。习近平总书记指出,建设具有强大凝聚力和引领力的社会主义意识形态,必须巩固壮大主流思想舆论。社会主义意识形态的凝聚力和引领力,既取决于富有说服力、感召力的内容,也取决于广泛有效地传播。

习近平总书记指出:"我们正在进行具有许多新的历史特点的伟大斗争,面临的挑战和困难前所未有,必须坚持巩固壮大主流思想舆论,弘扬主旋律,传播正能量,激发全社会团结奋进的强大力量。"今天,中华民族伟大复兴进入关键时期,我们比历史上任何时期都更接近、更有信心和能力实现中华民族伟大复兴的目标,但也要经历更为艰巨、更为复杂的伟大斗争。民族复兴的关键时期,也是改革的攻坚期、矛盾的凸显期。在经济稳中向好、社会总体稳定的同时,各种深层次矛盾和问题会不断显现,各种风险挑战会接踵而至,每前行一步都要劈波斩浪、闯关夺隘。同时,随着社会信息化深入推进、新兴媒体迅猛发展,舆论生态更加复杂、舆论影响更加广泛,统一思想、凝聚力量的任务更为艰巨。历史和现实都表明,越是形势复杂、任务艰巨,越要发挥宣传思想文化工作的重要作用,不断巩固壮大主流思想舆论,调动各方面的积极性、主动性、创造性,激发全党全社会团结奋进、攻坚克难的强大力量。主流媒体要提高整合社会思想文化和价值观念的能力,扩大主流价值观念的影响力,掌握价值观念领域的主动权、主导权、话语权,积极发挥正面宣传鼓舞人、激励人的作用,努力消除各种杂音噪声,使整个舆论生态同我国改革发展蓬勃向上、中华民族伟大复兴展现光明前景的态势相协调相适应。

做好意识形态工作,必须不断巩固壮大主流思想舆论,开创宣传思想文化工作新局面。我们必须按照习近平总书记提出的"胸怀大局、把握大势、着眼大事"的重要指示要求,深刻领悟"两个确立"的决定性意义,不断增强"四个意识"、坚定"四个自信"、做到"两个维护",立足中华民族伟大复兴战略全局和世界百年未有之大变局,心怀"国之大者",不断提高政治判断力、政治领悟力、政治执行力,把思想和行动统一到党中央精神上来,把工作融入党和国家事业大局,以强大的主流思想舆论统一思想、凝聚力量。

三是广泛培育和践行社会主义核心价值观。习近平总书记指出,核心价值观是一个民族赖以维系的精神纽带,是一个国家共同的思想道德基础,构建具有强大感召力的核心价值观,关系社会和谐稳定,关系国家长治久安。

社会主义核心价值观作为观念的上层建筑,是社会主义思想文化、意识形态、道德规范的综合体和精华体,本质上是对社会主义基本制度、发展道路和生活方式的价值反映,尤其是对于中国特色社会主义道路、理论、制度、文化的集中体现。从根本上区别于西方的、资本主义的制度、道路与文化,其目的是建设具有强大凝聚力和引领力的社会主义意识形态,增强社会主义意识形态的主导权和话语权。党的十九大报告中,多次论及意识形态的问题。在"过去五年的工作和历史性变革"章节中提到,"加强党对意识形态工作的领导,党的理论创新全面推进,马克思主义在意识形态领域的指导地位更加鲜明",同时也清醒地看到"意识形态领域斗争依然复杂",因此要"培育和践行社会主义核心价值观……不断增强意识形态领域主导权和话语权",要"牢牢掌握意识形态工作领导权"。

2014 年 5 月习近平总书记在上海考察时指出,培育和践行社会主义核心价值观,贵在坚持知行合一、坚持行胜于言,在落细、落小、落实上下功夫。要注意把社会主义核心价值观日常化、具体化、形象化、生活化,使每个人都能感知它、领悟它,内化为精神追求,外化为实际行动,做到明大德、守公德、严私德。

培育和践行社会主义核心价值观,是一个长期的过程,不可能毕其功于一役。开展社会主义核心价值观宣传教育,首先要在全社会叫响"三个倡导"24 个字,广泛进行宣传、深入研究阐释,使之家喻户晓、众人皆知。同时,要全面系统、分层面、有重点地开展宣传教育,加强分类设计,梳理出各个阶段、各个领域的工作重点,一步一步地向前推进,积少成多、聚沙成塔、垒石成峰、功到渠成,引导人们不断加深对社会主义核心价值观的理解,融化在心灵里、体现在行为中。培育和践行社会主义核心价值观是一项复杂的系统工程,是全党全社会的共同责任。我们要把这项工作摆在全局工作的重要位置,奋发进取、锐意创新,有力有效加以推进,全面提高公民道德素质,增强全社会的价值观自信,为实现中华民族伟大复兴的中国梦提供坚强思想道德支撑。

四是大力传承发展中华优秀传统文化。习近平总书记指出:"优秀传统文化是一个国家、一个民族传承和发展的根本,如果丢掉了,就割断了精神命脉。"中华优秀传统文化中蕴含了丰富的哲学思想、人文精神、道德理念等,既可以为人们认识和改造世界提供有益启迪,也是巩固和壮大主流意识形态的宝贵资源。新时代抓好主流意识形态建设,必须最大限度地在社会价值中寻求观念共识,而数千年来绵延传承的中华优秀传统文化,无疑对增强主流意识形态的凝聚力和向心力具有重要价值。

中华民族有着辉煌的文化创造和深厚的文化积淀,这是做好新时代意识形态工作的重要文化资源,也是蕴含着民族精神的文化富矿。习近平总书记指出,一个国家、一个民族的强盛,总是以文化兴盛为支撑的,中华民族伟大复兴需要以中华文化发展繁荣为条件。中华优秀传统文化可以增进人们的道德自觉,提升人们的道德境界;可以为培育和践行社会主义核心价值观提供丰富涵养,使其具有长久的生命力和影响力;可以为推进改革开放和社会主义现代化建设,实现中华民族伟大复兴的中国梦提供文化支撑和精神力量;是促进世界和平的精神财富,蕴藏着解决时代难题的重要启示,对于推进国家治理体系和治理能力现代化具有重要借鉴价值。增强新时代意识形态工作的中华优秀传统文化底蕴,利用好这一宝贵的文化资源,推动中华优秀传统文化创造性转化、创新性发展,是做好新时代意识形态工作应该思考的重要问题。

"文化自信是一个国家、一个民族发展中更基本、更深沉、更持久的力量。"没有高度的文化自信,就没有文化的繁荣昌盛,也就没有中华民族伟大复兴。因此,我们要大力传承发展中华优秀传统文化。新征程上,我们要不断坚定历史自信、文化自信,进一步深化对"两个结合"的认识,不断增强把马克思主义基本原理同中华优秀传统文化相结合的思想自觉和行动自觉,深入挖掘中华优秀传统文化中蕴含的哲学思想、人文精神、价值理念、道德规范,在继承中发展、在守正中创新,更好把马克思主义思想精髓同中华优秀传统文化精华贯通起来、同人民群众日用而不觉的共同价值观念融通起来,不断赋予党的创新理论鲜明的中国特色。

(四)担当政治使命,严格落实意识形态工作的主体责任

在党的十九大报告中,习近平总书记明确要求:"落实意识

形态工作责任制,加强阵地建设和管理,注意区分政治原则问题、思想认识问题、学术观点问题,旗帜鲜明地反对和抵制各种错误观点。"落实意识形态工作责任制,要不断强化领导责任、强化阵地管理、强化监督考核。

一是聚焦职能,强化"三个责任"。做好意识形态工作,首先要牢牢抓住领导权。必须强化全面领导责任。各级党委要进一步强化政治责任,把意识形态工作作为党的建设和政权建设的重要内容,纳入重要议事日程,纳入党建工作责任制,纳入领导班子、领导干部目标管理,与经济建设、政治建设、文化建设、社会建设、生态文明建设和党的建设紧密结合,一同部署、一同落实、一同检查、一同考核。必须强化主要领导责任。要书记抓、抓书记,各级党委主要负责同志要带头抓意识形态工作,对本地区本系统本部门出现的事关政治方向、政治原则的问题,对舆论热点、理论争论和工作中暴露出的问题,要旗帜鲜明、立场坚定、敢于亮剑,对报刊台网要有要求、给任务、给支持,要发挥"一把手"对本地区本部门意识形态工作把关定向作用,切实掌握意识形态工作领导权管理权话语权。必须强化统筹协调责任。各级宣传思想文化部门要坚持守土有责、守土负责、守土尽责,承担起意识形态工作的重要使命。各级宣传部部长要敢于碰硬、敢于批评、敢于担当,在原则问题和大是大非问题上站得出、顶得住、冲得上。

二是抓住关键，突出"三个重点"。做好意识形态工作，要善于抓住主要矛盾和矛盾的主要方面，找准穴位、精准发力、直击要害。要突出重点区域。始终把宗教场所作为意识形态工作作为的重中之重，坚持正面宣传为主，深入宣传党中央关于宗教工作的方针政策，深入开展党的创新理论、社会主义核心价值观宣传教育，引导宗教界巩固其与社会主义社会相适应的思想理论基础，不断强化爱国爱教意识。有效防范和抵御宗教极端思想侵蚀。要突出重点领域。习近平总书记强调，网络空间是亿万民众共同的精神家园。网络不仅是信息的聚集地与思想观点的交汇处，更是一种话语空间和权力空间，承载着各种类型的文化价值观念、意识形态与政治倾向等。互联网是意识形态斗争的主战场。要坚持正能量是总要求、管得住是硬道理，加快完善领导体制和工作机制，建设省、市、县一体化网络管理平台。要加强网络应急管理能力建设，实施网军建设计划，开展打击网络谣言、网上"扫黄打非"等专项行动，让网络空间日益清朗起来。要突出重点对象。进一步加强高校思想政治工作，充分发挥思政课主渠道作用，推进中国特色社会主义理论体系进教材、进课堂、进头脑。加强师德师风建设，健全教师政治理论学习制度，严把教师聘用考核政治关。

三是落实责任，做到"三个管好"。做好意识形态工作，关键在于把责任落到实处。要严格落实党委意识形态工作责任制实施办法,切实履行指导、组织、协调、督查和抓好落实的职责,充分发挥把方向、打招呼、划底线、守阵地、防侵蚀的作用。要切实管好导向。坚持把正确导向摆在首位,始终绷紧导向这根弦,讲导向不含糊、抓导向不放松,不断健全调控体系、提高调控水平,做到令行禁止、调控自如。要针对不同性质、不同特点的问题进行正面引导,把准工作基调,把握轻重缓急,注重时、度、效,增强工作的主动性和主导性。要切实管好阵地。落实谁主管谁负责、谁主办谁负责和属地管理原则,加强对报纸、杂志、图书,研究机构、讲座论坛、报告会、研讨会,电影电视、广播电台,以及新兴媒体等的管理,绝不给错误言论提供传播平台和渠道。要切实管好队伍。加强宣传思想文化战线领导班子建设,提升思想政治素质和业务能力。加强城乡基层宣传思想文化干部队伍建设,推动解决人员配备、基本待遇、工作条件等方面的实际问题。严把媒体从业人员入口关,加强马克思主义新闻观教育,引导新闻工作者坚守社会责任和职业操守。

四是增强实效,健全"三个机制"。加强制度建设,是提升意识形态工作规范化科学化水平的重要保障。要主动适应意识形态领域新形势新变化,着眼于解决现实困难和问题,着力在构建长效机制上下功夫。要健全分析研判机制。完善意识形态领域情况定期通报制度,加强对重大舆情、重点情况、重要社情民意中倾向性苗头性问题的分析研判,对重点信息密切跟踪、会商研判,有针对性地提出对策建议,及时报告、及早预警,赢得事件处置的"黄金时间"。要健全联动处置机制。充分发挥各级宣传思想工作领导小组、网络安全和信息化领导小组等议事协调机构作用,建立宣传部门牵头抓总,网信、通管、公安等部门协同配合的联动工作机制,确保一旦发生突发事件,能够迅速反应、立即启动,做到网上快回应、网下快处置、结果快公布,有效引导舆情走势。要健全督促考核机制。要把意识形态工作作为领导班子和领导干部综合考评的重要依据,纳入目标考核重要内容,研究探索问责追责的具体办法。对履行责任不到位、工作措施不得力的,及时进行诫勉谈话、警示提醒,对出现严重问题的,及时严肃处理。

二、四川省达州市:创新实施意识形态工作标准化建设

习近平总书记指出:"意识形态工作是党的一项极端重要的工作,能否做好意识形态工作,事关党的前途命运,事关国家长治久安,事关民族凝聚力和向心力。"市县两级是基层意识形态工作的前沿核心阵地,是落实意识形态工作责任制的关键环节。达州市深入学习贯彻习近平文化思想特别是习近平总书

记关于意识形态工作的系列重要论述,以意识形态工作中出现的重点、难点、痛点问题为突破口,以维护全市意识形态领域安全为立足点,以不断满足人民群众的精神文化需求为总目标,创新实施意识形态工作标准化建设,走出了一条落实意识形态工作责任制的达州路径。

(一)主要做法

党的十八大以来,以习近平同志为核心的党中央立足世界百年未有之大变局、统揽中华民族伟大复兴全局,针对新形势下意识形态领域的复杂情况,就一系列方向性、根本性、全局性问题阐明立场、作出论述,作出一系列重大决策部署,推动意识形态工作持续巩固加强,我国意识形态领域形势发生根本性全局性转变。2019年,党中央出台《党委(党组)落实意识形态工作责任制实施办法》、省委出台《四川省党委(党组)贯彻落实意识形态工作责任制实施细则》后,达州市委抢抓政策机遇,创新出台系列政策和配套文件,推动意识形态工作责任制在基层落地落实。但是,在贯彻执行过程中发现,依然存在部分党员干部风险意识淡薄、责任意识不强,对职责不清楚、对政策不掌握,在工作过程中不知道抓什么、怎么抓或者抓而不实,抓而不紧、抓而不牢等问题。对此,达州市坚持守正创新、固本培元,分行业分系统探索实施意识形态工作标准化建设,形成一套切合实际、具有特色、简便易行的思路办法,有效扭转了意识形态责任制落实不扎实、不到底、不见效的局面。

达州市按照县(市、区)党委、市(县)级部门、乡镇(街道)、村、社区、学校、医院、企业 8 个类别,从"体制机制、活动内容、设施阵地、要素保障、责任落实、考核监督"6 个方面,分类制定意识形态工作标准,细化责任分工,明确工作内容,运用"清单制+责任制"的方式推动意识形态工作责任制落地落实。

1. 体制机制标准化。习近平总书记指出:"要更加注重治理能力建设,增强按制度办事、依法办事意识,善于运用制度和法律治理国家,把各方面制度优势转化为管理国家的效能,提高党科学执政、民主执政、依法执政水平。"为推动意识形态工作责任制落实,确保优质高效履责,达州市坚持用制度机制管人管事管资产管导向,着力建立常态化、规范化的工作运行机制。一是建立主体责任落实制度。印发《达州市贯彻落实党委(党组)意识形态工作责任制实施细则》,配套出台《达州市党委(党组)中心组述学评学考学实施办法》《达州市意识形态工作检查考核办法》《达州市意识形态工作责任追究办法》等主要制度,构建起基层落实意识形态责任制的"四梁八柱"。二是建立专项工作运行制度。建立意识形态工作联席会议、专题研究、分析研判、定期汇报、专项巡察、专题督查、动态提醒、检查考核、情况通报、追责问责、风险评估 11 专项制度,并形成意识形态工作制度汇编,让基层对标对表、常态长效、规范标准开展意识形态每项工作。三是建立基本阵地管理制度。落实主管主办和属地管理原则,按照党中央和省委关于落实意识形态工作责任制的相关规定,分别建立了新闻舆论、文化文艺、社科理论、网络、学校、宗教 6 大意识形态阵地管理制度,将管理责任到岗到人到事,切实做到阵地管理规范有序。加强三个方面的制度建设,进一步明责、确责、考责、问责,形成了责任落实闭环链条,让意识形态工作有章可循、有据可依。

2. 活动内容标准化。意识形态工作是动态的,是与时俱进的,每年都有不同的新任务、新要求、新变化。为此,达州市采取"1 指标+1 要点+1 清单"模式,以守正创新、立破并举、动静结合的方式为基层提供简便易行的"施工图"。一是一个"指标"抓项目。每年按照中央和省委最新部署要求,印发《意识形态工作硬性任务指标》,即年初分别按照理论武装、新闻舆论、文化文艺、文明创建、网络安全、阵地建管等工作内容,梳理制定年度硬性任务指标,印发给各县(市、区)和各相关部门对标执行,年中开展中期评估,年终开展结项验收,通过硬性指标强力推进意识形态重大工程、重点项目建设。二是一个"要点"明方向。每年初结合达州实际制发《达州市意识形态工作要点》,明确本年度意识形态工作主要任务、努力方向和基本目标,并细化明确奖惩措施,确保基层落实意识形态工作责任制信心不减、方向不偏、目标不变、干劲不松。三是一个"清单"补短板。根据中央和省委专项巡视、市委定期专项督查和不定期暗访抽查发现的问题,围绕定期汇报、分析研判、专项督查、情况通报等责任落实,针对理论武装、思想政治教育、乡村文化振兴、文化惠民活动、文艺发展繁荣、舆论引导、舆情处置、基层阵地管理等工作中存在的问题短板,建立问题清单,印发问题督办通知,通过召开集中交办会议、开展问题整改"回头看"等,督促整改落实,以问题导向切实巩固了意识形态基层基础。

3. 设施阵地标准化。阵地是意识形态领域的前线堡垒,是做好意识形态工作的基本依托。达州市坚决落实党中央决策和省委部署,切实履行意识形态阵地管理职责,坚持建管结合、稳中求进、守正创新,着力建好阵地、管好阵地、用好阵地。一是建强线下实体阵地。以不断满足人民群众对美好生活的文化需要为导向,下大力气狠抓公共文化阵地建设。市县两级建有融媒体中心、新时代文明实践中心、文化馆、博物馆、图书馆、陈列馆、体育馆,市级有巴山大剧院、巴山书画院(达州美术馆)、巴山文学院(达州文学馆)、达州文艺之家、巴文化创意交流中心、达州市钢琴博物馆、515艺术创窟等意识形态工作阵地。乡镇(街道)建有新时代文明实践所、文化站、广播站、电影放映室等文化活动场所,村(社区)建有新时代文明实践站、农民(市民)夜校、农家(社区)书屋、幸福美丽新村(社区)文化院坝等公共文化服务阵地。既大力夯实了基层意识形态工作阵地,又丰富了基层群众的精神文化生活,坚定了"主心骨"、唱响了"主旋律"、打好了"主动仗"。二是建好线上虚拟阵地。习近平总书记指出,互联网日益成为意识形态斗争的主阵地、主战场、最前沿。在互联网这个战场上,我们能否顶得住、打得赢,直接关系我国意识形态安全和政权安全。达州市除了建立达州网、达州日报、达州电视台新闻客户端和"达州发布"微信微博等网络媒体和新媒体外,还有效借助"学习强国"学习平台,建设达州学习平台,打造党委(党组)中心组学习第二课堂。借助现场云、大数据平台,与新华社等中央和省级主流媒体共建舆论引导主阵地。形成了线下线上共同发力的阵地格局,并促使线上线下意识形态阵地真正成为维护壮大主流意识形态的坚强堡垒。

4. 要素保障标准化。没有强有力的要素保障,意识形态工作就会动力不足、效力不佳。达州市提高政治站位,在财力物力人力非常紧张的情况下,依然加大意识形态工作保障力度,做到要素充沛、落实有力。一是强化组织领导。市、县、乡三级成立党委意识形态工作领导小组,由党委主要负责同志任组长,分管纪检、组织和宣传工作的同志任副组长,纪委、组织部、宣传部、统战部、政法委、公安局等相关部门为成员单位;市、县两级部门在党委(党组)书记领导下,均明确1位分管领导、1个责任科(股)室、1名具体工作人员负责意识形态工作。一个领导机构与"三个明确"真正将意识形态工作作为"一把手"工程放在心上、扛在肩上、落实在行动上,不再让意识形态工作成为"皮球"被踢来踢去,让责任链条不再断链,让责任落实更具持续性。二是搞好经费保障。各级党委落实意识形态工作经费,市级每年不少于2 000万元,县(市、区)级每年不少于1 000万元,乡镇5万—10万元,村(社区)1万—2万元,做到专款专用。同时,达州还探索建立了三项激励机制,即出台《文艺精品项目资助暂行办法》《达州市社会科学优秀成果评奖办法》《"宣传达州好新闻"评奖办法》,每年分别拿出500万元、200万元、100万元用于扶持鼓励文艺精品创作生产、哲学社会科学研究、优秀新闻奖励。这种事前支持、事中扶持、事后奖励的经费保障机制,解决了基层意识形态工作经费不足的问题,确保有钱办事。三是建强人才队伍。成立宣传委员、意识形态工作指导员、宣传文化专干、新闻发言人、新闻通讯员、网络评论员、文艺志愿者、基层理论宣讲员8支专业队伍。同时还在巡视员、调研员中抽调业务骨干,组建了意识形态工作专项巡察、专项检查、专项督查和专项考核四支兼职队伍,并建立数据库,通过网上随机抽取,每年定期开展督查检查和考核考评工作,专兼职队伍的建立确保了有人干事,促进了基层意识形态工作的常态化开展。

5. 责任落实标准化。科学建立责任落实"四张清单"。一是明确主体责任。进一步明确要求各级党委(党组)对意识形态工作负总责,承担政治责任和领导责任,特别是党委(党组)书记要负起第一责任人的责任。二是明确主管责任。进一步明确要求党委宣传部门作为意识形态工作主抓主管部门,负有直接责任,牵头负责意识形态工作协调、指导、组织、督查、考核等具体职责。三是明确部门责任。进一步明确要求意识形态涉及的重点领域、重点职能部门切实抓牢部门分管职责和监管责任。四是抓实基层责任。进一步明确要求村、社区、企业、学校等基层党组织发挥好主动权、主导权,把意识形态工作标准化责任落实压力传导至"神经末梢"。"四张清单"将各级党委主体责任、党委宣传部门主管责任、重点职能部门分管职责和监管责任、基层党组织发挥好主动权主导权的重点内容、具体工作逐条列出,并列出时间表、画出路线图,让各级各部门对号入座、对表执行,进一步明确谁来作为、怎么作为的问题,层层压紧意识形态工作责任,形成一体联动、齐抓共管的工作格局。

6. 考核监督标准化。制发《达州市意识形态工作检查考核办法》《达州市意识形态工作责任追究办法》,将意识形态工作纳入领导班子、领导干部年度目标考核,细化为 10 大考核板块、30 项考核指标和 66 条考核内容,将检查考核结果作为干部评价使用和奖惩的重要依据。将意识形态工作纳入市、县两级巡察,及时将巡察发现问题提交党委常委会研究,移送党委宣传部进行集中交办督办。将意识形态工作责任追究纳入纪律监督范围,明确了 15 种问责情形,规范责任追究的方式、程序及类型,加强结果运用及监督管理,推动责任落实。

动员千遍不如问责一遍。达州市充分发挥督查、巡察、检查三把利剑的威慑作用,强化督促意识形态责任落实。市委意识形态领导小组,采取抽查暗访、实地察看、资料比对、座谈走访、随机面询、题库抽考等方式,开展专项督查、"回头看",对不遵守意识形态纪律规矩的党员干部发出书面核查通知、限期整改。市纪委监委、市委巡察组发现意识形态工作责任制落实不力、不到位的,移交市委宣传部对其专题督办,进一步拉紧了意识形态工作责任落实的"高压线",让各地各部门对意识形态工作责任制心存敬畏,对标明责、主动担责成为常态。

(二) 启示与思考

意识形态工作是党的一项极端重要的工作,是为国家立心、为民族立魂的工作。实践充分表明,推动意识形态工作责任制落地落实,关键是按照党中央的要求和规定,坚持效果导向、需求导向和问题导向,找准关键处和薄弱项,找准着力点和突破口,把各项工作紧紧抓在手上,知责明责、守责履责、担责尽责,努力建设具有强大凝聚力和引领力的社会主义意识形态。

一是提高政治站位,站高谋远实施"一把手"工程。坚持"一把手"带头,肩负起意识形态工作主体责任,"一把手"须带头抓、直接抓、具体抓,切实当好"第一责任人"。各级党委书记要切实增强抓意识形态工作的履职自觉,强化使命担当,真正把意识形态工作放在心上、扛在肩上、落实在行动上。把意识形态工作摆在重要位置,牢固树立抓意识形态工作是本职、不抓是失职、抓不好是渎职的理念,加强组织领导和统筹指导,像分析经济形势一样定期分析研判意识形态领域形势,定期听取意识形态工作汇报,定期在党内通报意识形态领域情况,切实当好意识形态工作的领导者、推动者、执行者。各级党委"一把手"要旗帜鲜明地站在意识形态工作第一线,牵头抓总、靠前指挥,做到"三个带头""三个亲自",即带头抓意识形态工作、带头管阵地把导向强队伍、带头批评错误观点和错误倾向,重要工作亲自部署、重要问题亲自过问、重大事件亲自处置,不能当"甩手掌柜"。

二是强化组织领导,联动协同形成"一盘棋"格局。意识形态工作不是宣传部门一家之事,不能让宣传部门"单打独斗",必须坚持"一盘棋"、形成"大合唱"。党委要总揽全局、协调各方,指导和推动本地区本部门本单位把意识形态工作要求融入各自工作,推动意识形态工作与行政管理、行业管理、社会治理更加紧密地结合起来。要充分调动各条战线各个部门抓意识形态工作的积极性,各司其职、各负其责、共同履责,切实形成党委统一领导、党政齐抓共管、宣传部门组织协调、有关部门分工负责的工作格局。党委宣传部门要充分发挥意识形态领域主管部门的作用,树立整体思维和系统思维,通过系统集成、战线协调、资源整合、力量凝聚,坚持围绕中心、服务大局,破除各自为政、画地为牢的观念,站位全局、找准定位,心往一处想、劲往一处使,在构建大宣传格局中共同守好意识形态主阵地、在布局"一盘棋"中打好意识形态主动仗。

三是突出顶层设计,科学合理建立"一张网"制度。意识形态工作是一项动态活跃的、与时俱进的工作。市县两级是基层意识形态工作的前沿核心阵地,是落实意识形态工作责任制的关键环节。工作过程中,要坚持紧跟跟紧党中央最新决策部署,紧跟、跟紧习近平总书记最新重要讲话精神,用制度管人管事管资产管导向,加强顶层设计,推动责任落实。要坚持与时俱进、因地制宜,坚持需求导向、问题导向和效果导向,坚持动态与静态相结合,以《中国共产党宣传工作条例》《党委(党组)落实意识形态工作责任制实施办法》为根本遵循,出台《党委(党组)落实意识形态工作责任制实施细则》等主要工作制度。在此前提下,配套制定专题研究、分析研判、定期汇报、专项巡察、专题督查、动态提醒、检查考核、情况通报、审批审查、追责问责、风险评估等若干专项制度。要坚持常态长效与当前当下原则，每年根据新形势新变化新任务新要求，制定相应的工作要点、任务清单、项目台账、考核指标等，以"清单制"明晰"责任制"。以"主干+枝叶"纵横交错、科学牢固织就意识形态工作责任落实的"一张网"，扎紧制度笼子，建立标准化模式，让各级党委（党组）及其班子成员、有关部门明确自身职责，明晰意识形态工作谁来抓、抓什么、怎么抓。

四是坚持人民至上，建管并重做实"一条龙"服务。落实意识形态工作责任制，切实履行意识形态阵地管理职责，要贯彻"以人民为中心"的思想，把建管用结合起来，把管理与服务结合起来，建好阵地、管好阵地、用好阵地。要自觉履责尽责，从理论武装、新闻出版、广播电视、网络空间治理，到文化文艺、思想道德教育、精神文明创建，从各级各类学校思想政治教育，到各类基层宣传文化阵地建设管理，从各级党委（党组）和宣传部门、行政管理部门，到主管主办单位，所有工作、所有主体都要主动提高政治站位、强化阵地意识，自觉地在建好管好用好阵地上各负其责、担当尽责。要坚持守正创新，意识形态工作是做人的工作的，人在哪儿重点就应该在哪儿。建好管好用好阵地，要重点建好用好正能量强劲、主旋律高昂，影响大、"人气"旺的阵地。要落实移动优先理念，让主流媒体借助移动传播,牢牢占据舆论引导、思想引领、文化传承、服务人民的传播制高点。要发扬斗争精神,坚持依法治理和内容建设并举,管好用好互联网舆论阵地。切实加强网络信息管控,重点管好具有新闻舆论和社会动员功能的新媒体,规范网上信息传播秩序,严密防范网上意识形态渗透,旗帜鲜明地开展网上舆论斗争,牢牢掌控网络意识形态主导权。要精准服务群众,深入贯彻落实"以人民为中心"的发展思想,更加重视基层基础,加强基层单位宣传工作机构和工作力量,推进新时代文明实践中心、县级融媒体中心建设,加强基层文化设施建设、管理和使用,更好地宣传群众、教育群众、服务群众。

撰稿人:王开仓,中共达州市委宣传部政策法规研究室主任;魏运玲,中共达州市委宣传部办公室(意识形态工作协调科)主任(科长);曾伟,达州市新时代文明实践指导中心副主任

专题三

坚定文化自信，推动社会主义文化繁荣兴盛，建设社会主义文化强国

　　在新的起点上继续推动文化繁荣、建设文化强国、建设中华民族现代文明，是我们在新时代新的文化使命。坚定文化自信的首要任务，就是立足中华民族伟大历史实践和当代实践，用中国道理总结好中国经验，把中国经验提升为中国理论，既不盲从各种教条，也不照搬外国理论，实现精神上的独立自主。只有全面深入了解中华文明的历史，才能更有效地推动中华优秀传统文化创造性转化、创新性发展，更有力地推进中国特色社会主义文化建设，建设中华民族现代文明。

　　　　　　　　——2023 年 6 月 2 日，习近平在文化传承
　　　　　　　　　　　　　　发展座谈会上的讲话

　　要繁荣发展文化事业和文化产业，持续推进城乡公共文化服务标准化、均等化，扎实开展城乡精神文明创建，加强公民道德建设，推进书香社会建设，全面提升社

会文明程度。

——2023 年 7 月 5 日至 7 日，习近平在江苏考察时的讲话

一、坚定文化自信在基层
产生的蓬勃伟力

习近平文化思想的提出为全面建设社会主义现代化国家提供了坚强的思想保证、强大的精神力量、有利的文化条件，在建设宜居宜业和美乡村过程中，实现乡村文化振兴事关建设的进程与成色。党的二十大报告明确提出"坚持以文塑旅、以旅彰文，推进文化和旅游深度融合发展"。在宜居宜业和美乡村建设中，"文旅融合，以文塑旅，以旅彰文"，以县域为单位，以乡村为阵地，建设旅居福地，是推进乡村全面振兴应有的题中之意。我们要深刻领悟习近平文化思想的重大意义，坚持学以致用，自觉贯彻落实。

（一）习近平文化思想是县域发展全域旅游建设旅居
福地和美乡村的行动指南

习近平文化思想的提出标志着党对"建设什么样的中国特

色社会主义文化、怎样建设中国特色社会主义文化"的规律认识达到了新高度，为新时代文化建设指明了方向，也为宜居宜业和美乡村建设提供了科学行动指南。

1. 传承中华优秀农耕文化，在需求侧上打造最美"乡愁"

习近平总书记指出，"没有高度的文化自信，没有文化的繁荣兴盛，就没有中华民族伟大复兴"。文化是一个国家、一个民族的灵魂。要想如何让文化充分融入生活，让更多的人走进文化，使文化活起来、火起来，就需要让文化与当地特色产业相融合，开发出相应的产品，探索出更多人民群众喜闻乐见的文化打开方式。旅游是展示文化、传播文化、发展文化最适宜和最重要的载体，一方面，文化为旅游赋予深刻的内涵，助推旅游产业转型升级，另一方面通过将特色文化植入旅游产品，既能突出当地的特色文化又能够有效凸显当地产品特色，使产品和内涵实现有机统一。

习近平总书记指出："我国拥有灿烂悠久的农耕文明，必须确保其根脉生生不息，做到乡村社会形态完整有效，文化基因、美好品德传承弘扬。"农耕文明中蕴含着中华文明自强不息、团结互助、协调合作的基因密码，在加快建设农业强国，打造宜居宜业和美乡村过程中，从深厚的农耕文化中系统挖掘深邃的思想智慧与精神追求，实现传统农耕文化与和美乡村建设融合创新,为宜居宜业和美乡村建设提供最基本、最深沉、最持久的精神力量。乡村振兴,既要塑形,也要铸魂。乡土文化是中华民族传统文化的重要组成部分,是乡村振兴的灵魂工程。从"魂"的角度切入,乡村文旅融合发展的第一要义在于深入挖掘乡土文化底蕴,发展乡村文化旅游。因地制宜制定乡村文化发展方案,立足实际开展精神文明创建,尊重当地习俗推动移风易俗,不断满足广大农民群众日益增长的美好文化生活需要。

2. 适应各地乡村发展实际,在供给侧上围绕群众所需

在和美乡村建设过程中,鉴于不同地域乡村文化呈现多元化和差异性的实际情况,建设宜居宜业和美乡村需要从当地乡村文化习俗特色出发,加快聚合多元业态,创新乡村文化旅游产品供给。在发展乡村文化产业中全面推进乡村文化振兴,因地制宜地探索各种有效方式,将乡村潜在资源转化为市场接受的文化产品进而形成产业,不仅能让优秀的乡村传统文化得到保护传承和创新发展,而且也能推动乡村文化与乡村经济的融合发展。要加快创新乡村文化旅游产品供给,打造文旅 IP,塑造品牌,培育新型业态和消费模式,是文旅产业赋能乡村振兴的重要路径。乡村文旅融合是多元产业和业态的融合,要积极引导传统景区游与农业、工业、康养、研学等相互配合、深度融合,不断延伸乡村产业链条,以景带村、全域联动,形成乡村旅

游多业态融合发展新格局。同时,要提炼乡村文化特色,充分运用农村电商、旅游演艺、旅游节庆、艺术展演等多元载体,打造乡村主题文化 IP,形成乡村文化旅游精品线路、重点村镇、集聚区域,以产业集群形式促进文旅创新发展,为乡村产业振兴提供新动力。

3. 赋能乡村经济社会发展,在产品塑造上围绕服务群众目标

乡村振兴,既要塑形,也要铸魂。文化振兴,既是乡村全面振兴的重要内容,又能为乡村振兴提供动能和支撑。乡村文化深深刻在广大农民群众的骨子里,充分发挥乡村文化"以文聚力、以文化人、以文兴业"的赋能作用,以文化强基固本的功能不断增强农民的认同感、归属感、荣誉感,以文化浸润无声的功能,培育好文明乡风、良好家风、淳朴民风,以文化服务社会的功能,结合当地经济发展实况,谋定"文化+"发展思路,用乡村文化繁荣助推宜居宜业和美乡村建设,为乡村全面振兴提供了强大的动力支持。

优化基础设施建设,增添乡村文旅的"成色"。持续推进文旅产业项目建设,实施乡村文旅深度融合工程。乡村文旅融合要进一步坚持以市场需求为导向,以提升游客满意度为重点,不断丰富乡土文化展陈形式,深入推进乡村文化旅游体验

工程,完善乡村交通、旅游厕所、停车场、文化舞台、指示标识、充电桩、小舞台、小广场等设施建设。同时要充分利用现代科学技术手段,推动数字乡村、数字文旅发展,提升文化旅游产业的创新能力和服务水平,打造集乡村文化旅游、运动休闲、健身康养于一体的农文旅相互融合的模式,推动乡村文化旅游产业步入高质量发展轨道,增添乡村文旅的"成色"。

4. 树立生命共同体理念,在发展方式上践行"绿水青山就是金山银山"理念

马克思主义生态观与"天人合一""道法自然"等中华优秀传统文化中的生态智慧高度契合,基于此,我们党提出了"人与自然是生命共同体"理念。这提示我们,在寻求契合点上,要强化魂脉与根脉理论研究上的对比与阐释,寻求最大公约数,画出最美同心圆;在激活生命力上,要顺应时代潮流、把握时代大势,以时代精神激活中华优秀传统文化的生命力,让中华文化绽放出更加夺目的光彩。只有深耕文化沃土,把握时代脉搏,才能创造最具活力的文化。

抓住文化就抓住了核心价值,抓住旅游就抓住了巨大市场。一个地方发展旅游经济的成功,就看是否较好坚持"文旅融合"。只要"宜融则融、能融尽融",找到最佳连接点,实现真融合、深融合,就能把文旅资源优势转化为文旅产业优势,让绿

水青山"颜值"真正转化成为金山银山"价值"。

（二）习近平文化思想是推进县域发展、建设和美乡村的基本遵循

县域发展全域旅游建设旅居福地和美乡村要以习近平文化思想为指导，从加强基层组织建设、激发群众活力、盘活农村资源等方面下功夫。

1. 加强基层组织建设，为和美乡村夯实发展基础

一个国家战略从制定到颁布，再落实到基层，有着不可控和复杂的执行因素。在乡村振兴战略层面，中央政策到地方上需要因地制宜，存在一定的优化空间。我国普遍的情况，即便是一个村子也是一个小型的社会体系，当地政府、乡贤、村民、外来投资者等都能构成十分复杂的人际关系。政府的政策、乡贤村民与外来资方的利益，在不同视角上都有不同的考量，地方文化的提纯与传播，都很难实现标准化模式复制，这是中国丰富的地缘结构和风土人文决定的。因此，在和美乡村建设过程中，需要持续加强党建引领，不断夯实乡村基层党组织建设。全面推进乡村文化振兴，就要紧紧扣住党建引领这个根本，真正让村级党组织成为乡村文化发展中的坚强战斗堡垒，切实推

动党建引领乡村文化振兴在基层落地生根。自觉把全面推进乡村文化振兴融入当地经济和社会发展总体规划,将乡村文化振兴项目、政策切实落实到位,提高财政资金使用效益。尤其要看到,从村级层面来讲,文化工作是村级党组织直达群众"最后一米"的灵魂工程。完善多元参与机制,不断放大乡村文旅融合发展的综合效应。体制机制创新是实现农文旅深度融合,进而推动乡村振兴的关键。乡村文旅融合是涉及多部门、多领域的系统工程,要充分处理好乡村文化旅游建设中各主体之间的利益关系。要发挥党建引领作用,坚持政府主导作用、重视村民主体地位、发挥市场的主体力量,合理吸纳社会资本,吸引优秀乡贤参与,充分发挥"乡贤""村宝"作用,引导各方积极参与乡村旅游项目建设,推动乡土文化资源与绿色生态资源紧密结合,打造有影响力的特色品牌,不断放大农文旅融合发展的综合效应,激活乡村振兴"新引擎"。

2. 激发群众意愿活力,为和美乡村凝聚强大力量

首先,"发展靠群众,群众靠发动,发动靠活动,活动靠文化",只有认识到文化工程的重要并把活动坚持在平常,渗透在日常,体现在自觉,"文明树起来,文化活起来,产业兴起来,村民乐起来"才能把文旅融合的根基夯实。其次,强化农民乡村文化建设主人翁意识。再者,培育乡村文化振兴人才队伍。现

在乡村的普遍情况是,无论在土地环境还是区域硬件上都极为复杂,几乎是一个村子都能形成一个独立的操作模式,这也体现了乡村地缘结构的强势与弱势相互交织文化特征,强势的是过渡化解释,弱势的是信息驳杂。从一个乡村振兴的项目视角去看,这就是地方文化的创作与传播。需要深入在地,系统地研究本地历史人文和当代生活方式形态,做好在地文化特征的梳理和总结,找到市场化路径运用到文旅融合具体的项目实践上。政府主导与群众主动相结合,始终以满足人民群众实际需求为出发点,让游客、村民都能以各自喜欢的方式参与每种业态的经营,用文化丰富精神生活,用旅游带动增收致富,使传统文化在得到传承与发展的同时,也带动产业兴旺、村民致富,实现社会效益与经济效益的有机统一。

3. 盘活用好农村资源,为和美乡村打造主流阵地

党的二十大强调,统筹乡村基础设施和公共服务布局,建设宜居宜业和美乡村。当前,乡村群众对公共文化的需求愈发多样化、差异化,需求结构不断升级,乡村文化基础设施建设仍然存在与乡村实际文化需求脱节的问题。要深入挖掘乡土文化底蕴,"盘活"乡村文化资源。要深刻理解农耕文化、民俗文化、红色革命文化、非遗文化等在历史积淀中所蕴含的人文内涵,在保留乡村原真性的基础上,盘活文化资源。巩固乡村文

化发展的客体。习近平总书记强调:"保护农业文化遗产是人类共同的责任。"要加大农耕文化遗产保护力度。要因地制宜完善乡村公共文化设施,需要结合当地农民文化需求及文化资源"对症下药",保证乡村公共文化设施接地气,以达到满足广大农民文化鉴赏需求,提振农民精神文化生活的目的。为此,推动公共文化资源配置向乡村倾斜,完善乡村文化服务设施,健全乡村现代公共文化服务体系就是当务之急,在政府相关工作排序上应充分提前。作为配合,公共财政完全有必要也有可能发挥好主导作用,以文化惠民工程为抓手,加大乡村文化建设投入力度,加强区县、乡镇、村组文化设施和文化活动场所建设。区县文化馆、图书馆彰显引领辐射作用,发挥新时代文明实践中心、乡镇文化站、村组文化服务中心、农家书屋等优势,切实壮大乡村公共文化设施网络。整合乡村文化活动中心、医疗卫生所、闲置校舍、古戏台等原有的活动场所,采用新建、改建、租用、共用等模式,做好功能布局和提升工作,努力做到相关设施能够共建共享,着力解决乡村文化设施分散、使用效率不高的问题。

(三) 习近平文化思想是县域发展全域旅游建设旅居福地和美乡村的最佳指导

县域发展全域旅游建设旅居福地和美乡村离不开乡村"文

化牌"助力,只有打好"文化牌",才能让有形的乡村文化资源留得住,活态的乡土文化传下去。实现乡村文化资源最大效能,需要在发展方式上做文章。

1. 扎实抓住"文化+土特产"产业

目前,按习近平总书记提出的做好乡村"土特产"还有不小差距。总体来说,乡村文化产业基础还较为薄弱:"土"挖掘不够,市场发展尚不够成熟;"特"体现不优、乡村文化主体存在一定程度的缺失;"产"链条不全。诸如此类困境仍有待破解。只有坚持文化事业和文化产业双轮驱动,以乡村文化产业赋能全面推进乡村文化振兴,才能让乡村文化焕发生机。因此,要适应各地乡村发展实际,在挖掘"土特产"上下功夫。融合发展是当前经济转型升级的重要特征,是创新创造的着力点和突破口。在和美乡村建设过程中,鉴于不同地域乡村文化呈现多元化和差异性的实际情况,因此建设宜居宜业和美乡村需要从当地乡村文化习俗特色出发,因地制宜制定乡村文化发展方案,立足实际开展精神文明创建,尊重当地习俗推动移风易俗,不断满足广大农民群众日益增长的美好文化生活需要。在乡村特色文化产业和特色旅游业实现了融合,又与特色农业相融合。做好现代乡村的"土特产"文章,要力图保留土味、发挥鲜味,深挖"根"味,彰显特色、做强产业链,乡村文旅产业应该在其中充分发挥作用,可以通过引入大数据、区块链等技术,帮助基层推动乡村产业融合,解决"隔行如隔山"的问题。要实现乡村文化资源与乡村产业融合发展。要善于借助传统节日开展特色文化活动;着力打造独具特色的乡村文化品牌;对于乡村独有的传统民俗文化和传统手工艺;鼓励优秀农耕文化创造性转化和创新性发展,拓展农村文化活动的多元供给。要通过丰富农耕技术的展示、民族文化传承与民族文化认同、红色主题教育等活动形式,充分展现乡土文化独特性和精神内核,从而促进文旅融合增值、增质,赋能乡村振兴,推动农业强、农村美、农民富。

2. 深入做好"文化+旅游"大文章

文化是旅游的灵魂,旅游是文化的载体,只有"魂体"融合,方能相得益彰。文旅产业是关联度好、融合性强的产业,也是为培育新质生产力蓄势赋能潜力和空间巨大的产业。随着社会进步,科学技术的加快,文化的内涵和外延在不断发展革新,人民群众对旅游的认识不仅仅停留于游览观光层面,而是想更深入地探究文化和旅游深层次的意蕴。我们应当深入挖掘并充分利用现有文化旅游资源,着力在创新产品供给与满足公众需求之间下功夫,拓展新业态,以"新"引领潮流,以"智"塑造体验,培育开发更多的文化和旅游新产品、新场景。向"新"而行,文旅行业才能不断涌出发展的活力。以"新"促

"质",文旅产业才能形成更大的竞争优势。

3. 发挥"文化+科技创新"双轮驱动作用

在数字化高速发展的时代,"文化+"市场潜力巨大,文化产业应更加积极主动拥抱现代化、数字化技术,以"数字化"助推传统技艺升级焕新,不仅可以扩大文化产业覆盖面、开掘内涵深度、增加产业附加值与竞争力,更能开启文化产业多元融合发展的无限可能,有助于在更大平台上彰显中国文化的深厚底蕴。加强乡村文化数字化建设也是重要一环,通过强化乡村文化数字化信息技术采集和存储,搭建乡村文化数据库,将乡村中的独特文化转为可长期储存的信息资源。十里不同风,百里不同俗。农村具有特别深厚的文化传统和资源,比如,山水生态、农耕文化、农事体验、特色种植、古村古镇、非遗作坊等,这些都为乡村文化科技创新提供了载体和平台。同时,我们要通过优化文化产业结构,创新文化产品的展现方式,支撑市场的个性化需求,深挖资源、取长补短,通过科技赋能,以优质供给、优质服务变"流量"为"增量",推动文化产业实现质的飞跃和高质量发展,满足人民群众对美好生活的愿景。

4. 凭借"文化+创意"增强文化发展活力

"周虽旧邦,其命维新。"文创是文化赋能旅游的体现,最终能为旅游目的地带来文化的再生、体验的提升、品牌的重生、消费的上升。同时有利于弘扬中华文化,增强文化发展活力。可以满足多元需求的旅游需求,极大地丰富了文化旅游的内涵,促进了旅游业的转型和效益。文创产品所创造的文化旅游内涵深刻,回味无穷,弥补了传统文化旅游开发和创造的不足。其发展得益于旅游文创是对旅游文化与娱乐体验的全面提升和基于文化情感的冲动性消费。各种文化门类通过创新、设计以及数字化等方式,以新思维、新理念、新方式、新技术,助推传统文化传承更深远。厚植于传统文化之上的创新,又赋予传统文化新的时代内涵。文创作品使人们对传统文化和艺术有了新的理解,让文化"活起来",又能"留下来"。只有踩准新时代传统文化发展的节奏点,立足传统文化,以创新为驱动力,满足当代观众的审美需求,触动观众内心深处对传统文化、历史传说、艺术审美的钟爱之情。传统文化创新的基础是传承历史,正本清源,将传统文化中的优秀思想、精神品质、价值理念等提取出来,将其继承并发扬光大。文化不仅是软实力,还能转变成乡村发展的硬支撑。关键在于创新和转化。按照"颠覆性创意,沉浸式体验,年轻化消费,移动端传播"的发展思路,通过"一座山""一间房""一个村""一部剧""一项非遗"都有可能带动一座城,给村民带来实实在在的收益,给基层政府带来实实在在的经济收益。在推进乡村振兴走向纵深的过程中,如何提升单个乡村的辨识度,避免"千村一面"一直是乡村建设的重要课题。不妨把地域元素、特色文化发掘出来擦拭一新、创新转化,作为文旅资源加以发扬光大,乡村振兴的场景必定会变得更加生动活泼。

二、河南省栾川县：推动文旅 融合 赋能乡村振兴

习近平总书记指出,"没有高度的文化自信,没有文化的繁荣兴盛,就没有中华民族伟大复兴"。文化是一个国家、一个民族的灵魂,要想让文化充分融入生活,让更多的人走进文化,使文化活起来、火起来,赋能乡村振兴,就需要让文化与当地特色产业相融合,开发出相应的产品,探索出更多人民群众喜闻乐见的文化打开方式,而旅游是展示文化、传播文化、发展文化最适宜和最重要的载体。党的二十大报告明确提出"坚持以文塑旅、以旅彰文,推进文化和旅游深度融合发展"。文化是旅游的灵魂,旅游是文化的载体,只有"魂体"融合,方能相得益彰。一方面,文化为旅游赋予深刻的内涵,助推旅游产业转型升级,另一方面通过将特色文化植入旅游产品,既能突出当地的特色文化又能够有效凸显当地产品特色,使产品和内涵实现有机统

一。但文旅融合并非"文化+旅游"或"旅游+文化"这么简单，两者之间既有一定关联性，也有相对的独立性，搞简单叠加的"物理融合"不行，搞强行融合的"拉郎配"也不行，只有紧紧把握两者规律，找出共性、突出个性，使其发生化学变化的"化学融合"才能"融得自然""合出效益"。如何更好实现文化和旅游在更深层次、更广范围、更高水平上的深度融合，发挥出"1+1大于2"的效果，让旅游业这项具有显著时代特征的民生产业、幸福产业，真正成为战略性支柱产业，栾川县做出了有益的探索。

（一）主要做法

栾川县位于河南省洛阳市，辖区面积2477平方公里，人口35万人，有老君山、鸡冠洞2个5A级景区和重渡沟等8个4A级景区，是首批"中国旅游强县"。近年来，栾川县立足得天独厚的资源禀赋，坚持用文化的内涵提升旅游休闲体验、休闲品质、休闲内容，用旅游的方式提升文化形象和生活品位，不断拓展拓宽"绿水青山"向"金山银山"转化通道，推动文旅资源优势转化为文旅融合高质量发展的胜势。

1. 做优顶层设计，提升文旅融合"高度"。坚持"一张蓝图绘到底"，持续探索符合栾川实际的旅游发展模式，不断深化

"绿水青山就是金山银山"实践,先后经历了三个阶段:从2000年到2011年,举全县之力,以工业资本反哺旅游业;2012年至2020年,以"全景栾川"建设为统领,不断完善提升旅游产业;2021年开始,以"旅游富县"战略为引领、以民宿经济为突破口、以乡村旅游为着力点,聚焦打造"全国知名的旅游度假目的地"的目标,进一步明确文旅融合发展思路和方向,加快推动文旅文创产业成支柱,以铁锤砸铁钉的作风抓出成绩、抓出效果。同时,持续加大文旅基础设施建设投入,2022年以来累计投资150亿元,谋划实施旅游服务项目35个;积极争取专项债资金支持,包装专项债项目5个,总投资22.74亿元,推动了乡村旅游提升项目、旅游公共服务设施建设项目、老君山5A级景区综合提升、重渡沟乡村度假区建设、竹海野生动物园提质扩容等一批重点基础项目快速落地、稳步推进,为文旅融合发展提供了坚实"后盾"。

2. 做强民宿经济,夯实文旅融合"厚度"。以生态保护为前提,将生态文化作为最大的卖点,把追求高品质、高品位融入民宿定位、设计、运营、服务全过程,突出地域特色,打造体现"原生态""原生产""原生活""原住民"特点的山水宜居民宿,形成"一家一品一特色"分布格局。让游客不仅宿"山"宿"水",更是宿"文化",全面叫响"伏牛山居"民宿品牌。定位民宿是一个目的地产品,坚持"高品质定位、系统化推进、集群式发展",大力实施"百村千宿"行动,通过整合产业发展资金、包装专项债、撬动社会资本等,实现民宿由单体化向集群化、零散化向品牌化、景区内向景区外的转变。目前,全县收录民宿集群项目 34 个,重点谋划建设项目 16 个,总投资 8.27 亿元。潭头镇官地溪谷民宿综合体、云上鸾栖等 7 个项目已开业运营。定位民宿提供的是一种生活方式,着力提升了服务品质。坚持微改造、精提升,将 900 多家农家宾馆、闲置老屋改造成为精品民宿,新建民宿全部按照高端定位建设,提升游客旅居体验。推行管家式服务,开展"民宿金管家""栾川味道"、新媒体营销、民宿主茶艺师证、园艺师证等技能培训,组织全县 1 000 余人次赴浙江莫干山、四川雅安开展民宿研学,全面提升从业者经营管理服务能力。定位民宿经济是一种综合经济,有力加强了业态融合。探索"民宿+"模式,推动"农文体旅"融合发展,拓展户外运动、养生度假、康养医疗、文化体验等业态,发展"民宿+农事体验""民宿+体育运动""民宿+民俗体验""民宿+非遗展演"等项目,差异化打造特色主题民宿,形成重渡沟竹韵人家、陶湾—石庙康养人家,三川—叫河避暑人家等 10 个主题民宿集聚区。同时,引导民宿布局"栾川印象""栾川味道"、围炉煮茶等产品,打造多元化的乡村生活与乡土文化场景。加大移动端营销,培养一大批"直播店小二""网红老板娘"等,通过民宿管家讲好故事、植入情怀、交流互动,实现从"头回客"到"回头客"再到"常驻客"的转变。

3. 做精业态培育,拓展文旅融合"深度"。找准不同业态的着力点、切入点,充分发挥各自业态优势,找出"最大公约数"、画好最大"同心圆"。一是推动冰雪体育与文旅融合。实施总投资 3 亿元的伏牛山山地体育运动及康养理疗提升项目,建设足球夏训基地、林下康养基地、冰雪夏训跳台群、山地体育运动培训基地,目前已接待国家滑雪队和 18 家省队近 900 名运动员长期驻场训练。二是推动医养康养与文旅融合。依托良好生态环境和中原药库的独特资源优势,谋划高端月子中心、十大康养基地、养生养老综合体等医养康养重大项目,开发森林康养、中医养生、中医药加工研学等医养康养业态,打造山茱萸、茯苓、连翘等"栾川好药材"医养康养产品,带动餐饮、住宿、购物多重消费。三是推进农业与文旅融合。打造出"栾川印象"、佰盛等知名企业达 35 家,开发高山杂粮、竹木家具、保健品、果蔬饮品等旅游商品 18 大类,玉米糁、土蜂蜜、柿子醋成为游客后备厢的"新宠",实现从"土坷垃"到"金疙瘩"的转变。打造了栾川奇石、惠兰、山珍等一批旅游商品品牌,形成良好的示范带动作用。四是大力发展研学旅游。打造老君山和鸡冠洞自然生态专项性社会实践教育基地、抱犊寨红色革命研学基地、潭头百芳研学基地、竹海野生动物园研学基地等 6 个研学基地,构建有内涵、有特色、有深度的研学旅游产品供给体系,让游客游有所乐、游有所思、游有所学。

4. 做大乡村旅游,增强文旅融合"广度"。立足全县乡村振兴大局,将乡村旅游作为乡村振兴的重要抓手,将乡村文化的挖掘和转化利用融入乡村旅游发展全过程,用乡村旅游活化文化,用乡村文化丰富乡村旅游内涵,实现从"村庄"到"景区"的转变。一是加强文化赋能。出台《栾川县文化产业赋能乡村振兴试点实施方案》,计划以文创产品开发为抓手,形成"栾川印象""栾川味道""伏牛山居"等一批具有市场竞争力的产品。组织开展"非遗"进景区、进校园、进社区、进军营,"非遗大集"等系列"非遗"项目集中展示和文旅融合活动,先后建成"纺织院""土陶坊""醋坊""竹编坊"等富有非遗特色的民宿小院14家,创造年产值260余万元,引起央视等国家主流媒体的关注,刮起栾川"非遗风"。二是狠抓项目建设。结合各村资源禀赋,因地制宜、精准施策,实施乡村旅游产业项目119个,建成西沟村觅野仙踪、卡房村林溪湾、柳子村星河谷等8个精品露营项目,打造一批以沃地农场、童话小镇、写生基地、非遗工坊、山地越野、网红民宿等为主题的特色旅游村,不断壮大乡村旅游市场。其中,拨云岭村开发的云礼、云物伴手礼实现销售额达300余万元,带动村集体经济增收10万元;6处露营地入选河南省精致露营推荐名单。三是壮大集体经济。创新乡村运营模式,明确"三定四动"工作路径和"四零入驻"政策,使政府、运营商、投资商、村集体、村民在乡村运营过程中找准各自的"角色定位"和合作共赢点,让村集体增收,村民致富。探索出以庄子村为代表的村民自治型模式、以柳子村为代表的能人治理型模式、以陶湾南沟为代表的村村联营模式、以拨云岭为代表的党支部+公司模式、以杨树底为代表的驻村帮带模式、以重渡沟和养子沟为代表的景村一体化模式等,实现村级集体经济"强筋壮骨",拓宽群众致富路,为乡村振兴"赋能添翼"。

5. 做"火"宣传营销,营造文旅融合"热度"。将宣传营销作为制胜法宝,高频高效高质宣传推介,让淡季不淡、旺季更旺! 一是打造四季全时格局。积极整合全县资源,以冰雪资源开发为抓手,做强冬季产品提升,出台惠民政策,打造四时可游、四季能游、四处宜游的全季全时全域旅游新格局,持续叫响"游奇境栾川、品栾川味道、购栾川印象、住栾川民宿"区域品牌。二是线上线下协同发力。探索"线上直播+线下让利"新模式,陆续开展"栾川 517 美好乡村线上嗨购节",以抖音直播带货形式,以超低价格回馈游客;举办"清凉栾川·免票畅游"旅游惠民活动,仅 14 天共接待游客 108.68 万人次,实现旅游综合收入 6.61 亿元,充分激活暑期文旅市场;举办"清凉栾川·一票畅游"活动,发放 4.2 万张奇境栾川旅游通票,受到游客一致好评。联合中石化推出"你游栾川我送油"旅游惠民活动，绑定推出景区套票和加油消费券，活动期间全网曝光量突破1.2亿次，接待游客120.79万人次，实现旅游综合收入2.04亿元，进一步做火冬游市场。推出"奇境栾川·游出花young"春游季活动，面向全国高校在校大学生推出老君山等9大景区门票免费活动，配套推出了18家特色餐饮门店用餐7折、11家精品酒店特惠房间、精品民宿通兑券、出租车"景区直达"等政策，近2万名大学生赴栾旅游，促旺栾川旅游消费市场。举办栾川老君山·鸡冠洞山谷音乐节，活动全网转发、点赞、分享量突破1亿次，成功跻身抖音同城榜前三名，成功为栾川贴上了音乐标签。紧跟市场潮流，在全省各县（区）中率先拍摄文旅微短剧《又见鸾鸟起舞时》并入选全国"跟着微短剧去旅行"推荐剧目，带动旅游市场旺上加旺。三是大力发展电商经济。把握"移动端、短视频、话题性"的传播规律，与字节跳动科技公司深度合作，连续四年策划"山里抖是好风光"短视频大赛，成为国内利用短视频营销、引领消费的典型案例。其中，老君山景区抖音平台短视频播放量突破120亿次，成为国内山水类景区翘楚，知名度和营收效益不断提升；重渡沟景区80%的民宿主开通抖音账号，成为省内外远近闻名的网红民宿集聚区。开展"豫见云中高速·嗨在伏牛山"栾川站暨"打卡天宫老君山·千名达人播栾川"主题活动，依托平台大数据精准实现引流曝光,邀请百名文旅达人以游客视角,利用抖音、快手、视频号"打卡"栾川旅游,通过短视频、直播、热门话题等多个媒体维度,对栾川的特色美景、民宿美食、历史文化和人文气质进行直播,仅厦门阿波发布的"登上栾川老君山"视频播放量超过2.8亿,点赞量超530万。"休闲到栾川享受慢生活、打卡天宫老君山"活动话题总播放量超过11.39亿,形成"主客互动共享、资源信息流动"的旅游营销新模式。

(二) 启示与思考

抓住文化就抓住了核心价值,抓住旅游就抓住了巨大市场。栾川县能取得成功,贵在坚持"宜融则融、能融尽融"的原则,找到最佳连接点,推动了文化和旅游真融合、深融合,成功把文旅资源优势转化为文旅产业优势,让绿水青山"颜值"真正转化成为金山银山"价值"。

1. 创新创意是核心要义,让文化更加可感、旅游更有质感。文旅文创产品要吸引人、留住客,就要做到"特味"十足、"标志"鲜明,贵在创新、重在创新,更要于寻常处创新,使群众"听了就想来,来了不想走,走了还想来"。栾川县非物质文化遗产资源丰富,目前全县共有各级非遗项目101项;其中,省级非遗项目6项、市级技艺14项,各级"非遗"项目代表性传承人35

名,通过创新破题,成功让文化"火起来""活起来"。实施"非遗进景区""非遗进民宿",将非遗项目与当地民俗、手工相结合,先后打造了"黄河非遗点亮老家河南"重渡沟农耕村、鸡冠洞豫西小木作非遗工坊、陶湾镇"非遗会客厅"等特色文旅文创项目,让游客动手体验皮雕、剪纸、手工制作黑芝麻丸等非遗项目,进一步加深"栾川印象",巩固"栾川记忆"。在鸡冠洞景区举办"河洛飞花,非遗共享"端午节习俗(槲包)"非遗"项目,以包槲包、端午节习俗体验、"非遗"知识宣传、"非遗"知识竞答、诵读经典等集中展示端午节"非遗"游园会,引起央视CCTV-1综合频道、CCTV-13新闻频道等省级以上主流媒体的关注报道。同样,创意也非常关键,创意能够出新出奇。平平无奇的泡面和5A级景区老君山看起来没有特别的联系,但巧妙利用老君山冬雪之后的晶莹剔透和温暖吃泡面的反差,借助"远赴人间惊鸿宴,老君山上吃泡面"这一融合了侠气、仙气和人间烟火气的金句,做到了成功引流。"五一"期间,连续三天入园名额全部约满,一些游客未预约便直接到达景区却陷入遭遇限流窘迫,为此,老君山景区及时推出了"十年欠条"创意活动,化被动为主动,该行为不仅获得了游客的一致好评,也收到了网友的广泛"怒评",让老君山景区温情待客的形象深入人心,成为同类型景区中的一个闪光点。

2. 专业运营是关键抓手,让文化更有"味儿"、旅游更有

"范儿"。没有运营,一座山就只是一座山,一间房也仅是一间房。始终将运营作为重中之重,突出运营前置理念,通过构建多元场景激活消费市场,让一个个无名小村变成网红打卡地、废弃房屋变成高端民宿、偏僻山村变成休闲体验馆。乡村运营是关键。为推动整村运营,举办"全国百名乡创运营师栾川行暨集中签约活动""百村百宿行动计划"等活动,推出 7 大项 20 条招募优惠政策,吸引 200 多个运营团队主动对接,成功签约运营商 40 家。统筹政策、专项债等资金 1.2 亿元,完善乡村基础设施建设,创造良好运营条件。2023 年,出台《栾川县乡村运营考评奖补办法》,对运营商给予 10 万—50 万元运营奖补资金,同时建立县乡村运营工作考评机制,保障工作高效开展。盘活资源是前提。通过"三清两建""三变改革",进一步理清农村"两闲四荒"闲置资源,面向全国招募乡创运营师、民宿投资商、运营商对接合作,宣传推介空心村落 84 处、闲置农宅 2 000 余座,结合乡村风貌和房屋特点对原有民房进行改造提升,与集体经济形成利益联结,有效促进乡村闲置资源增值。人才支撑是保障。设置文旅创新人才专门奖励基金,成立栾川县文化和旅游发展智库,加强中高级文化旅游职业经理的引进和培养,积极选送优秀干部到高校深造或省、市锻炼培养;加强民宿业主、森林康养师、创客、研学课程导师、导游、红色旅游讲解员、非遗传承人等专业人才的培养,在全社会弘扬"工匠精神",激发人人参与文化旅游产业高质量发展的热情。吸纳文化、文创、建筑等高端专业人才 11 名,组建栾川乡村运营专家顾问团。培育整合专业人才 103 名,组建栾川乡村运营人才库,为全县乡村运营工作提供智力支持和人才保障。

3. 民宿产业是重要抓手,让文化更有活力、旅游更有魅力。将文旅融合发展作为促进一二三产业融合、经济转型升级的重要抓手,纳入全县经济社会发展大局,成立旅游工作领导小组,形成"全面抓、全面管"的统筹推进机制。近年来,栾川县将民宿作为核心目的地产品,摆在文旅融合发展全局的重中之重,充分发挥民宿多业态融合作用,让民宿成为文化的传播地、旅游的吸引地。加强政策支撑。强化资金投入、土地保障、金融服务等政策支持,出台全县乡村建设行动实施方案、乡村运营优惠政策 20 条、点状供地实施办法等一揽子政策,谋划实施专项债、中长期贷款及政策性银行贷款项目 36 个,争取资金 17.8 亿元,为民宿产业发展注入"源头活水"。加强配套服务。全域推进供排水一体化,持续抓好农村人居环境整治,实现全域垃圾污水清零,村落变身景点。围绕"日常+特色"应用场景,实施乡里中心改造提升 188 个,让乡里中心成为主客共享的生活新空间。投资 1 000 万元建设"百村千宿"一站式购物中心,提供民宿设计、软装采购、布草配送、耗材供应等全套综合服务,有效保障民宿经营品质,降低从业者负担。加强行业管理。紧紧围绕土地、资金、运营管理等关键要素,成立六大专班,由副县级领导牵头挂帅,全面落实专班化推进、清单化管理、项目化实施。成立栾川县民宿产业发展联盟,组建民宿智库、设计师库、配套服务商库、宣传推广员库等六大资源库,有效强化行业自律,实现资源优化配置。组织公安、市场监管、卫生等相关部门为民宿办理各项证照,开展评星定级,推动全县民宿行业有序经营、规范管理、健康发展。

4. 群众参与是强劲支撑,让文化更聚"人气"、旅游更聚"财气"。政府主导与群众主动相结合,始终以满足人民群众精神文化需要为出发点和落脚点,让游客、村民都能以各自喜欢的方式参与每种业态中,用文化丰富精神生活,用旅游带动增收致富,使传统文化在得到传承与发展的同时,也带动产业兴旺、村民致富,实现了社会效益与经济效益的有机统一。坚持保护和开发并重,依托大王庙国家级传统村落资源,投入6 000多万元对村级基础设施及老旧房屋进行改造提升,建设高端民宿集群仿古式四合院17处;建设博物馆、开展研学游、发展农耕体验,大力发展集体经济和文化旅游产业,促进村集体每年增收100余万元,老百姓实现家门口就业,在原有基础上人均增收4万余元。在位于潭头镇拨云岭村的洛阳剪纸文化艺术馆,洛阳市剪纸艺术研究会定期组织老师为当地群众免费培训,通过订单式合作,助力群众增收。截至目前,当地已有2 000余人从该项目受益,每人每月增收2 200元以上,乡村群众真正实现了"守着娃,剪着花,养活自己又养家"。位于陶湾镇张盘村的栾川豆腐制作技艺非遗扶贫工坊,日产栾川豆腐1 000余斤,安排当地贫困群众10余人就业,并将日常生活随处可见的豆腐做成了"文化豆腐",赋予了独有的"栾川味道",带动栾川豆腐火爆出圈、频频刷屏,吸引了全国各地的网友前来打卡。

5. 集群发展是重要路径,让文化更有影响力、旅游更有品牌力。通过集群发展,汇聚栾川独特的文化旅游资源优势,进一步丰富业态和游客体验,进一步降低开发成本,实现乡村文旅资源、旅游基础设施、旅游信息、客源市场的共建共享,有效提升整个区域文旅产业的品质效益、整体竞争力和品牌影响力,形成"百花齐放、春色满园"的良好局面。相对于单体民宿,发展民宿集群对栾川县拓展消费客群、优化配套设施、完善服务体系、提升接待业品质和塑造目的地品牌具有重要意义。为此,无论是在重点项目的安排上,还是引资引才方向的确定上,栾川县把打造民宿集群作为重中之重来衡量和部署。大力实施"百村千宿"计划,全县51个旅游重点村,村村发展民宿,形成了众多特色民宿群落和民宿集聚区,进一步叫响"休闲到栾川 享受慢生活"这个统一的旅游目的地品牌,使栾川成为

让人津津乐道、令人心驰神往、使人络绎不绝、叫人流连忘返的
网红打卡地。

　　撰稿人：胡建武，栾川县文联主席；史晨昊，栾川县政府办
公室副主任；张鹏涛，栾川县互联网应急保障中心副主任、县委
宣传部负责人

专题四
以社会主义核心价值观引领文化建设,广泛开展中国特色社会主义和中国梦宣传教育,使全体人民在理想信念、价值理念、道德观念上紧紧团结在一起

关于发展革命根据地旅游项目,要正确区分红色教育和红色旅游的功能定位。红色根据地、爱国主义教育是根本宗旨,发展红色旅游是重要载体。两方面要统筹。建红色纪念设施要恰当,不要贪大求洋,不要搞一堆同红色纪念毫不相干的东西,甚至是影响红色纪念发挥作用的东西。红色纪念设施不要搞得太形式化,太形式化反而把原来的意义给破坏了。关于发展红色旅游,指导思想要正确,旅游设施建设要同红色纪念设施相得益彰,要接红色纪念的地气,不能搞成一个大游乐场,要不就离红色纪念场所远一点,两者不要混在一起。

——2012 年 12 月 29 日、30 日,习近平总书记在河北省阜平县考察扶贫开发工作时的讲话

革命传统和爱国主义教育基地建设一定不要追求高大全，搞得很洋气、很现代化，花很多钱，那就不是革命传统了，革命传统就变味了。只有继承和发扬革命优良传统，才能把红色江山世世代代传下去。可以通过传统教育带动旅游业，但不能失去红色旅游的底色。只有体会到革命年代的艰苦，才能使人们真正受到教育。

——2016 年 7 月 18 日至 20 日，习近平总书记在宁夏考察时指出

一、用好红色资源、赓续红色血脉，推动红色旅游高质量发展

（一）红色资源是最宝贵的精神财富

红色资源是我们党艰辛而辉煌奋斗历程的见证，是最宝贵的精神财富。红色血脉是中国共产党政治本色的集中体现，是新时代中国共产党人的精神力量源泉。用好红色资源、赓续红色血脉，推动红色旅游高质量发展，是建设旅游强国的重要内容。红色文化是中国共产党领导广大人民在革命、建设和改革

实践中创造、凝聚的精神文化结晶①。

习近平总书记多次就弘扬革命文化、用好红色资源、赓续红色血脉发表重要讲话、做出重要指示。2021年5月16日《求是》杂志发表习近平总书记的重要文章《用好红色资源,传承好红色基因,把红色江山世世代代传下去》,指出"革命博物馆、纪念馆、党史馆、烈士陵园等都是党和国家红色基因库"②。2024年4月16日《求是》杂志发表习近平总书记的重要文章《加强文化遗产保护传承 弘扬中华优秀传统文化》,指出"红色资源是我们党艰辛而辉煌奋斗历程的见证,是最宝贵的精神财富,一定要用心用情用力保护好、管理好、运用好"③。这些重要论述,充分体现了习近平总书记对党的历史非常珍视,对红色文化满怀深情,对红色资源高度重视。如何发挥红色资源的教育效果?习近平总书记对红色旅游发表了系列重要讲话。2011年3月,习近平总书记在韶山调研时强调,"革命传统资源是我们党的宝贵精神财富,每一个红色旅游景点都是一个常学常新的生动课堂,蕴含着丰富的政治智慧和道德滋养。要把这些革命传统资源作为开展爱国主义和党性教育的生动教材"④。这

---

① http://www.qstheory.cn/qshyjx/2024-04/18/c_1130112800.htm.

② 来源:学习强国 https://www.xuexi.cn/lgpage/detail/index.html?id=1009863218626551120&item_id=1009863218626551120.

③ 来源:学习强国 https://www.xuexi.cn/lgpage/detail/index.html?id=1009863218626551120&item_id=1009863218626551120.

④ 来源:人民网 http://hn.people.com.cn/n2/2021/0524/c208814-34741206.html.

些重要指示和要求为推动新时代红色旅游高质量发展提供了根本遵循。推动红色旅游高质量发展,重在用好用活红色资源,讲好红色故事、弘扬红色传统、传承红色基因。

(二) 推动红色旅游高质量发展

红色是中国共产党、中华人民共和国最鲜亮的底色。红色文化是中国共产党领导广大人民在革命、建设和改革实践中创造、凝聚的精神文化结晶[1]。红色旅游是指以中国共产党领导人民在革命、建设、改革时期形成的纪念地、标志物为载体,以其所承载的革命历史、革命事迹和革命精神为内涵的旅游活动[2]。发展红色旅游是加强爱国主义和革命传统教育、培育和践行社会主义核心价值观、促进社会主义精神文明建设的重大举措。发展红色旅游,以文塑旅,以旅彰文,寓思想道德教育于参观游览之中,对砥砺"初心使命"和"立德树人",增强爱国主义教育效果,给人们以知识的汲取、心灵的震撼、精神的激励和思想的启迪,助力中国式现代化和中华民族伟大复兴,具有重要的现实意义和深远的历史意义。

---

[1]　http://www.qstheory.cn/qshyjx/2024-04/18/c_1130112800.htm.

[2]　中办国办印发《2004—2010 年全国红色旅游发展规划纲要》、国标《GB/T 16766—2017 旅游业基础术语》和行标《LB/T 055—2016 红色旅游经典景区服务规范》。

1. 核心是传承红色基因

红色旅游,是"红色"与"旅游"的有机结合,"旅游"是形式,"红色"是内涵、是底色。"突出红色,坚守红色"是红色旅游的本质和主旋律。红色旅游是以一种生活化的方式,切实可行的内容与形式,通过对中国革命史及优秀代表人物精神和人格力量等资源的发掘、阐释、宣扬来进行爱国主义和理想信念教育,增强人们对中国共产党领导人民建立新中国的艰辛奋斗历程的价值认同。红色旅游作为政治工程、文化工程,必须突出强调其在加快构建社会主义核心价值体系中的重要作用,教育和引导广大干部群众。

如何把红色基因传承好?一是要加强红色文化发掘研究与展示利用。包括革命文物和文献资料及其承载历史故事和人物事迹的发掘、征集、整理、研究和利用工作。二是要强化红色文化利用的创新创意水平。通过引导创新和协同创意,科技赋能展示红色文化的鲜活特征,满足不同客群对红色文化旅游产品的新需求。三是要提升红色旅游资源规划建设与管理运营水平。提升红色旅游规划建设水平,推进红色旅游产品开发,提升红色旅游服务水平,打造高等级、高质量的红色教育培训基地。

2. 合理确定红色旅游建设标准

红色旅游建设上要避免追求大规模、高标准。红色旅游的亮点和灵魂,是其本身丰厚的文化底蕴和承载的革命精神,而不是规模和形式。不能只追求外在形式而忽略其精神内涵。在景区的设计和建设上,要努力保持原汁原味,突出地方特色。建红色纪念设施要恰当,红色纪念设施不要搞得太形式化,太形式化反而把原来的意义给破坏了。要注意整合利用现有资源,合理确定建设规模和标准,力戒奢华,避免大拆大建和重复建设。

3. 发挥好红色价值

教育价值是红色旅游最基本的价值,也是其得以发展的重要基础。人民群众对于红色旅游的热爱,国家对红色旅游的投入,都是因为红色旅游的教育价值。红色旅游具有不可比拟的教育宣传功能,担负着弘扬和培育民族精神的使命。红色旅游寓教于游、寓游于教,是革命传统教育方式的创新,是红色精神教育的大课堂。大力发展红色旅游,要加强革命传统教育,大力弘扬以爱国主义为核心的民族精神和以改革创新为核心的时代精神,积极培育和践行社会主义核心价值观。

红色旅游要坚持正确发展方向,围绕初心使命,在旅游发展中使游客赓续红色血脉、感悟红色力量。弘扬红色文化、传承红色基因是学习贯彻习近平文化思想的重要体现。发展红色旅游,要以文塑旅,用习近平文化思想阐发红色文化承载的初心使命;以旅彰文,通过红色精品景区,提升主题教育效果,推动红色旅游与思政教育有机结合。

(三) 红色旅游的当前现状和发展图景

自2004年中央号召发展红色旅游以来,我国红色文化旅游快速兴起并逐渐成为观光旅游业的热点,目前在全国已呈现出星火燎原、方兴未艾之势。红色旅游在传播中华优秀传统文化、革命文化和社会主义先进文化方面发挥了重要作用。各地旅游部门也深挖红色资源功能,在培育红色旅游产品上下功夫,推出年轻态文旅产品,持续提升红色旅游的吸引力、影响力。红色旅游的规模不断扩大,体系不断完善,政治效益、社会效益和经济效益不断显现。《中国红色旅游发展报告(2023)》显示,全国红色旅游接待人数已突破20亿人次,红色旅游市场规模接近万亿元。同时,作为打赢脱贫攻坚战的重要生力军,红色旅游还有助于巩固和拓展脱贫攻坚成果、推动乡村全面振兴。不少地方依托当地红色文化资源,积极培育红色旅游产业,促进红色旅游与乡村游、生态游、文化游等多业态的融合,搞活了农村经济,进一步夯实了乡村振兴的基础。红色旅游也已经成为引领老区社会经济发展的新增长点,并正在对我国革命老区的经济发展发挥着反哺作用。

在党和国家的高度重视下,随着红色旅游相关支持政策不断出台,红色旅游产品体系更趋丰富、配套设施逐步完善,中国红色旅游迎来黄金发展阶段,红色旅游高质量发展正当其时。国家结合多项政策文件,持续给予多轮专项资金支持,引导红色旅游持续稳定发展。这些支持政策,涉及革命老区振兴发展、革命文物保护利用、红色文化弘扬传承、红色研学线路开发、红色旅游高质量发展等多个方面。其中,国务院印发的《关于新时代支持革命老区振兴发展的意见》《"十四五"旅游业发展规划》等政策文件对红色文化传承、红色景区建设、红色旅游发展目标等进行了全面部署。得益于相关利好政策的支持,红色旅游将继续快速发展,产品体系继续不断完善,发展质量将持续提高。

二、中国城市规划设计研究院: 探索红色基因传承创新 模式,擦亮"红色南泥湾"

南泥湾是延安中国革命圣地的重要组成部分,这里承载了激情燃烧岁月轰轰烈烈的大生产运动,诞生了"自力更生、艰苦奋斗"的南泥湾精神。在新的时期,南泥湾是传承与发扬延安精神的重要阵地、生态文明建设的实践平台、延安城市转型发展的动力引擎,南泥湾是中国共产党军垦事业的发源地。1941年初,三五九旅响应党中央号召,在王震旅长带领下开赴南泥湾开展了轰轰烈烈的大生产运动,南泥湾屯田取得了巨大成就,极大地激励了后来的军垦、农垦事业。1943年,毛泽东同志为延安电影团拍摄的《南泥湾》影片题词:"自己动手,丰衣足食。"这八个字的革命实践后来便升华为"自力更生、艰苦奋斗"的南泥湾精神。南泥湾拥有丰富的红色文化资源,在红色文艺资源方面尤为突出。红色经典歌曲《南泥湾》、秧歌舞代表作《挑花篮》等,是承载着南泥湾精神的红色文化载体。

(一)主要做法

2018年中国城市规划设计研究院文化与旅游规划研究所承担编制《延安市南泥湾开发区总体规划(2018—2035年)》任务,之后又编制了《南泥湾开发区金盆湾359旅旧址及周边区域详细城市设计》,并对建设项目详细规划、建筑设计、景观与工程设计等提供技术指导,实现"一张蓝图干到底"。

1. 红色文化认知

南泥湾红色文化的重点是南泥湾精神、军垦农垦文化。南泥湾大生产运动是共产党第一次明确组织开展的军垦事业，三五九旅是新中国军垦、农垦文化的"开创之旅"。南泥湾精神，是以八路军第三五九旅为代表的抗日军民，在著名的南泥湾大生产运动中创造的，是中国共产党及其领导下的人民军队在困境中奋起、在艰苦中发展的强大精神力量。

2. 发展定位研究

依托南泥湾大生产运动和自然生态资源，规划提出"红色南泥湾·陕北好江南"总体定位。以红色教育、文化旅游、生态农业和特色小镇为主导，建设集红色文化游、自然生态游、乡村农业游等功能于一体的南泥湾旅游区。发展目标为建设全国著名的红色旅游目的地、国家级红色教育基地与国家 5A 级旅游景区。

3. 规划建设要点

规划按照习近平总书记"把红色资源利用好、把红色传统发扬好、把红色基因传承好"的要求，立足"红色南泥湾·陕北好江南"的总体发展定位，围绕"红色基因传承"和"统筹保护发展"，统筹落实空间布局，整体构建红绿联动空间，提出五项规划建设策略。

（1）创新红色旅游产品，创意引擎文旅项目

促进红色文化的创造性转化与创新性发展，规划构建以"红色文化游、绿色生态游、休闲农业游"为主体、"亲子研学游、康养度假游、乡土民俗游"为特色的旅游产品体系。面向新兴市场，将红色文化资源转变为创新发展要素，使旅游区实现从过境地到旅游目的地的跨越，成为延安国际旅游目的地的重要组成部分。

规划选取具有较强的带动性与引领性，且具备一定规模、特色突出、吸引力强的项目构建旅游项目库，作为南泥湾开发区旅游发展的重要抓手。围绕红色文化、绿色生态、金色农业三大核心特色，创意十大旅游引擎项目，使其成为延安国际旅游目的地的重要组成部分。

（2）沉浸式红色场景，叙事性历史空间

以三五九旅部旧址群原真性保护为基础，进行了三五九旅旅部原址保护展示与历史场景再现。在三五九旅部旧址群组团，提升打造王震旧居、粮库旧址、旅部大礼堂、库房、档案室、旅部士兵旧居等主题景点。在军部十三坊组团，恢复建设骡马大店、织布坊、被服厂、军鞋厂、修械坊、造纸坊、石磨坊、粉坊、木工坊、肥皂坊、豆腐坊、打铁坊、酒坊、油坊等主题景点，并在

各主题景点营造中,提供三五九旅文化学习、办公会议、文艺活动、菜园种植等多种场景展示。

将红色场景定格在 1944 年的大生产运动。依托革命旧址,依据各类资料进行历史场景原真性修复与深度还原,沉浸式再现南泥湾三五九旅"生产、生活、战斗"历史情景,全方位展现"军队、军垦、军魂"主题维度,使历史场景通过叙事空间焕发出新的时代魅力。

(3)创新体验形式,传承理想信念

以数字艺术科技展示精神。对革命旧址进行合理展示与利用,提升陈列布展水平,采用多媒体、全息投影、VR 体验、数字化博览等数字科技手段,为游客呈现最真实、最朴素的南泥湾历史记忆和精神风采。

以红色文化演艺体验精神。充分挖掘南泥湾红色文化内涵,将红色文化资源与现代演艺科技手段相融合,通过多种艺术表现手法的综合运用,以及声、光、电等高科技手段强化视听效果,给游客更全面、直观、生动的体验。

教育培训传承红色精神。依托红色文化景观和历史场景,规划建设干部培训学院、农垦教育基地、青少年营地等,不断创新红色教育的培训模式和教学体系,综合运用课堂教学、现场教学、拓展训练、情景模拟等多种教学方式,面向党员干部群体、企事业社会群体、青少年群体,开展生动的理想信念教育课,传承和发扬南泥湾精神。

（4）保护绿水青山,筑牢生态本底

规划严守生态红线和环境容量底线,加强对重要湿地、水源保护地、生态公益林以及红色文化遗产的保护,严格控制人为因素对自然生态和文化遗产原真性和完整性的干扰。按照生态系统完整性原则,结合黄土高原丘陵沟壑区自然环境,规划构建山水林田湖草一体的"三片、六块、多廊、多点"的生态安全格局,以及水源涵养、生态修复、水土保持、旱作农业、森林资源及生物多样性保持五大生态功能区,并规划建设南泥湾国家湿地公园、蟠龙山国家森林公园等生态基础设施,重点保护和恢复以褐马鸡为旗舰物种的自然生境,构建"湿地—稻田—森林"复合湿地生态系统,夯实南泥湾开发区的"绿色"本底。

（5）践行"两山"理论,以红带绿推动绿色发展

创新"红色旅游+金色农业"。发展特色农产品,形成"高品质、高品牌、高附加值"绿色产品体系;拓展农产品加工,并促进农特产品向旅游商品转化;大力推广"生产基地+加工企业+线上线下商超销售"等产销模式。创建南泥湾农业品牌,打造具有影响力的"南泥湾"系列农产品大品牌。

推动"红色旅游+旅游商品加工"。以地域性文化、传统优势产品为依托,实现农副产品、文创产品、手工制品等旅游商品的系列化、系统化开发,走精品化、高附加值的发展路线。在游

客中心、购物街、商铺柜台等人流量聚集区域设销售网点,并结合线上销售渠道。此外,以传统手工艺作坊为载体,在簸箕湾、石村等民俗文化村落建设非物质文化遗产观光作坊、体验工坊,实现旅游体验、工业生产、工艺参观、非遗传承的有效结合。

旅游与城乡融合发展。按照"居游共享"理念,以南泥湾核心景区和红色文化小镇为龙头,带动麻洞川、临镇特色小镇和周边美丽乡村建设;加快以红色文化、地域文化为基础的文化旅游项目建设,促进文化与旅游的深度融合;以"体验大生产运动、学习南泥湾精神"为主线,大力发展旅游+教育培训产业链。

4. 规划建设效果

"红色南泥湾"品牌价值提升。八路军炮兵学校旧址、中共中央干部休养所旧址、毛泽东视察南泥湾旧居等系列红色文化资源及周边区域逐步呈现出大生产时期场景氛围,成为"红色南泥湾"的标志性场景;代表南泥湾新功能新形象的稻香门、党徽广场等标志性节点陆续建成;大生产纪念馆、延安干部培训学院南泥湾分院、南泥湾国防军事教育基地等红色教育设施已对外开放。南泥湾现已成为来延安游客的热门打卡地和延安市民休闲娱乐的"后花园"。

"陕北好江南"生态功能增强。南泥湾国家湿地公园通过

2019年试点验收,作为黄土高原丘陵沟壑区湿地保护典范,基本实现了湿地生态环境的改善和湿地自然资源的合理利用,成为陕北地区首个国家级湿地公园。

"红色旅游+"综合效益显著。以南泥湾红色旅游小镇为核心带动周边区域现代农业、红色教育、红色旅游和生态康养等综合发展。主打"南泥湾"品牌的五谷杂粮、大米、野芙蓉等农产品逐步推向市场。南泥湾红色文化小镇核心区、结合红色文旅和乡村振兴的九龙泉泉水文化村、马坊华润希望小镇、金盆湾军垦文化村等项目进入初步实施阶段。

(二)启示与思考

1. 抓住红色教育主要任务

红色文化是红色旅游的灵魂。红色旅游以其更加贴近生活、更加贴近实际、更加贴近青少年的形式,为新时期大力推进社会主义核心价值体系建设提供了有效途径。发展红色旅游要把准方向,核心是进行红色教育、传承红色基因,使人们能够接受红色精神洗礼。红色旅游是传承发展红色文化、加强红色文化教育的主要途径,通过红色旅游可以使红色文化资源的教育价值更好地实现。要结合"不忘初心、牢记使命"主题教育,

在全社会尤其是在青少年中推进社会主义核心价值体系的
建设。

2. 依据红色资源特征分类利用

红色旅游发展要把握红色资源的特征,应基于红色资源类
型针对性利用。对不同类型的典型红色旅游区,抓住其在红色
旅游发展类型上的典型性、代表性属性,面向不同客群,进行基
于类型特征的规划建设与开发利用,实施针对性管理对策,有
利于面向游客提供更入脑入心的红色教育,提供更受欢迎的红
色旅游产品,更利于红色旅游资源的保护与可持续开发利用。

3. 体现市场需求与时代特色

红色旅游发展不能因循守旧,应面向市场需求,紧抓市场
特征和时代特色,创新创意红色资源的旅游利用方式。面向红
色旅游市场需求,红色旅游产品体系应更加多样化,尤其是年
轻化的红色旅游消费主体需求,形成更多元、更融合、更精细、
更具时代性的红色旅游产品体系。应挖掘历史文化故事,通过
"空间叙事"与"叙事空间"的规划设计,开发主题化旅游产品,
组织主题化、特色化旅游线路,精准化满足目标市场游客需求。
利用现代科技(如 VR、AR 等)增强利用效果,让游客能够身临
其境地体验红色旅游产品。要创作红色文艺精品,组织参与性

文艺活动,强化红色文化体验。要线上线下结合,利用互联网平台,加强全过程旅游体验,增强红色旅游体验效果。

4. 创新创意讲好红色故事

习近平总书记在党的二十大报告中提出,要"以社会主义核心价值观为引领,发展社会主义先进文化,弘扬革命文化,传承中华优秀传统文化,满足人民日益增长的精神文化需求"。针对在中国革命、建设、改革的伟大实践过程中孕育的革命文化和社会主义先进文化,要在新时代的背景下加强创造性转化与创新性发展,持续保持红色文化的生命力。红色文化要强化旅游利用,关键是创意创新讲好红色故事,凸显红色旅游核心价值。如体现南泥湾军垦创作的《南泥湾》,生动讲述了那段"激情岁月"的故事,再通过创新引领、推陈出新的"空间剧本",满足旅游客群的细分化与多样化趋势下对南泥湾红色文化旅游的多样化、定制化需求。

5. 以"红+""文旅+"带动地方发展

以红色旅游为主线,强化"红+",推动红色旅游与其他旅游的协同共振。例如南泥湾以红色旅游+自然风景旅游的"红绿结合",刘公岛以红色旅游+历史文化旅游的"红古结合",韶山以红色旅游+乡村田园旅游的"红乡结合";还有以怀化红色旅游+民族风情旅游的"红民结合",以红色旅游+体育运动旅游的"红体结合",以红色旅游+现代科创旅游的"红创结合"等。同时,应强化红色"文旅+",推动"红色旅游+农业""红色旅游+工业""红色旅游+服务业"等,促进红色旅游与相关产业的融合发展,放大红色文旅的乘数效应。

6. 策规建运管统筹兼顾

红色旅游发展应加大对红色资源及相关旅游资源的整合与统筹,在提升红色资源利用效率的同时,带动地方旅游更大的发展。如韶山从毛主席故居、铜像广场到乡村旅游、韶山冲与韶峰景区乃至水库等周边资源的整合与统筹。围绕红色旅游精品景区建设统筹各类政策,形成红色旅游景区的发展合力。如南泥湾红色教育基地、文旅发展、生态保护、乡村振兴、黄河国家文化公园等一系列政策的统筹利用、形成合力。规划建设红色旅游景区时,要有系统思维和成长性思维,统筹兼顾"策划—规划—建设—运营—管理",增强规划的落地性并提升景区的综合效果。

文化引领未来。红色文化是中国特色社会主义文化的重要组成部分,是我们党的宗旨的生动体现和教育阵地,是推动中国式现代化的精神力量。红色旅游地应站在未来长远发展的高度看待红色文化旅游。为提高红色旅游的教育效果,应加强红色旅游与科技创新、文化创意结合,开发更多互动性强、体验性好的产品,让红色旅游突破时间和空间的限制,满足未来游客多样化的需求。

撰稿人:周建明,中国城市规划设计研究院文化与旅游研究所所长、教授级高级城市规划师、博士;刘小妹,中国城市规划设计研究院文化与旅游研究所主任工程师、高级工程师;宋增文,中国城市规划设计研究院教授级高级工程师

专题五

加快构建中国特色哲学社会科学，以我国实际为研究起点，阐释中国道路、解读中国实践、构建中国理论

要按照立足中国、借鉴国外，挖掘历史、把握当代，关怀人类、面向未来的思路，着力构建中国特色哲学社会科学，在指导思想、学科体系、学术体系、话语体系等方面充分体现中国特色、中国风格、中国气派。

——2016 年 5 月 17 日，习近平总书记在
哲学社会科学工作座谈会上的讲话

中国特色哲学社会科学应该涵盖历史、经济、政治、文化、社会、生态、军事、党建等各领域，囊括传统学科、新兴学科、前沿学科、交叉学科、冷门学科等诸多学科，不断推进学科体系、学术体系、话语体系建设和创新，努力构建一个全方位、全领域、全要素的哲学社会科学体系。

——2016 年 5 月 17 日，习近平总书记在
哲学社会科学工作座谈会上的讲话

加快构建中国特色哲学社会科学,归根结底是建构中国自主的知识体系。要以中国为观照、以时代为观照,立足中国实际,解决中国问题,不断推动中华优秀传统文化创造性转化、创新性发展,不断推进知识创新、理论创新、方法创新,使中国特色哲学社会科学真正屹立于世界学术之林。

——2022 年 4 月 25 日,习近平总书记在中国人民大学考察时的讲话

一、建构中国自主的哲学
社会科学知识体系

一个国家的发展水平,既取决于自然科学发展水平,也取决于哲学社会科学发展水平。一个没有发达的自然科学的国家不可能走在世界前列,一个没有繁荣的哲学社会科学的国家也不可能走在世界前列。坚持和发展中国特色社会主义,需要不断在实践和理论上探索,既要用发展着的理论指导发展着的实践,也要善于立足实践的发展推动理论创新,实现阐释中国道路、解读中国实践、构建中国理论的一体化推进。在这个过程中,哲学社会科学具有不可替代的重要地位,哲学社会科学

工作者具有不可替代的重要作用。

（一）深刻认识哲学社会科学的重要地位

哲学社会科学是揭示自然界发展规律、人类社会发展规律和人类思维发展规律的知识体系，是人们认识世界和改造世界的重要工具，是推动历史进步和社会发展的重要力量，其发展水平反映了一个民族的思维能力、精神品格、文明素质，体现了一个国家的综合国力和国际竞争力。一个国家的发展水平，既取决于自然科学发展水平，也取决于哲学社会科学发展水平。回顾整个人类发展史，人类社会每一次重大跃进，人类文明每一次重大发展，都离不开哲学社会科学的知识变革和思想先导。

我们党历来高度重视哲学社会科学，深刻认识到哲学社会科学与自然科学同样重要，培养高水平的哲学社会科学家与培养高水平的自然科学家同样重要，提高全民族的哲学社会科学素质与提高全民族的自然科学素质同样重要，任用好哲学社会科学人才并充分发挥他们的作用与任用好自然科学人才并充分发挥他们的作用同样重要。在新民主主义革命时期、社会主义革命和建设时期、改革开放和社会主义现代化建设新时期，哲学社会科学工作的发展对于党和人民事业的发展发挥了极其重要的作用。党的十八大以来，党中央先后召开了全国宣传思想工作会议、文艺工作座谈会、新闻舆论工作座谈会、网络安全和信息化工作座谈会等重要会议,极大地推动了哲学社会科学的繁荣发展。

在新时代新征程上,要实现以中国式现代化全面推进强国建设、民族复兴的宏伟目标,离不开繁荣的哲学社会科学。当前,我国哲学社会科学发展已经取得了丰硕的成果和长足的进步。同时应当注意的是,同时代和事业发展的要求相比,哲学社会科学的发展还存在诸多不适应的地方。例如哲学社会科学的重要地位还没有受到普遍重视,发展战略还不十分明确,管理水平还需进一步提高,创新环境还需要进一步改善,成果转化机制还需要进一步健全,理论队伍建设特别是中青年理论人才培养还需进一步加强,有数量缺质量、有专家缺大师的状况等问题还比较突出,等等。当代中国正经历着我国历史上最为广泛而深刻的社会变革,也正在进行着人类历史上最为宏大而独特的实践创新。这是一个需要理论而且一定能够产生理论的时代,这是一个需要思想而且一定能够产生思想的时代。要积极应对世界百年未有之大变局和中华民族伟大复兴的战略全局,站在党和国家事业发展的全局高度,增强责任感和使命感,坚持战略思维和系统思维,紧跟时代和实践的步伐,努力推动我国哲学社会科学事业持续繁荣发展、迈向新的台阶。

（二）明确加快构建中国特色哲学社会科学的基本要求

一是坚持马克思主义的指导地位，做到真学真懂真信真用。当代中国哲学社会科学是以马克思主义进入我国为起点的，是在马克思主义指导下逐步发展起来的。坚持以马克思主义为指导，是当代中国哲学社会科学区别于其他哲学社会科学的根本标志。加快发展中国特色哲学社会科学，必须坚持以马克思主义的立场观点方法继续推进马克思主义中国化、时代化、大众化，继续发展21世纪马克思主义、当代中国马克思主义。要自觉把读马克思主义经典、悟马克思主义原理当作一种生活习惯、当作一种精神追求，全面、深入、系统地学习马克思主义理论体系和知识体系，做到活学活用、融会贯通；要自觉把马克思主义、毛泽东思想、中国特色社会主义理论体系和习近平新时代中国特色社会主义思想贯穿科学研究的全过程，并转化为坚定的政治信念、清醒的理论自觉、科学的思维方法。

二是加强党对哲学社会科学的领导，确保哲学社会科学的正确政治方向。东西南北中，党政军民学，党是领导一切的。这里的"学"，就包括哲学社会科学。加强和改善党对哲学社会科学工作的领导，是繁荣发展我国哲学社会科学的根本保证。建设中国特色哲学社会科学，必须以突出党对宣传思想文化工作的领导、巩固党的文化领导权为根本,推动哲学社会科学研究体制改革的全面深化。要加强全国哲学社会科学工作领导小组的工作,进一步健全和优化全国哲学社会科学工作办公室的各项工作职能。要推进国家级社会科学研究机构和重点高等学校承担重大基础理论的研究工作,深化对关系党和国家事业发展全局的战略性、前瞻性问题及重大现实问题的研究,并努力形成自身的优势和特色。各级党委要把哲学社会科学工作纳入重要议事日程,加强政治领导和工作指导。地方社会科学研究机构应主要围绕本地区经济社会发展的实际开展应用对策研究,有条件的可开展有地方特色和区域优势的基础理论研究。

三是坚持以人民为中心,坚持为人民群众做学问。为什么人的问题是哲学社会科学研究的根本性、原则性问题。一切脱离人民的哲学社会科学都是苍白无力的,一切不为人民造福的哲学社会科学都是没有生命力的。要坚持研究为了人民,树立为人民做学问的理想,聚焦人民对美好生活的需要、全体人民共同富裕、国家和社会治理现代化、人的自由全面发展、中华民族伟大复兴以及人类和平发展等重大理论和现实问题进行研究,自觉把个人学术追求同人民福祉、国家富强、民族复兴和人类进步紧紧联系在一起;坚持研究依靠人民,尊重人民的主体地位,坚持人民的创造性实践是理论创新源泉的观点,自觉扎根人民、学习人民,在人民群众中汲取研究灵感和思想智慧;坚持研究造福人民,要努力多出经得起实践、人民、历史检验的学术成果,形成真正为人民所喜爱、所认同、所拥有的理论。

四是坚持问题导向,扎根中国具体实际做研究。问题是创新的起点,也是创新的动力。马克思曾深刻指出:"主要的困难不是答案,而是问题。""问题就是时代的口号,是它表现自己精神状态的最实际的呼声。"今天中国发展所面临问题的复杂程度、解决问题的艰巨程度明显加大,给哲学社会科学的发展提出了全新要求。哲学社会科学只有聆听时代的声音,回应时代的呼唤,认真研究解决重大而紧迫的问题,才能把握历史脉络、找到发展规律,推动理论创新。广大哲学社会科学工作者应该以中国正在做的事情为中心,加强对新时代中国特色社会主义实践经验的总结,加强对党中央治国理政新理念、新思想、新战略的道理、学理、哲理的阐释,提炼出有标识性的概念命题,有学理性的新理论,有规律性的新实践。

(三) 落实加快哲学社会科学发展的主要任务

首先,加强对习近平新时代中国特色社会主义思想体系化学理化研究阐释。推进理论的体系化学理化,是理论创新的内在要求和重要途径。习近平新时代中国特色社会主义思想是当代中国马克思主义、二十一世纪马克思主义,是中华文化和中国精神的时代精华。加快构建中国特色哲学社会科学,首要任务是要加强习近平新时代中国特色社会主义思想体系化学理化研究阐释工作。一是要立足应对"两个大局"相互交织的需要,立足新时代中国的历史性成就和变革性实践,立足以习近平同志为核心的党中央治国理政的新战略,深入挖掘习近平总书记相关重要论述的内容,充分凸显习近平新时代中国特色社会主义思想的问题意识和思想史逻辑,厘清其基本概念、基本范畴、基本命题、基本逻辑、基本框架,揭示蕴含其中的本质性、规律性的内容,推动体系化学理化构建。二是马克思主义理论学科要做主力军,围绕马克思主义基本原理同党的创新理论的内在贯通,综合运用哲学、经济学、政治学、法学、文艺理论、国际关系理论的知识、方法和手段,有效推进体系化学理化阐释工作,并在马克思主义理论一级学科中加强习近平新时代中国特色社会主义思想二级学科的建设。三是要加强课程思政建设,加强习近平新时代中国特色社会主义思想对哲学社会科学的引领作用,推动习近平法治思想、习近平经济思想、习近平生态文明思想、习近平强军思想、习近平外交思想、习近平文化思想对相关学科和学科群建设的指导作用。

其次,深入推进中国特色哲学社会科学学科体系、学术体系、话语体系建设。哲学社会科学研究的范畴十分广泛,世界各国在学科建设中都有其知识体系和研究方法。要按照立足中国、借鉴国外，挖掘历史、把握当代，关怀人类、面向未来的思路，在指导思想、学科体系、学术体系、话语体系等方面充分体现中国特色、中国风格、中国气派，充分体现继承性、民族性、原创性、时代性、系统性、专业性。在学科体系方面，要在加强马克思主义理论学科建设的基础上，推动学科布局的改革创新，努力形成基础学科健全扎实、重点学科优势突出、新兴学科和交叉学科创新发展、冷门学科代有传承、基础研究和应用研究相辅相成、学术研究和成果应用相互促进的局面。在学术体系方面，要增强主体意识，立足我国实际，善于从中国的历史和现实成绩中挖掘新材料、提出新观点、提炼新方法、构建新理论。在话语体系方面，要着力解决有理说不出、说了传不开的困境，善于提炼标识性概念，打造易为国际社会所理解和接受的新概念、新范畴、新表述，引导国际学术界展开研究和讨论。在教材体系方面，要推动学术体系向教材体系转变，形成适应立德树人要求、体现学术前沿、学科门类齐全、学段衔接的教材体系。在对外交流传播方面，在对一切有益的知识体系和研究方法加以研究借鉴的同时，加快构建立足中国、面向世界的话语体系和叙事体系，提升"学术中国""理论中国"的国际传播效能和国际学术影响力。

再次，探索建立中国特色哲学社会科学学术评价体系。改进学术评价是构建中国特色哲学社会科学的关键环节。要坚持导向明确、符合规律、科学权威、公开透明的原则,坚持以"价值、能力、贡献"为标准,倡导基础性、战略性、长期性研究,使哲学社会科学成果做到量质齐优。要建立健全分类评价机制,基础前沿类研究突出原创导向,应用对策类研究突出使用主体导向,社会公益类研究突出需求导向。坚持团队评价和个体评价相结合的绩效评价方式,推动自主探索式科研和有组织的科研相结合。加强哲学社会科学学术道德和学风建设,建立完善科研诚信工作机制,健全完善教育、预防、监督、惩戒为一体的学术诚信体系,营造风清气正、向上向善的学术生态。

最后,努力造就高水平哲学社会科学人才队伍。要深化哲学社会科学人才体制机制改革,实施更加积极、更加开放、更加有效的哲学社会科学人才政策。要完善哲学社会科学人才自主培养机制,着力发现、培养、集聚一批有深厚马克思主义理论素养、学贯中西的思想家和理论家,一批理论功底扎实、勇于开拓创新的学科带头人,一批年富力强、锐意进取的中青年学术骨干,构建门类齐全、梯队衔接合理的哲学社会科学人才培养体系。要强化人才激励机制,完善哲学社会科学领域职称评定和人才遴选制度,建立规范的人才激励和奖励体制机制,建立以创新能力、质量、实效、贡献为导向的人才评价体系。各级党委和政府要认真贯彻党的知识分子政策,把哲学社会科学这支队伍培养好、使用好,把哲学社会科学的重要作用利用好、发挥好。

二、北大习研院：深研党的创新理论，
推动中国自主知识体系构建

加快构建中国特色哲学社会科学，归根结底是建构中国自主的知识体系。高等院校作为哲学社会科学的"五路大军"之一，承担着继承、传播、发展和创造人类科学文化知识，培养高级专门人才的重要功能。高等院校如何坚持马克思主义的指导，充分运用好知识密集、智力密集、资源密集的优势，推动党的创新理论体系化建构和学理化阐释，并以党的创新理论引领哲学社会科学学科体系、学术体系、话语体系的构建，对于推动中国自主知识体系建设具有重要意义。北京大学坚持高起点、高标准、实体化推动习近平新时代中国特色社会主义思想研究院建设，使该院在学术研究、人才培养、社会服务等方面有效整合了校内外学科资源、汇集了海内外研究力量，在深研党的创新理论，推动中国自主知识体系构建方面取得了良好成绩。

（一）主要做法

北京大学习近平新时代中国特色社会主义思想研究院（简

称"习研院"），是 2018 年 1 月经党中央批准成立的 10 家习近平新时代中国特色社会主义思想研究院（中心）之一。成立 7 年多来，北大习研院聚焦新时代中国面临的重大理论和现实问题，以深入学习、研究、阐释和贯彻习近平新时代中国特色社会主义思想为使命，坚持研究和教育为人民服务、为中国共产党治国理政服务、为巩固和发展中国特色社会主义制度服务、为改革开放和社会主义现代化建设服务，以党的创新理论的学理化体系化引领中国自主知识体系构建，在繁荣发展中国特色哲学社会科学方面作出了应有贡献。

1. 坚持学术立院，推动有组织的科研

作为北京大学新成立的学术实体研究结构，成立之初面临着科研人员少、研究任务重的困难，如何把研究人才队伍建设好、培养好、使用好，如何盘活现有资源、拓展新的空间，是摆在习研院面前的突出问题。

为抓好主责主业、突出研究特色、产生引领性研究成果，习研院坚持"科研立院"的基本原则，把学术研究作为自身核心功能定位，以破解重大理论和现实问题为中心，充分发挥北京大学基础学科全国领先的优势，致力于打造汇聚全校、全国乃至世界顶级学术资源的平台，联系党内理论家和世界顶级专家学者沟通交流的纽带，以及研究阐释马克思主义中国化时代化

最新成果的重镇。

习研院坚持在个性化科研的基础上推动有组织的科研,在实体化的运行的同时借助虚体机构的力量,充分整合了研究力量,推动了哲学社会科学学科体系、学术体系、话语体系的构建,形成了高水平成果。

2. 立足多学科融合发展,形成学术研究的组织架构和学术平台

同传统院系的设置是以某个一级学科为基础不同,习研院创立之初就是按照多学科、跨学科和交叉学科的方式建立起来的。习研院理事长由北京大学党委书记和校长共同担任,学术委员会主任由北京大学社会科学部长担任,学术委员会成员的学科背景涵盖了马克思主义理论、文学、哲学、历史学、政治学、经济学、社会学、国际关系理论等领域,为荟萃全校、全国乃至全球顶尖学术资源开展研究奠定了坚实基础。

为推动实体化运行,习研院设立理论、经济、政治、文化、社会、生态文明六个实体教研室,汇聚了 20 余名来自哲学、马克思主义理论、政治学、经济学、管理学等学科的青年教师,构成了习研院各项事业发展的中坚力量。为充实研究力量,习研院在学校的支持下获得了北京大学博雅博士后招收和培养授权(每年可招收 5 名博雅博士后)。与此同时,习研院陆续成立的习近平

经济思想、习近平法治思想、习近平外交思想、习近平生态文明思想研究中心以及现代化研究中心五个虚体研究中心,吸引了相关学科校内外著名专家学者,推动研究工作的拓展和深入。

2022年3月,经国家新闻出版署批准,由教育部主管、北京大学主办的哲学社会科学综合性学术期刊《国家现代化建设研究》(双月刊)正式创刊,为全国高校和科研院所的学术人才围绕建设社会主义现代化强国的重大理论与现实问题进行多学科、跨学科研究提供了学术阵地。

习研院这一系列举措,充实了理论研究队伍,拓展了研究平台,为进行专业性、多学科、跨领域的有组织化科研创造了条件,为以党的创新理论引领中国自主知识体系构建奠定了坚实基础。

3. 推动党的创新理论体系化学理化研究,为自主知识体系奠定坚实基础

习研院是具有科研、教学和育人等功能的全职能实体研究结构。为充分发挥各项职能,习研院在坚持以科研高质量发展为主线,全面推动学术研究、学科建设、学术交流的均衡发展。

在学术研究方面,**聚焦重大理论问题,推动党的创新理论体系化学理化研究**。习研院紧密围绕党的创新理论的重大学术命题、学术观点、学术思想、学术话语、学术标准的阐释创新,

产生了丰硕的科研成果。值得注意的是,习研院聚焦中国式现代化的理论内涵、核心特征、历史演进和时代意义等重大问题,对中国式现代化在经济、政治、社会、法律、文化、教育等各个领域的历史经验和现实问题进行专门研究,对世界各国现代化历程开展比较研究,积极推动基础理论创新。近年来,习研院积极组织推进《新时代中国特色社会主义理论与实践研究》《习近平新时代中国特色社会主义思想文库》《学习丛书》《马克思主义同中华优秀传统文化相结合》和《现代化研究丛书》等标志性成果出版;在《中国社会科学》《哲学研究》《政治学研究》等期刊发表学术论文近 300 篇,在《人民日报》《光明日报》《经济日报》《解放军报》《求实》"四报一刊"权威媒体发表理论文章 80 余篇;多项成果荣获中宣部、教育部、北京市的奖励。

在学科建设方面,根据教育部和学校的相关规定,习研院 2021 年 10 月在马克思主义理论一级学科之下,自主设立习近平新时代中国特色社会主义思想二级学科及博士学位授权点,培养研究、阐释和宣传习近平新时代中国特色社会主义思想的高级专门人才,这在全国范围内具有引领性和标志性意义;在 2020 年设立公共管理硕士(国家治理)项目,每年招收 30 名在职研究生,培养通晓国家治理理论和方法的专门人才。在教学方面,习研院已经形成较为完整的教学体系,为博士生开设了"习近平新时代中国特色社会主义思想原著选读""中国式现代化专题研究""习近平经济思想研究"等课程,以及"马克思主义与社会科学方法论""国家治理专题研究"等特色课程。在教材建设方面,多名教师积极参与《习近平新时代中国特色社会主义思想概论》和中组部第六批干部教材《推进和拓展中国式现代化》相关章节的编写工作。同时,全院教研岗教师均被纳入思政课教师队伍,面向全校本科生和研究生讲授"习近平新时代中国特色社会主义思想概论"和"新时代中国特色社会主义理论与实践"课程。相关举措有力推动了党的创新理论从学理体系向教学体系、信仰体系的转化。

以重点重大项目为支撑,形成校内外力量联合攻关的研究合力。聚焦重大理论与现实问题,以重点重大项目为抓手,推动理论研究与实践应用相结合,推动自主科研和有组织科研相结合,是习研院科研工作的一大亮点。据统计,习研院承担中宣部、教育部等课题数十项,涉及基础理论研究、对策应用研究以及综合性研究等领域。同时,习研院自筹经费,为教师开展自主式科研搭建平台、提供资助。相关研究成果或以学术论文、理论著作的形式发表,或转化为教学资料或资政报告。由习研院提供学术支持,北京大学王选计算机研究所和新华社媒体融合生产技术与系统国家重点实验室联合研发的"'问道'学习知识云思政大模型项目",为广大干部群众和学生学习研究党的创新理论提供了数智化平台,被评为 2023 全国报业技术赋能媒体融合十佳案例。

积极开展国内国际学术交流,推动开放式、融合式研究。为了聚智聚力,推动党的创新理论往深处走,推动中国自主知识体系建设往实处走,习研院聚焦新时代新征程重大理论与现实问题,积极举办和参与各类国内外高端学术论坛,汇聚各方力量深化对党的创新理论的学理化体系化研究,学术影响不断提升。例如,习研院多次组织全国性习研中心(院)会议,就习近平新时代中国特色社会主义思想的经典原著、基础理论、重大问题进行研讨;多次举办全国性高端学术会议,就全面建设社会主义现代化国家、深入推进马克思主义基本原理同中华优秀传统文化相结合等问题的讨论;举办新时代论坛和新时代青年论坛,组织北大中青年教师对基础理论问题和重要现实问题深入讨论;举办闭门会议,深度探讨社会热点和前沿问题,并进一步转化为资政建言的成果。与此同时,习研院积极开展国际交流合作,参加美国、德国、意大利、匈牙利、韩国、印度尼西亚、越南等多个国家的学术会议,积极宣传中国式现代化的理论旨趣和实践成就,为讲好中国故事、传播中国声音、阐释中国理论做出积极贡献。

4. 回答"四个之问",形成标志性成果

坚持问题导向,是马克思主义的鲜明特征,也是开展哲学

社会科学研究的基本要求。今天中国和世界发展所面临着纷繁复杂的矛盾和问题对哲学社会科学的发展提出了全新要求。习研院坚持立足新时代新征程面临的中国之问、世界之问、人民之问、时代之问，着力用问题发掘经典文本、提炼历史经验、激活经典理论，进一步深化对中国之路、中国之治、中国之理的认识，产生了一批标志性的研究成果。

聚焦资政建言，推动学术研究成果向智库成果转化。 依托闭门会议，建设《新时代理论》《新时代动态》内刊，服务于中央重大战略决策。其中关于中美关系、中东问题、斯拉夫问题、金融安全与风险等内容得到有关部门肯定。2020 年，面对新冠疫情突发，习研院组织研究力量，创办《新时代理论》，刊载了《坚决打好疫情"总体战"》《疫情重袭下的中国战略调整》等资政报告，彰显了抗击疫情的北大担当。建院以来，向相关部门报送资政报告中有数十篇获得采用。部分教师获得了北大智库工作特别贡献奖、智库工作优秀个人等荣誉。

善用"大思政课"，扎根祖国大地做研究。 为把扎根中国实际做研究的治学方式推向深入，习研院组织教师坚持理论与现实的结合，走进企业工厂，走进田间地头，既强调在生产实践一线传播党的创新理论，又注重在实践中检验理论、升华理论。2022 年初，习近平经济思想研究中心领衔成立了"习近平经济思想在新时代的实践"课题组，包括习研院教师在内的思政课教师、访问学者、本硕博学生构成的调研团队,分 135 人次对 31 家国有企业、222 人次对 36 个村庄进行了实地调研,对党的十八大以来国有企业和乡村发生的历史性变革和取得的重大成就进行经验总结和理论分析,形成著作《中流砥柱——新时代中国国有企业的发展》和《走向共同富裕——新时代中国农村的发展》在高等教育出版社出版,为推动思政课程和课程思政建设提供了丰富的案例教学资源。

5. 使生动的思想更生动,推动党的创新理论飞入寻常百姓家

坚持人民至上,让党的创新理论为人民群众所拥有、所认同、所喜爱,是构建中国自主知识体系的出发点和落脚点,也是评判中国自主知识体系构建效果的重要标准。习研院坚持理论性与现实性、学术性与政治性、思想性与宣传性相统一,积极推动马克思主义中国化时代化大众化,把科研成果转化为教学成果、宣讲效果,不断提升党的创新理论的吸引力、说服力和感染力。

强化通俗读物出版,提升党的创新理论大众化传播水平。习研院参与组织公开课"名家领读经典:中国共产党与国家治理体系和治理能力现代化",相关成果整理汇编为《少年中国说:我读〈习近平谈治国理政〉》一书,由团中央少年儿童新闻

出版总社出版。与此同时,组织知名专家、青年学者编写《大局》《新局》《格局》等著作,有力地推动了习近平新时代中国特色社会主义思想的学理化阐释和通俗化传播。

重视运用新闻媒体和互联网,不断提升新思想的传播力和影响力。积极在信息互联网时代提升党的创新理论的传播效能,让党的创新理论真正飞入寻常百姓家,是习研院的特色之一。习研院教师积极参与新华社、中央广播电视总台的《新闻联播》、中国教育电视台、北京电视台等媒体的采访,就党的创新理论的内涵和意义、高校思政课建设等问题进行专业解答;积极参加中央网信办、中共中央党校(国家行政学院)、北京卫视、黑龙江卫视等单位的理论节目,担任主讲或点评嘉宾,在社会获得良好反响。

举办继续教育,用党的创新理论武装各类人才头脑。为更好实现习研院的社会服务职能,习研院努力打造与自身高质量发展相匹配的继续教学项目。聚焦基层治理能力提升,与相关职能部门共同组织"薪火班",对来自中西部省份的基层选调生进行培训,这在全国高校中尚属首次;举办辅导员"思想政治教育教学"专题培训班,增强了全校辅导员的知识储备、理论基础和工作能力,为日常思政教育工作与思政课教学的有效结合打下基础;组织开展"县域治理和高质量发展""青年领军计划暨中高层管理人才培训"等主题的培训,安排异地"送学上门",结合现场教学、参观调研等多种形式,提升了课程安排的品质。

(二) 启示与思考

加快构建中国特色哲学社会科学、建立中国自主知识体系,是一项基础性、长期性、战略性的工程,必须坚持马克思主义的指导理论,以推动习近平新时代中国特色社会主义思想的体系化学理化为宗旨,推动党的创新理论发展;必须紧扣党的中心任务,把党的创新理论研究与中国式现代化发展实践紧密结合;必须坚持中国立场,以走中国特色道路、解决中国实际问题为中心,充分利用好马克思主义理论体系、中华优秀传统文化体系以及全人类知识体系的资源;必须打破学科界限、专业界限,充分利用基础学科、新兴学科、交叉学科的人才和资源,推动面向时代、面向实践、面向国家、民族和未来的知识体系构建,形成具有标识性引领性的概念、命题、理论和方法;必须坚持科研为本、创新为本,推动科学研究、教育教学、人才培养、资政建言、社会服务、大众传播一体化发展。

撰稿人:董彪,北京大学习近平新时代中国特色社会主义思想研究院研究员、博士生导师

专题六

推动中华优秀传统文化创造性转化、创新性发展,让中华文化展现出永久魅力和时代风采

传承中华优秀传统文化,绝不是简单复古,也不是盲目排外,而是古为今用、洋为中用,辩证取舍、推陈出新;摒弃消极因素,继承积极思想,"以古人之规矩,开自己之生面",实现中华文化的创造性转化和创新性发展。

——2014 年 10 月 15 日,习近平在文艺工作

座谈会上的讲话

中国文明源远流长、博大精深。只有全面深入了解中华文明的历史,才能更有效地推动中华优秀传统文化创造性转化、创新性发展,更有力地推进中国特色社会主义文化建设,建设中华民族现代文明。

——2023 年 6 月 2 日,习近平在文化传承

发展座谈会上的讲话

一、深入推进中华优秀传统文化创造性 转化、创新性发展，奋力谱写中国式 现代化建设新篇章

中华优秀传统文化是中华民族的精神命脉，是中华文明的智慧结晶。着力赓续中华文脉、推动中华优秀传统文化创造性转化和创新性发展，是全面建设社会主义现代化国家的必然要求，是坚定中国特色社会主义道路自信、理论自信、制度自信、文化自信的内在需要，是新时代中国共产党人的使命担当。

（一）创造性转化、创新性发展蕴含中华优秀传统文化 传承发展的规律性认识

中华文明是世界古代文明中唯一没有中断而延续至今的文明，中华优秀传统文化是中华文明的智慧结晶，是中华民族一脉相承的宝贵精神财富。创造性转化与创新性发展是延续和发展这一宝贵精神财富的实践路径，是中国特色社会主义文化建设的战略定位，是马克思主义基本原理同中国具体实际相结合、同中华优秀传统文化相结合的具体体现。

　　丰富和发展了马克思主义文化理论。马克思主义文化理论是马克思主义的重要组成部分，是中国共产党人开展文化建设的重要指导。习近平总书记指出："传承中华优秀传统文化，绝不是简单复古，也不是盲目排外，而是古为今用、洋为中用、辩证取舍、推陈出新；摒弃消极因素，继承积极思想，'以古人之规矩，开自己之生面'，实现中华优秀传统文化的创造性转化和创新性发展。"习近平总书记的重要论述坚持以马克思主义为指导，尊重文化发展规律，阐述了创造性转化、创新性发展的内涵意义，体现着继承和创新的有机统一，为丰富和发展马克思主义文化理论作出了原创性贡献，将文化建设的规律性认识提高到了一个新的高度。

　　坚守和强化了中华传统文化的发展立场。习近平总书记指出："中华优秀传统文化是中华文明的智慧结晶和精华所在，是中华民族的根和魂，是我们在世界文化激荡中站稳脚跟的根基。"习近平总书记关于推动中华优秀传统文化创造性转化和创新性发展的重要论述，深刻阐述了中华优秀传统文化的历史渊源、价值理念、发展方向，进一步坚定中华优秀传统文化的发展立场，增强文化自觉和文化自信，为我们发展中国特色社会主义文化发展指明了方向和道路，使中华优秀传统文化能够薪火相传、生生不息，始终站稳脚跟。

　　明确和赓续了社会主义文化发展的实践路径。习近平总书记指出:"在带领中国人民进行革命、建设、改革的长期历史实践中,中国共产党人始终是中华优秀传统文化的忠实传承者和弘扬者。"习近平总书记关于推动中华优秀传统文化创造性转化和创新性发展的重要论述,是我们党在长期社会主义文化建设过程中积累的丰富实践经验,是继承弘扬中华优秀传统文化过程形成的思想共识、行动共识,具备鲜明的社会主义特征,展现着新时代中国共产党人在文化建设实践上的坚守和创新。在新时代推动中华优秀传统文化创造性转化和创新性发展,势必将激发全民族文化创新创造活力,更有力地推进中国特色社会主义文化建设,为推进强国建设、民族复兴凝聚强大精神力量。

(二)厘清中华优秀传统文化创造性转化、创新性发展的内涵要义及其辩证关系

厘清中华优秀传统文化创造性转化、创新性发展的内涵要义及其辩证统一关系是我们推进中华优秀传统文化发展不可或缺的一部分。我们只有清晰理解何谓创造性转化,何谓创新性发展,搞清楚创造性转化、创新性发展的具体要求、实际需求,才能够结合当下实际,更好地推动中华优秀传统文化传承发展,真正实现中华优秀传统文化创造性转化、创新性发展的

实实在在效果。

2014年2月24日,习近平总书记在主持中共中央政治局第十三次集体学习时指出:"弘扬中华优秀传统文化,要处理好继承和创造性发展的关系,重点做好创造性转化和创新性发展。创造性转化,就是要按照时代特点和要求,对那些至今仍有借鉴价值的内涵和陈旧的表现形式加以改造,赋予其新的时代内涵和现代表现形式,激活其生命力。创新性发展,就是要按照时代的新进步新进展,对中华优秀传统文化的内涵加以补充、拓展、完善,增强其影响力和感召力。"习近平总书记的讲话深刻阐述了创造性转化、创新性发展的内涵要义,揭示了两者之间相互关联、密不可分、辩证统一的关系。

创造性转化与创新性发展是一个紧密联系、不可分割的整体。首先,两者具有一致的使命。无论是创造性转化,还是创新性发展,都是推动优秀传统文化传承发展的科学方法和有效路径,两者的最终使命都是结合时代条件和实际需要,对传统文化进行改造和发展,实现取其精华,去其糟粕,古为今用。其次,两者具有紧密的关联。创造性转化是创新性发展的基础与前提,创新性发展则是创造性转化的接续与提升。创造性转化要兼顾创新性发展的需求,才能提升文化创造力和生命力;创新性发展要在创造性转化的基础上,融入其中,不断创新突破,增强文化影响力和感召力。

　　创造性转化与创新性发展又各有侧重、有所区别。首先，形式上有区别，创造性转化着眼于中华优秀传统文化的现代转型，对那些至今仍有借鉴价值的内涵和陈旧的表现形式加以改造，落脚点和着重点在于改造和转化；而创新性发展着眼于补充、拓展、完善中华优秀传统文化的内涵，实现的是中华优秀传统文化的提升与超越，落脚点和着重点在于创新和发展。其次，对象上有区别，创造性转化针对的对象是有当代借鉴价值的、形式是陈旧落后的传统文化主体，包括在理念上、内容上、表达上、形式上等各层面，力求实现传统文化的新生再造，使之展现新样态。创新性发展针对的对象是中华优秀传统文化的内涵，侧重于中华传统文化中的优秀成分的内涵，力求实现传统文化的创新升华，使之呈现新内涵。最后，目标上有区别，创造性转化是激活优秀传统文化的生命力，要让那些由于表达形式陈旧等客观原因而减少甚至丧失的优秀传统文化焕发时代活力；创新性发展是增强优秀传统文化的影响力和感召力，要让中华优秀传统文化更具内涵，实现内在升华。

　　这些联系和区别，决定了创造性转化和创新性发展是密切相关、互为依靠、相互依赖的关系。只有两者协同推进，才能真正传承弘扬中华优秀传统文化，实现传统文化全面复兴，建成文化强国。所以，我们要将创造性转化与创新性发展一体规划、一体践行、一体推进，把握好两者由此及彼、相互衔接的关系,贯通好两者互为相继、互为支撑的作用,使中华优秀传统文化真正"火起来""活起来"。

(三)探索中华优秀传统文化创造性转化、创新性发展的实践路径

传承弘扬中华优秀传统文化,既涉及怎么看,更关乎如何干。推动中华优秀传统文化创造性转化、创新性发展,除了要搞清楚有关的内涵、关系、遵循之外,更重要的是明晰基本路径与有效措施,以利于在践行层面进行实质性操作。

创造性转化、创新性发展首要在于注重文化遗产的保护传承。中华优秀传统文化是中华文明的智慧结晶和精华所在,是中华民族的根和魂,是我们在世界文化激荡中站稳脚跟的根基。而文化遗产作为中华优秀传统文化的具体体现,是中华文明传承与延续的基础。推动中华优秀传统文化创造性转化、创新性发展的前提就是要加强文化遗产的保护传承。习近平总书记对文化遗产保护传承高度重视,多次作出重要指示批示,如:"文物承载灿烂文明,传承历史文化,维系民族精神,是老祖宗留给我们的宝贵遗产,是加强社会主义精神文明建设的深厚滋养。保护文物功在当代,利在千秋。"

要坚持"抢救第一""保护至上"的工作理念,筑牢各级党

委、政府履行保护利用责任的思想基础,建立前瞻性保护、抢救性保护、立法性保护、创新性保护相结合的工作体系。

开展前瞻性保护:预见未来,守护文化遗产。前瞻性保护是历史文化遗产保护的首要任务。在文化遗产考古发掘或保留的过程中,要以前瞻性的分析,预测并应对可能出现的风险。

开展抢救性保护:紧急行动,留住历史记忆。抢救性保护是文化遗产保护的基础前提。面对濒危的文化遗产,相关部门要紧密合作,形成工作合力,共同推进保护工作。要对散落在民间的非物质文化遗产进行采集、记录、整理、立档、保存、研究等,使其得到传承和保护。

开展立法性保护:法律护航,强化制度保障。立法性保护是确保文化遗产保护得以持续进行的重要保障。要建立以文物保护法、非物质文化遗产法等法律为引领,文物保护法实施条例等行政法规为基石,相关部门规章和司法解释为补充,地方文化遗产保护立法为延伸的法律法规体系。

开展创新性保护:融入生活,活化文化传承。创新性保护是实现文化遗产活态传承的关键所在。要通过将文化文物融入百姓生产生活之中,让文化遗产焕发新的生机和活力。

创造性转化、创新性发展重点在于激活传统文化当代活力。习近平总书记指出:"每一种文明都延续着一个国家和民族的精神血脉,既要薪火相传、代代守护,更要与时俱进、勇于创新。中国人民在实现中国梦的进程中,将按照时代的新进步新进展,推动中华文明创造性转化和创新性发展,激活其生命力,把跨越时空、超越国度、富有永恒魅力、具有当代价值的文化精神弘扬起来,让收藏在博物馆里的文物、陈列在广阔大地上的遗产、书写在古籍里的文字都活起来,让中华文明同世界各国人民创造的丰富多彩的文明一道,为人类提供正确的精神指引和强大的精神动力。"创造性转化、创新性发展是让中华优秀传统文化"活"起来的催化剂,是中华优秀传统文化的生命力、影响力、感召力。

激活中华优秀传统文化的现代认同。在西方文化冲击和现代生活方式的影响下,中华优秀传统文化正在逐步被人们淡忘,民族优秀文化遗产也面临流失风险。创造性转化、创新性发展的重要任务之一就是要激活传统文化的生命力,找到传统文化与时代精神、现代价值之间的契合点,从传统文化资源中提炼适应时代需要的思想精髓与审美特质,吸引人们重新审视中华优秀传统文化的现代意义和价值,增进当代社会的共鸣认同。

创新中华优秀传统文化的物化形态。中华优秀传统文化物化呈现的方式正在逐步减少,比如:部分非物质文化遗产由于缺乏传承人面临失传的危险;古建筑、古村落等建筑文化遗产,更是随着城市有机更新,被人为破坏而消失。而个别优秀传统文化呈现形式又由于古板单一,无法吸引年轻人的注意力。创造性转化、创新性发展就是要推动传统文化物化呈现，要让传统文化以更多元的形态进入大众视野，融入日常的生活。要通过古镇、古村、古桥等城市地标性建筑的复原，传统节日、传统礼仪、传统民俗的复兴，让老百姓寻到乡愁，找到精神寄托。

推进中华优秀传统文化的活化利用。优秀传统文化是人类创造的历史遗产，是随着时代变迁不断变化和发展的，需要根据时代的变化进行创新和发展。只有将传统文化进行"活化"，使之符合现代社会的需求和发展，才能得到延续和发扬光大。创造性转化、创新性发展就是要让传统文化"活"起来，要依托数字技术、文创产品、文艺创作等各种新形势，让收藏在博物馆里的文物、陈列在广阔大地上的遗产、书写在古籍里的文字不再是尘封的历史，要让它们变幻出各种鲜活的姿态，走进了人们的日常生活，焕发出新时代活力。

加强中华优秀传统文化的交流互鉴。文化交流互鉴是全球发展大势，中国不仅是积极的倡导者，而且是坚定的行动者。推动世界文明交流互鉴要拓宽世界眼光，坚持胸怀天下，做到"引进来"和"走出去"相结合，在继承发展中华优秀传统文化的同时汲取外来优秀文化成果，不断丰富中华优秀传统文化的内涵，提炼展示中华文明的精神标识和文化精髓，构筑中华优秀传统文化新风貌，激活中华优秀传统文化生命力，使其在世界大舞台上发光发热。

创造性转化、创新性发展目的在于满足人民群众精神文化需求。习近平总书记指出："人民既是历史的创造者、也是历史的见证者，既是历史的'剧中人'、也是历史的'剧作者'。"人民是创新创造的源头活水，传统文化创造性转化、创新性发展的主体是人民，创造性转化、创新性发展要吸引人民广泛参与。同时，中华优秀传统文化创造性转化、创新性发展的成果是为人民服务的，成效也理应由人民来评价。

人民群众是中华优秀传统文化传承发展的主体力量。人民群众既是物质财富的创造者，也是精神财富的创造者。中国共产党历来坚持人民群众是文化主体的观念，毛泽东同志曾提出，"我们的文化是人民的文化""民众就是革命文化的无限丰富的源泉"。只有坚持文化的人民属性，中华优秀传统文化创造性转化、创新性发展才能走到长远、走出成效，才能真正为推进强国建设、民族复兴伟业凝聚强大精神力量。

为民造福是中华优秀传统文化传承发展的价值指向。为中国人民谋幸福、为中华民族谋复兴是中国共产党的初心和使命。文化发展要始终坚守这一初心和使命，让文化成果更多地惠及人民。只有坚持以人为本，坚持以文惠民，把满足群众精神文化需求作为出发点和落脚点，中华优秀传统文化创造性转化与创新性发展才能取得实实在在的成果。只有将中华优秀传统文化与群众生活相结合，创作更多满足人民需求、群众喜闻乐见的文艺作品，才能真正发挥好传统文化反哺人民、激励人民的作用。

人民评价是中华优秀传统文化传承发展的重要标准。习近平总书记强调："广大文艺工作者要坚守人民立场，书写生生不息的人民史诗。要坚持以人民为中心的创作导向，把人民放在心中最高位置，把人民满意不满意作为检验艺术的最高标准，创作更多满足人民文化需求和增强人民精神力量的优秀作品，让文艺的百花园永远为人民绽放。"要把人民作为中华优秀传统文化传承发展的鉴赏家和评判者，坚守人民立场，充分尊重人民群众的主体地位和首创精神，将人民的满意度、认可度、喜爱度、传承度作为中华优秀传统文化创造性转化与创新性发展是否有效、是否得力的重要指标。

二、浙江省湖州市：建设"人文新湖州"，擦亮"最江南"东亚文化之都文化 IP

党的十八大以来，习近平总书记在多个场合就弘扬中华优秀传统文化提出创造性转化、创新性发展的要求。2023 年 10 月 8 日，习近平总书记对宣传思想文化工作作出重要指示，提出了"七个着力"的要求,其中之一就是要"着力赓续中华文脉、推动中华优秀传统文化创造性转化和创新性发展"。湖州作为习近平总书记绿水青山就是金山银山理念诞生地,是一座有着 5 000 年文明史、近 2 300 年建置史的国家历史文化名城。近年来,湖州市充分发挥自然优势、人文优势,深入开展"人文新湖州"建设,不断推动优秀传统文化创造性转化、创新性发展,加速物化呈现、活化利用,持续擦亮"最江南"文化 IP,当选中国 2025 年"东亚文化之都"。

(一) 主要做法

实施"一把手领衔的战略工程",全局谋划、系统推进。湖州市委始终高度重视文化建设,"一把手"亲自谋划、亲自牵头、亲自部署,举全市之力为文化建设凝聚最大共识、创造最优环境、形成最强路径。一是"整体化"部署。湖州九届市委高规格召开文化工作会议,出台《关于深化新时代文化湖州建设的实施意见》,按照"五位一体"总体布局,谋划实施"人文新湖州"建设,作为全市"六个新湖州"建设之一。每年细化制定《"人文新湖州"建设年度实施计划》,排定年度十大重点文化项目,有计划、有目的、有步骤地推进各项工作任务。二是"全域性"规划。面向全市域范围,编制实施《湖州市文化遗产保护发展"十四五"规划》《湖州市历史文化名城保护规划》等系列规划,建立由名城、名镇、名村、街区、重点文物古迹和非物质文化遗产组成的历史文化遗产保护发展规划体系。在中心城区精心规划设计 6 公里青绿游廊、12 公里青绿水环,合理布局新业态,将所有的历史人文景观景点串珠成链、连线成片、系统呈现,集"水脉、地脉、文脉、商脉"为一体,打造"在湖州遇见最江南"Citywalk。三是"一体式"推进。成立书记、市长亲自领衔的"人文新湖州"建设领导小组,下设文明城市建设提升、文化名城复兴、文化基因解码、文旅深度融合、文创攻坚提升、品质文化提升、城市品牌深化七大工程组。组建"人文新湖州"建设促进会,完善专班运作、专家资政、季度晾晒、项目比看等工作机制,形成党政一体推进格局。

实施"文化呈现传播工程",加快塑造文化标识、擦亮文化IP。坚持"以史找人、以人找事、以事找点、以点找面"的工作路径,深入打造"8+N"系列历史文化名人品牌,创新赵孟頫、吴昌硕、陆羽等历史文化名人 IP 呈现表达方式。一是开展名人文化研究。聚焦湖州本地历史文化名人,组织史学专家队伍,按照"一对一"的研究方式,整理编撰历代名人文献,建立名人文化素材库,举办"湖学"与江南儒学学术研讨会、沈家本法学思想学术论坛等重点名人系列论坛,推出一批名人研究成果。二是设置名人文化奖项。根据历史文化名人的成就特点,分别设立赵孟頫艺术大奖、吴昌硕国际艺术奖、徐迟报告文学奖、沈尹默散文诗奖等名人奖项 10 余项,面向不同群体开展评选表彰,持续提升名人奖项知名度和影响力。举办湖笔文化节、陆羽茶文化节、孟郊游子文化节等名人纪念活动,发挥"名家效应",形成全国影响。三是打造名人文化空间。结合新一轮城市有机更新,深入挖掘名人遗址遗迹,通过改造提升,在主城区重点打造"赵孟頫故里""飞英胜境""安定书院"等具有湖州文化印记的名人文化地标。结合区域发展特色,通过"名人+名景+名文化"模式,开发文化名人衍生品,培育和完善名人文化旅游产业群落。

实施"文化遗址再生转化工程",推动历史古迹成为打卡胜地。秉持敬畏历史、热爱文化之心,坚持保护第一、合理利用和最小干预原则,以一廊一环(青绿游廊、青绿水环)、两园两馆(莲花庄公园、飞英公园,绸业会馆、钱业会馆)、三街三绝(衣裳街、状元街、小西街,塔里塔、桥里桥、庙里庙)为重点,采取"局部改造、活化利用"方式,最大限度挖掘转化历史古建的当代价值。一是精提升文化街区。湖州有衣裳街、小西街、状元街三条历史文化街区,采取"老街当代化、创意产业化、资源综合化"的运维模式,布局引进沉浸式演艺、数字藏品、国潮产品、非遗手工、深夜食堂等年轻人喜欢的新兴业态,打造既有"文艺范""文化味"又有"烟火气""时尚感"的文商旅融合发展的历史街区。三条街区获评国家级旅游休闲街区。二是活利用古镇古村。湖州有国家历史文化名镇4个、国家历史文化名村2个。围绕"江南文化、湖州韵味"主题，深化南浔、新市、双林等运河古镇、古村集群建设，让古镇、古村焕发新颜、激活流量。从2023年1月实施免门票政策以来，南浔古镇游客接待量暴增，2023年接待游客达1 213万人，较2019年同期增长690%。三是微改造遗址遗迹。组织人员全面考证梳理散落在各地的历史文化遗址遗迹，重点打造了安吉古城、昆山、七里亭等考古遗址公园群落。通过微改造、精提升等方式，全市文物建筑遗址遗迹建成口袋公园、网红景点、乡村博物馆、文创基地1 804处，利用率占比67.5%。

实施"文化创新转换工程"，激发非物质文化遗产的时代活力。遵循"守正不守旧、尊古不复古"的原则，推动非物质文化遗产现实表达、活化利用。一是打造新品牌。在浙江省率先实施文化基因解码工程，累计梳理10大类109项2 952个地域文化元素，解码形成"丝韵、笔韵、茶韵、水韵、古韵、红韵"六韵品牌。依托陆羽在湖州著《茶经》的"茶之源"优势，成立陆羽茶文化国际推广基金，承接文旅部"茶和天下"茶文化推广活动，在巴黎、马德里、首尔、东京等国际文化中心推广中国茶文化。二是擦亮"老字号"。持续做优湖笔、湖丝、湖茶、湖酒、湖咖、湖剧等"老字号"品牌，时隔20年重建湖剧传习中心，湖剧现代戏《国之守锷》成功上演。授予湖笔"王一品"等 11 个老字号品牌"城市金拍档"等荣誉,依托现代信息化手段,实现品牌和效益双丰收。传承发展好"湖笔制作""紫笋茶制作"等优秀传统工艺技艺。三是增强体验感。将非遗项目融入民俗活动,举办含山新市蚕花节、太湖溇港文化节等各类民俗活动 187 场,参与人数达 141 万人,全面呈现"民俗里的湖州"。建成 100 个非遗教学(展示)基地,让市民"不出社、不出村"就能体验非遗文化。四是活化"口述史"。创新实施乡村口述史项目,综合运用口述采访等采集手段,挖掘于失传、藏于民间的乡土记忆。以项目进礼堂、进景区"双进"行动为主抓手,推动文化记忆赋能乡村全面振兴,形成文字材料 300 余万字、摄影作品 1.5 万余张、音视频 2 000 余小时、老照片 1 600 余张、美术写生 1 500 余幅的首批成果。

实施"文化民生工程",不断满足人民群众日益增长的精神文化需求。坚持用好文化惠民这个载体,发挥优秀传统文化滋养人心、启迪智慧的重要作用。一是繁荣文艺精品创作。建立"揭榜挂帅"机制,整合全市文艺创作资源,结合本地优秀传统文化,形成新时代文艺创作题材库,推出了《运河边的人们》等一批优秀影视作品。以互联网思维重塑文化传播,加强与微博、抖音、小红书等平台合作,推出《跑起来就有风》等流量作品,抢占"头条""热搜",持续吸引年轻人目光,聚集城市人气流量。二是丰富公共文化产品。获批国家乡村博物馆建设全国三个试点市之一,建成 117 家各具特色的乡村博物馆。引进落地开元森泊、太湖龙之梦、云上草原、德清方特等一批高质量文旅产业标杆项目,精心培育裸心堡等莫干山高端民宿产品。创新推出山地滑雪、房车营地、网红咖啡等系列"高人气产品"。三是优化公共文化服务。以文化特派员机制为牵引,创新开展"艺术乡建"全域行动,持续开展文艺家协会结对、艺术家驻村、文艺志愿服务等活动。每年通过文化人才、文化资源下沉等方式,开展基层文化活动 3 万余场,带动基层文化服务提升、非遗传承发展、创新成果转化。

实施"文化产业提升工程",打造高质量发展"增长极"。不断推动文化产业攻坚提升,将文化内涵转化为经济优势,文化流量转化为赋能高质量发展的强大势能。一是做实资源要素支撑。充分发挥湖州位于长三角地理中心的区位优势,加快建立文化产业高质量发展体系,制定"13+3"工作举措,提升资金、土地、人才等方面的要素保障,推动与沪杭苏皖等地的产业合作和要素流通。结合城市有机更新、乡村空间打造,利用"退二进三"等手段,打造有业态、有人气、有活力的文产园区、文创街区、乡创空间、楼宇文创。二是做强特色产业体系。加快推动文旅融合、影视、历史经典、数字文化等特色文化产业发展,大力实施文化产业招引计划,编写《项目投资导引》,近 3 年累计招引亿元以上项目105个,总投资达到746亿元。抓住多元产业融合发展趋势,推动文化与农业、体育、科技、中医药等领域深度融合,先后打造长三角亲子游文化乐园、海亮康养小镇等"文化+"融合项目。三是做优乡村旅游品牌。深度开发以滨湖度假、乡村生活为代表的高端休闲旅游度假产品,全国首个数字游民公社、余村全球合伙人计划等项目相继落地,乡村旅游经营总收入连续7年位列浙江省第1位,安吉余村入选联合国世界旅游组织首届"最佳旅游乡村",不断打响"中国乡村旅游看湖州"品牌。

(二) 启示与思考

一要树立整体观念,在"五位一体"中找准"坐标系"。文化建设是中国特色社会主义"五位一体"总体布局的重要组成部分,与经济建设、政治建设、社会建设和生态文明建设四项建设密切相关。我们谋划实施"人文新湖州"建设,作为全市"六个新湖州"建设之一,与"实力新湖州、活力新湖州、品质新湖州、美丽新湖州、幸福新湖州"等总体考量、全面部署、协同推进。

二要树立流量思维,在互联网时代注重点燃文化"引爆点"。"流量"是文化焕发活力的关键"变量",有了"流量"的加持,优秀传统文化才能成为"顶流",实现"长红"。我们注重优秀传统文化的宣传策划与流量经营,通过打造"8+N"系列历史文化名人品牌,以"名人奖项+名人活动+名人地标"等方式,加快寻找捕捉和制造具有全国影响力和标识度的文创"引爆点"。

三要树立价值理念,结合时代场景重塑文化"生命力"。如何让优秀传统文化焕发时代活力、体现当代价值,真正"活"起来是实现创造性转化、创新性发展的重要前提。我们充分挖掘"丝瓷笔茶"等"源文化"资源,深入推动古建筑遗产、非物质文化遗产等传统文化资源的现实表达、活化利用,不断焕发"老字号"品牌的当代活力。

四要树立运维观点,切实提升文化产业的"增值项"。文化是一项长期工程,不能一"建"了之,只有产业化经营、市场化运维,才能持续释放发展红利,文化软实力才能转变成发展硬支撑。我们充分发挥"两山"理念诞生地的自然资源优势,运用"文创+""互联网+"等方式,持续推进"农文旅体商创"深度融合,加快培育文化新质生产力,构建文化产业高质量发展体系。

撰稿人:申中华,浙江省湖州市委常委、宣传部部长;郑剑辉,浙江省湖州市委宣传部文化发展改革处处长;俞旭东,浙江省湖州市社会科学院副院长

专题七
提高新闻舆论传播力、引导力、影响力、公信力，弘扬主旋律、传播正能量，巩固壮大奋进新时代的主流思想舆论

　　党的新闻舆论工作是党的一项重要工作，是治国理政、定国安邦的大事，要适应国内外形势发展，从党的工作全局出发把握定位，坚持党的领导，坚持正确政治方向，坚持以人民为中心的工作导向，尊重新闻传播规律，创新方法手段，切实提高党的新闻舆论传播力、引导力、影响力、公信力。

　　　　　　　　——2016 年 2 月 19 日，习近平在党的新闻舆论
　　　　　　　　　　　　　　　工作座谈会上的讲话

　　宣传思想工作要把握大势，做到因势而谋、应势而动、顺势而为。我们要加快推动媒体融合发展，使主流媒体具有强大传播力、引导力、影响力、公信力，形成网上网下同心圆，使全体人民在理想信念、价值理念、道德观念上紧紧团结在一起，让正能量更强劲、主旋律

更高昂。

  ——2019 年 1 月 25 日,习近平在十九届中央政治局

第十二次集体学习时的讲话

  讲好中国故事,传播好中国声音,展示真实、立体、全面的中国,是加强我国国际传播能力建设的重要任务。要深刻认识新形势下加强和改进国际传播工作的重要性和必要性,下大气力加强国际传播能力建设,形成同我国综合国力和国际地位相匹配的国际话语权,为我国改革发展稳定营造有利外部舆论环境,为推动构建人类命运共同体作出积极贡献。

  ——2021 年 5 月 31 日,习近平在十九届中共中央

政治局第三十次集体学习时的讲话

一、正确认识和把握新闻舆论
传播力、引导力、影响力、
公信力的丰富内涵

  2016 年 2 月 19 日,习近平总书记在党的新闻舆论工作座谈会上为党的新闻舆论工作把脉定向,他强调要"切实提高党的新闻舆论传播力、引导力、影响力、公信力"。此后在党的十

九大、全国宣传思想文化工作会议等重大场合中,习近平总书记多次强调要着力提升新闻舆论"四力",这是党对信息化时代新闻传播规律的深刻总结,明确了做好党的新闻舆论工作的原则要求和方法路径。新闻舆论传播力是基础,引导力是方向,影响力是目的,公信力是保障,四者相互影响、相互依存、相互支撑、紧密相连、各有侧重。提升新闻舆论"四力",是事关党的新闻事业长期发展的根本性、战略性、全局性问题,必须正确认识和把握其丰富内涵,不断巩固主流思想舆论、主流价值、主流文化的主导地位。

(一)传播力是基础,关键在于有效传播,注重传播手段创新和传播水平提升

新闻舆论传播力是指传播主体充分利用各种传播途径,实现有效传播的能力,是新闻媒体安身立命的根本,是新闻舆论生产力和覆盖力的具体体现,也是新闻舆论引导力、影响力和公信力的前提。传播力是新闻生产力的具体体现,是引导力、影响力和公信力的依托。生产优质的传播内容、建设畅通的传播渠道是增强引导力、影响力和公信力的前提条件;同时,引导力、影响力和公信力也具有检验传播力的功能,是传播力取信于公众的基础。

　　提升新闻舆论的传播力，关键在于有效传播，保持传播渠道畅通，实现传播有效覆盖；同时创新传播手段、提升传播水平，增强新闻舆论传播的针对性和有效性，不断提升新闻舆论传播的能力和效率。一是实现有效传播。所有的新闻信息皆需以有效的传播为前提，缺乏有效的传播新闻信息便没有存在的必要，在自媒体时代，传统媒体包括主流媒体的传播渠道乃至传播地位受到了巨大冲击。正如习近平总书记指出："很多人特别是年轻人基本不看主流媒体，大部分信息都从网上获取。必须正视这个事实，加大力量投入，尽快掌握这个舆论战场上的主动权，不能被边缘化了。"这就要求主流媒体的传播范围要大，覆盖目标要广，做出的产品要有品位和魅力，体现深度和高度，把受众的注意力再度引导到主流媒体上来。二是创新传播形式。不断探索新媒体技术的应用与传播手段的创新，创新理念、内容、方法、手段、业态，对一个新闻素材进行全方位、多层次、多侧面的离析与整合，形成不同定位、不同特色的新闻舆论产品。满足不同受众群体对信息的不同需求，以适应分众化、差异化的传播趋势，增强新闻舆论传播的针对性和实效性。三是提升传播能力。加强全媒体传播体系建设，统筹推进媒体融合发展，打造一批形态多样、手段先进、具有竞争力和号召力的新型主流媒体，不断提升融媒体的内容生产力、信息聚合力、技术引领力、品牌影响力。同时提高新闻舆论工作者媒介管理水平与业务能力，不断提升新闻舆论传播的能力和效率。

（二）引导力是方向，关键在于加强政治引领，坚持正确舆论导向和正面宣传为主

在中央此前提出"传播力""公信力""影响力"三大概念的基础上，2016年2月，习近平总书记在党的新闻舆论工作座谈会上又提出"引导力"这一概念，从"三力"到"四力"的变化表明，党的新闻舆论理论逐渐成熟。新闻舆论引导力是通过凝聚共识，帮助公众遵循正确的价值取向，推动舆论朝着理性、正向发展的能力。引导力体现在对公众舆论进行正确引领，为传播力的发挥指明了方向，影响力和公信力则是检验舆论引导效果的"试金石"。正向的引导效果能够给影响力、公信力加分，反之则会削弱新闻舆论的影响力和公信力。

习近平总书记指出："在新的时代条件下，党的新闻舆论工作必须把政治方向摆在第一位，牢牢坚持党性原则，牢牢坚持马克思主义新闻观，牢牢坚持正确舆论导向，牢牢坚持正面宣传为主。"提升新闻舆论引导力关键在于加强政治引领，需要牢牢把握正确的政治方向、舆论导向、价值取向，以强信心为重点加强正面宣传，弘扬主旋律，传播正能量。一是加强政治引领。

坚持党对新闻舆论工作的领导,坚持党管宣传、党管意识形态、党管媒体。党和政府主办的媒体是党和政府的宣传阵地,必须姓党。党的新闻舆论媒体的所有工作,都要体现党的意志、反映党的主张,维护党中央权威、维护党的团结。坚持党性和人民性相统一,让党中央的声音及时抵达、充分抵达、有效抵达,把党的理论和路线方针政策转化为人民群众的自觉行动。二是坚持正确舆论导向。习近平总书记指出:"舆论导向正确,就能凝聚人心、汇聚力量,推动事业发展;舆论导向错误,就会动摇人心、瓦解斗志,危害党和人民事业。"1931年12月11日,中华苏维埃共和国临时中央政府机关报《红色中华》创刊,要求"不仅要引导工农群众对于自己的政权,尽了批评、监督、拥护的责任,还要能热烈的参加苏维埃政权的工作……实现自己的阶级的利益与要求"。在新媒体时代,要遵循新闻传播规律,新闻舆论工作的各个方面、各个环节都坚持正确舆论导向,使之朝着有利于党、国家和社会的方向发展。三是坚持正面宣传为主。与西方所谓"坏消息才是好新闻"的新闻观不同,我们党的新闻舆论工作始终坚持"正面宣传为主"。党的十八大以来,习近平总书记多次强调"正面宣传为主"的重要性,要坚持马克思主义新闻观,以正面宣传为主,强化互联网思维,巩固壮大主流思想舆论,弘扬主旋律,传播正能量,激发全社会团结奋进的强大力量,增强新闻舆论传播的吸引力和感染力,更好发挥新闻舆论工作团结鼓劲、凝聚人心的正向引导作用。

(三)影响力是目的,关键在于坚持群众路线,把握"时、度、效"

新闻舆论影响力是指新闻媒体及其作品在向社会广泛传播后所体现的舆论传播及其引导效果的能力,是新闻媒体的传播力在传播终端的体现,彰显着新闻传播的效能和媒体自身的权威性。在"四力"的关系建构中,影响力是过程,也是目的,影响力大小与传播力和引导力的强弱呈正向相关关系,是衡量和检验传播力、引导力的重要指标,同时影响力与公信力之间也属于一荣俱荣、一损俱损,正面的影响力给公信力增值,反之则在一定程度上削弱公信力的根基,消解公众的信任。影响力作为重要的软实力,关系到党的执政基础和执政能力,关系到我国国际形象的建构与完善。

新时代提升新闻舆论影响力,关键在于践行群众路线,坚持内容为王,遵循新闻规律,切实把握时度效,在通过新闻舆论引起关注、产生反响、激起共鸣的过程中,不断扩大影响力,巩固壮大主流思想舆论。一是走好群众路线。坚持群众路线是马克思主义新闻观的本质特征。毛泽东在 1948 年《对晋绥日报编辑人员的谈话》中就明确指出:"报纸的作用和力量,就在它能使党的纲领路线,方针政策,工作任务和工作方法,最迅速最广泛地同群众见面。"习近平总书记在新闻舆论工作座谈会讲话中指出:"新闻舆论工作者要不断解决好'为了谁、依靠谁、我是谁'这个根本问题。"这些充分说明了,新闻舆论说到底是做人的工作,只有深入基层一线,身处人民群众中间,才能精准把握人民群众的思想活动特点,全面了解人民群众的意见诉求愿望,充分汲取人民群众的智慧和力量,推出"沾泥土""带露珠""冒热气"的好作品,让新闻舆论工作更具亲和力、吸引力、感召力。二是坚持内容为王。内容为王始终是新闻媒体的安身立命之本,也是关乎新闻舆论影响力的关键因素。因此,要坚持把深耕内容作为新闻舆论工作的根本,运用多元化智能化高效化的传播体系,以新能力、新技术、新服务推出优质内容,吸引受众有限的注意力,并在此基础上形成对受众的价值引导,有效提高新闻舆论传播的覆盖面和影响力。三是把握"时、度、效"。习近平总书记指出:"党的新闻舆论工作是一门科学,必须按照规律办事。时、度、效是检验新闻舆论工作水平的标尺。"就是要求媒体要通过遵循新闻规律,实现传播效果的最大化和最优化,扩大自身影响力。掌握"时",就是先发制人,首发定调,力争第一时间发布权威信息,先声夺人,赢得主动;把控"度",就是拿捏好"分寸"、控制好"火候",做到张弛有度、深浅适宜;力求"效",就是要有效地传达正确的立场、观点和态度,赢得群众口碑,塑造社会共识,凝聚奋进力量,不断提高新闻舆论工作的实效。

(四) 公信力是保障,关键在于守住生命线,弘扬清风正气

新闻舆论公信力是马克思主义新闻思想中的一个重要内容,指的是新闻机构在与公众的长期互动过程中建立起来的,获得社会公众信赖与认同的程度或能力。公信力既是新闻机构的舆论活动能否获得公众信赖和认可的能力体现,是衡量媒体权威性、信誉度和影响力的重要标准,同时也是该机构与公众之间建立起的一种良性互动关系,会随着媒体与公众之间关系的变化发生改变。马克思在 1843 年的《摩泽尔记者的辩护》中说道:"民众的承认是报刊赖以生存的条件,没有这种条件,报刊就会无可挽救地陷入绝境。"马克思曾把报纸比喻成"作为社会舆论的纸币流通的"。由此可见,媒体的公信力是以民众对媒体的认可为前提的,民众的持续认可就会逐渐转化为对媒体的信任。所以信源的权威性、内容的真实性、视角的客观性成为公信力的重要构成要素,而它们又集中表现为受众对传播主体的信任度、对传播内容的采信度和对传播渠道的忠诚度。

新媒体时代,要想提升新闻舆论公信力,必须牢牢把握公信力构建的客观规律,抓住影响公信力的突出特性,通过公信力的提升,促使新闻舆论的传播力更趋广泛,引导力愈发高效,影响力日渐强大,不断巩固壮大新时代的主流思想舆论。一是坚守新闻舆论的生命线。马克思主义新闻观认为,新闻传播的本源是物质的东西,是事实,脱离事实,新闻就无从谈起。习近平总书记指出,"真实性是新闻的生命。要根据事实来描述事实,既准确报道个别事实,又从宏观上把握和反映事件或事物的全貌。"媒体只有坚守真实性原则,确保报道内容公平公正、真实客观,权威可信,才能获得受众的认可和信任,公信力正是在此基础上逐渐形成起来的。二是坚持新闻舆论公开透明。信息爆炸的时代,公众获知信息的途径多样化、多元化,各类谣言、虚假信息满天飞,无形中稀释了主流媒体公信力。坚持新闻信息公开透明,及时澄清谬误、明辨是非,保证新闻事件的完整准确、深入客观,杜绝虚假信息和失实报道,有助于构建良好的品牌形象,重构新闻舆论公信力。三是建强新闻舆论工作队伍。新闻舆论的公信力,最终要落实在"人"上,根本路径就是建设一支政治过硬、业务精湛、作风优良的新闻舆论工作队伍。确保新闻工作者成为"党的政策主张的传播者、时代风云的记录者、社会进步的推动者、公平正义的守望者",更好地彰显新闻媒体权威性和公信力。

二、湖北省十堰市：媒体融合"轻骑兵" 守牢主流思想舆论"主阵地"

习近平总书记指出："要推动媒体融合发展，要坚持一体化发展方向，通过流程优化、平台再造，实现各种媒介资源、生产要素有效整合，实现信息内容、技术应用、平台终端、管理手段共融互通，催化融合质变，放大一体效能，打造一批具有强大影响力、竞争力的新型主流媒体。"十堰市委宣传部结合市属媒体实际，统筹全市媒体平台资源，借鉴其他省、市成功经验与做法，创新开展媒体融合"轻骑兵"试点建设工作，以互联网思维为导向，先进技术为支撑，遵循传播规律，强化用户思维，创新表达方式，转换叙述语态，生产富有"网感"的融媒体精品，通过网言网语、图文音视频多元素创新表达方式，打造具有强大吸引力、影响力、传播力和引导力的新型主流媒体矩阵。

（一）主要做法

1. 强化组织领导。十堰市委宣传部高度重视试点建设工作，成立专项工作小组，会同十堰日报社、十堰广电台组建工作专班,以市直媒体为试点,统筹推进媒体融合"轻骑兵"工作,在广泛征求媒体单位意见建议基础上,制定符合实际的工作方案,制定作战图、倒排工期表,压实改革创新工作责任,确保试点工作扎实稳步推进。

2. 专班统筹推进。以十堰日报社、十堰广电台作为试点建设单位,高点站位、高位谋划,抽调精兵,组建专班,推进平台改版。十堰日报社社长、总编直接挂帅负责,依托已运行的武当π工作室,整合全报社采编能力,优选抽调 20 余名骨干采编人员,分成采访撰写组、编辑组、言论撰写组、线索会商组、栏目组、网络技术组、办公室七个工作团队,细化分工,明确职责,强力推进试点建设。十堰广电台为保证项目持续平稳推进,从全台范围内抽调优秀记者、编辑和图文包装方面技术人员,成立十堰广播电视台"直播十堰工作室",实施采编合一的运行机制。从策、采、编、审、发、评等重点环节入手,建立快速反应机制,确保报道快新、权威、耐看、走心。

3. 精研改版栏目。按照习近平总书记关于媒体发展重要论述精神,中央、省委相关要求和市委目标定位,指导市属媒体围绕中心、服务大局,强化用户思维,创新表达方式,转换叙述语态深入研究改版栏目设置和内容形式。十堰日报社"秦楚网"微信号改版后共设《十堰政事》《大美十堰》《十堰正能量》《民意直通车》《十堰资讯》《汉江观潮》6 个栏目,主打时政财经等深度报道,同时兼顾与大众息息相关的民生新闻等内容,用互联网思维,以群众更喜闻乐见的内容传递党和政府的声音,让政经新闻有亮点有看点有观点,民生新闻有态度有温度有深度。十堰广电台"直播十堰"微信号改版后开设《权威发布》《权威解读》《每日快评》《焦点一刻》《绿色产经》《行走十堰》《高端访谈》等十多个栏目,通过网言网语、图文、音视频等多元素表达方式,生产优质内容,努力打造全市媒体融合"轻骑兵"品牌。

4. 强化选题策划。紧扣全市宣传重点,精心谋划、部署选题策划,坚持一周一个线索会商会,一月一次选题碰头会,一季度一个重大策划会,通过每周、每月、每季度定期召开会议,收集线索,开阔思路,确定选题,清单落实。十堰日报社、市广电台定期邀请市委政研室、市政府研究室、市委党校、市社科联、市档案馆(史志研究中心)、汉江师范学院、湖北汽车工业学院等部门和单位的领导、专家以及网络大 V 召开选题策划会,共同分析问题、策划选题。

5. 创新表达方式。从网友尤其是青年网友的角度出发,不断改文风、转语态,用好网络语言,综合运用文字、图片、音视频、H5、电子海报、直播等新媒体形式。创新表达方式,打造有"网感"的融媒体精品,进行全媒体传播。强化用户思维,进一步增进与网友的互动,提升受众用户的参与感,从而进行有力有效的影响与引导。坚持守正创新,抢抓"短视频"风口,全力打造媒体融合的前沿阵地。发挥广电视频专长,紧跟全市时事、大事、要事,提前策划,融合生产,即时发布,努力推出一大批有温度、有热度、有亮度的短视频作品,让十堰精彩元素不断向外传播。

通过以上举措,十堰市媒体融合发展工作取得显著成效:

1. 定位更加清晰。通过改版,"秦楚网"微信公众号、"直播十堰"微信公众号聚焦市委、市政府重点会议、工作和谋划部署,围绕公众关注的社会热点问题精心策划议题,通过"网言网语"、短小精悍的"干货"内容,抓住群众关注的社会热点,创作出更多符合互联网传播特点的原创作品,发布有热度、有互动、成体系的内容,选题内容和话语更接地气,在信息发布、政策解读、办事服务、城市推介和舆论引导等方面发挥出积极主动作用。"秦楚网"微信公众号于全市加强能力作风建设动员大会当天,及时推出《上班第一天,十堰召开重要会议!方案发布》,以长图的形式为广大读者解读能力作风建设会议精神,推出社论《以自我革命的勇气提能力强作风》,总阅读量迅速超过 10 万+,以"幸福食堂里的幸福味"为话题,发布系列报道,阅读量达到 8 万,收获留言近 200 条,不少网友纷纷点赞:"这个做法非常好,值得推广,着力解决老年人切身利益。""市政府这件事办得好,为政府点赞!""直播十堰"微信公众号策划推出经济工作会图解速览《市委定调！2023 十堰经济工作这么干！》，推出《580 个新签约亿元项目，看好十堰什么？》原创精品头条文章，撰写评论员文章《把握大势　积累胜势　再创优势》，推出能力作风工作短视频《市委书记的"金句"：能力作风不足　干部本身就会成为问题》，全网浏览量达 500 多万，在全市掀起了一股比、学、赶、超的良好氛围。

2. 中心更加聚焦。改版后，两家媒体试点平台以全方位解读市委、市政府重大决策和战略部署，深入浅出宣传经济社会发展取得的突出成绩，通过网言网语、图文音视频多元素创新表达方式，生产富有"网感"的融媒体精品，让地方党委、政府的声音在基层传得开、记得住、有影响。围绕十堰在全国、全省有分量的经验做法，举行的重大节庆活动，好山好水、好产好业、好人好事，深入挖掘背后的故事，提升十堰外部形象；围绕市民关注的热点、难点、焦点问题，及时回应响应；围绕"一主四优多支撑"产业发展，打造"山水车城　宜居十堰"新"IP"，开拓性凝聚加快建设绿色低碳发展示范区强大正能量。"聚焦三年行动计划"推出系列报道，聚焦乡村振兴推出"乡村建设'六件事'""走在乡村振兴的大道上"系列报道。对接新华社报道十堰丹江口市柑橘产业发展；《人民日报》报道十堰在守牢水安全、水环境安全、生态安全底线方面的工作和成绩；《湖北日报》头版聚焦十堰新能源汽车产业成就，多版连续推出十堰

"一主四优多支撑"产业系列报道。

3. 宣传更加有力。媒体融合"轻骑兵"试点建设以来，恰逢今年全市重大活动丰富密集，改版后的媒体平台，先后围绕首届中国商用车论坛、中国技协城市主产业职业技能（十堰）联赛暨技术工人工匠大会、首届全球汽车新生态发展大会暨2023中国新能源汽车零部件交易会、海峡两岸道教界谒祖及玄天上帝研讨会、世界武当太极大会、湖北十堰—大湾区产业链供应链对接大会等系列重大活动，精耕细作、笔耕不辍，按照市委主要领导活动宣传要把握好"会前预热报道、会中重点聚焦、会后成果反响"三个阶段指导要求，结合各个活动主题、方向、特色，精心编制宣传方案、精细制定报道计划，精密采编新闻作品，精准向上主动供稿，推出了《就在明天，十堰全球瞩目！》《十堰，准备好了》《首届商用车论坛缘何花落十堰》等一系列爆款热款作品，持续做好了全年各项重大重点活动宣传报道，为活动预热营造了浓厚氛围，为活动举办发出了强大声势，为活动成功展现了城市风采。同时，注重指导引导媒体融合"轻骑兵"在参与国家、省级重大活动中，学习央媒、省媒新视角、新理念、新角度、新做法，不断改进优化新媒体宣传方式，加大重大活动新媒体策划力度，在世界武当太极大会、北京水利专家"节水爱水库区行"、"十星级"文明创建赋能乡村振兴研讨会等活动中取得较好效果、引发社会高度关注，尤其是北京环保组织"南水北调水源地行"的活动报告,得到省委主要领导的签批肯定。

4. **群众更加认可**。平台改版后,通过加强与粉丝的有效互动,聚焦市民关注的热点、难点、焦点问题,安排记者采访、反映百姓诉求、刊播部门回复,确保形成真正有效的新媒体传播,着力建好党委、政府与市民的"连心桥",打通舆论引导的"最后一公里"。围绕年度重点民生项目,如健康步道建设,媒体融合"轻骑兵"于项目完工开放前,第一时间走进项目现场,通过认真采访规划设计方、承建施工方及一线施工、作业人员等从不同角度解读项目创意、特点和理念,组织全程直播探访、空拍航拍等全景呈现,吸引市民广泛关注。于项目开放当天,精心采制现场场景、群众游玩感受,制发市民纷至沓来,热闹空前的反响报道,为民生项目有力聚集了人气。聚焦群众关心关切,秦楚网微信《民意直通车》栏目,发布内容80期以上,发布群众关心关注的各类提问500余条,文末留言区,编辑与网友紧密互动、热情交流、有问必答,构建了可亲可近可感的媒体形象,吸引了越来越多的市民前来留言,粉丝量同比增长2万余人,有力凝聚了建设绿色低碳发展示范区的网上正能量。围绕十堰的好山好水、好产好业、好人好事推出群众喜闻乐见的生活报道,策划推出H5《一封来自十堰的邀请函》、专题微信《爱上十堰的N个理由》《扎根十堰的同一种声音》《十堰城区首个!这条路美翻了》等,总阅读量超 200 万+,引起了广大读者的强烈反响、纷纷转发,让更多人感受到十堰之美。

(二) 启示与思考

1. 注重把握传播规律。2019 年 1 月 25 日,习近平总书记在中共中央政治局第十二次集体学习时指出,伴随着信息社会不断发展,新兴媒体影响越来越大。我国网民达到 8.02 亿,其中手机网民占比 98.3%。新闻客户端和各类社交媒体成为很多干部群众特别是年轻人的第一信息源,而且每个人都可能成为信息源。全媒体不断发展,出现了全程媒体、全息媒体、全员媒体、全效媒体,信息无处不在、无所不及、无人不用,导致舆论生态、媒体形态、传播格局发生深刻变化,新闻舆论工作面临新的挑战,新闻工作应积极顺应时代变化,加快新传播方式、新传播途径和新传播手段的掌握,不断提高新闻舆论传播力、引导力、影响力、公信力。要以技术为支撑,学习和用好 H5、视频、小程序、客户端、网络直播、人工智能播报、3D 全息影像、VR、AR 等传播形式,用先进的技术拓宽渠道。要以内容为核心,创作有价值的内容信息,"好内容自带流量",以优质的内容吸引用户。要善借平台资源,借助上级大报、大台和学习强国、网站、微信、微博、抖音、快手、B 站等平台优势,增加用户覆盖。

要强化交流合作,善与网络达人、网络大V互动,巧借明星流量,实现互惠共赢。要迎合心态,感知受众喜恶,增加作品认同。

2. 注重创新报道形式。2013年8月19日,习近平总书记在全国宣传思想工作会议上强调,"很多人特别是年轻人基本不看主流媒体,大部分信息都从网上获取。必须正视这个事实,加大力量投入,尽快掌握这个舆论战场上的主动权,不能被边缘化了"。2016年2月19日,习近平总书记在党的新闻舆论工作座谈会上指出,随着形势发展,"党的新闻舆论工作必须创新理念、内容、体裁、形式、方法、手段、业态、体制、机制,增强针对性和实效性"。新闻记者要向创新要效应,向创新要活力。让创新成为新闻发展常态,打造更多精品力作。要创新叙事方式,追求新鲜框架表达,学会嫁接故事和情感,学会信息再加工、深加工,让受众内心被打动、手指跟着动。要创新版面设计,处理好"景和人""远和近""大和小""横和竖""动和静""视觉美和新闻性""图和文""形式美和信息量"等关系,提升版面视觉冲击力,取得更好的传播效果。要创新采访手段,灵活运用直面采访、视觉采访、书面采访、体验式采访、电话采访等采访形式,利用互联网技术,借助各类工具来创新采访形式,通过网络互动采访、视频专题采访等,提高采访的效率,实现采访与互动的结合,专业性和即时性的兼顾,使采访效果更加立体、更能引起大众的关注度。创新呈现形式,发挥媒体融合传播优势,运用文字、图片、图表、音视频、条漫等全媒体手段,加强在网站、"两微一端"等新媒体上展示发布。

3. 注重培育新闻精品。"精品"运用在文化领域,意指"精心创作的作品,上乘的作品或最精美的物品"。新闻精品是指具有较高思想意蕴,较高新闻价值和写作水平,较强吸引力和传播价值的新闻作品。近代思想家梁启超提出报纸需达到"宗旨定而高,思想新而正,材料富而当,报事确而速"的四条标准。这无疑也是新闻精品力作的基本要求。创作新闻精品:一是要练就扎实的理论根底。用科学的理论武装自己,用全局的视野看待问题,进一步增强新闻政治性、敏感性,方能敏锐把握时代脉搏,生动记录社会发展,创作更多优秀作品。二是要精心组织策划。精品重在"精"上,想要多出精品,就必须在精心谋划的基础上精心创作,精到布局的基础上精准实施,从画面全镜到特写,从文章标题到版面设计,每一个步骤,每一个镜头,每一个细节,每一个字句,都必须做到精益求精,不能有丝毫马虎。三是要深入生活深入群众。当年,范长江深入中国大西北,真切感知人民困苦,写出新闻名著《中国的西北角》;穆青奔波在兰考大地,长着"八路军的腿,老百姓的嘴",写出《县委书记的榜样——焦裕禄》。新闻工作是拿着纸笔、镜头、话筒来战斗的特殊战场,跑机关、泡会议、编材料等漂浮作风、呆板文风,只会离生活、离实际、离群众、离时代越来越远,不仅达不到传播的效果,更讲不好新时代的奋斗故事,得不到群众的喜爱、信任和支持。四是要具备独特视角。新颖而独特的角度是出新闻精品的一大法宝。新闻与艺术相通。一个成熟而有素养的记者要逐步练就一双敏锐的眼睛,目光如炬,纤毫毕露,能一下捕捉到具有新闻价值的事物,并从"小"中看出"大"来,从"形"中找出"神"来,从别人没有察觉之地开掘出新闻宝藏。

撰稿人:周义波,十堰市委宣传部副部长;王文童,十堰市委宣传部新闻科科长

专题八

坚持以人民为中心的创作导向,把社会效益放在首位,推出更多增强人民精神力量的优秀作品

文艺创作要把爱国主义作为主旋律,引导人民树立和坚持正确的历史观、民族观、国家观、文化观,增强做中国人的骨气和底气。

——2014 年 10 月 15 日,习近平在文艺工作

座谈会上的讲话

中华文明源远流长、博大精深。只有全面深入了解中华文明的历史,才能更有效地推动中华优秀传统文化创造性转化、创新性发展,更有力地推进中国特色社会主义文化建设,建设中华民族现代文明。

——2023 年 6 月 2 日,习近平在文化传承发展

座谈会上的讲话

一、推出更多增强人民精神
力量的优秀作品

　　文艺事业是党和人民的重要事业,文艺战线是党和人民的重要战线。中国共产党历来高度重视文艺工作,坚持运用先进文化引领方向、鼓舞士气、凝聚力量。党的十八大以来,习近平总书记高屋建瓴、审时度势、把握规律,以高度的历史自觉和坚定的文化自信,对文艺和文艺工作作出一系列重要论述,与时俱进推动马克思主义文艺理论中国化、时代化、大众化,将我们党对文艺工作的认识和实践提升至新的高度。习近平总书记关于文艺和文艺工作的重要论述,深刻阐明了新时代新征程上文艺工作肩负的重大使命,丰富发展了马克思主义文艺观,为做好文艺工作提供了根本遵循,是指引我们铸就中华民族伟大复兴时代文艺高峰的锐利思想武器。

(一) 坚持以人民为中心的创作导向

　　源于人民、为了人民、属于人民,是社会主义文艺的根本立场,也是社会主义文艺繁荣发展的动力所在。坚持以人民为中心的创作导向是习近平文化思想的重要内容,是人民至上的价值追求在宣传思想文化事业中的具体体现,充分彰显了我们党的性质宗旨和初心使命。

坚持以人民为中心的创作导向,包含着理论、历史和现实的多重内在逻辑。从理论逻辑来看,习近平总书记指出:"文艺事业是党和人民的重要事业,文艺战线是党和人民的重要战线。"社会主义文艺是社会主义事业的重要组成部分,与社会主义事业的理想、目标、宗旨、任务具有根本上的一致性。马克思主义经典作家也作出过论述,例如列宁在《党的组织和党的出版物》中指出,"写作事业应当成为无产阶级总的事业的一部分……为千千万万劳动人民服务,这些劳动人民是国家的精华、国家的力量、国家的未来"。人民性是马克思主义的本质属性,也必然是社会主义文艺的本质特征。从历史逻辑来看,习近平总书记指出,"人民既是历史的创造者、也是历史的见证者"。文艺作品只有充分体现人民性,才能得到人民的认同、历史的认同。习近平总书记在 2014 年文艺座谈会上,列举了大量古今中外的文艺经典,包括我国的《诗经》"楚辞""汉赋""唐诗""宋词""元曲""明清小说",以及外国的《荷马史诗》《神曲》《十日谈》《巨人传》等。正因为这些作品反映了时代要求和人民心声,才能轰动当时、传之后世。社会主义文艺同样如此,只有植根现实生活、紧跟时代潮流,才能发展繁荣;只有顺应人民意愿、反映人民关切，才能充满活力。从现实逻辑来看，习近平总书记指出："文艺是时代前进的号角，最能代表一个时代的风貌，最能引领一个时代的风气。"当前，在中国共产党的领导下，全国各族人民正向着全面建成社会主义现代化强国、实现第二个百年奋斗目标进军，这是长期而艰巨的伟大事业，需要激发起亿万人民弘扬伟大民族精神的磅礴伟力。在此过程中，文艺的作用不可替代、文艺工作者大有可为。要始终坚持文艺为人民服务、为社会主义服务的根本方向，感国运之变化、立时代之潮头、发时代之先声，为亿万人民、为伟大祖国鼓与呼，弘扬中国精神、凝聚中国力量，激励全国各族人民朝气蓬勃迈向未来。

坚持以人民为中心的创作导向，就要把人民作为文艺表现的主体。习近平总书记指出，"文艺只有植根现实生活、紧跟时代潮流，才能发展繁荣；只有顺应人民意愿、反映人民关切，才能充满活力"。人民是文艺创作的源头活水。学习贯彻习近平文化思想，就要虚心向人民学习、向生活学习，把人民的冷暖、人民的幸福放在心中，对人民群众的喜怒哀乐和日常生活进行深入思考，紧扣人民在历史、实践和价值层面的主体地位，全面精准把握人民多样化多层次的需求，在创作形式、题材、体裁、风格、手法上作出新的突破，精益求精、勇于创新，用心用情创作无愧于时代、无愧于人民的好作品，坚定人们对美好生活的憧憬与信心。

坚持以人民为中心的创作导向,就要把人民作为文艺服务的对象。习近平总书记指出,"文艺要反映好人民心声,就要坚持为人民服务、为社会主义服务这个根本方向。要把满足人民精神文化需求作为文艺和文艺工作的出发点和落脚点,把为人民服务作为文艺工作者的天职"。人民对精神文化生活的需求时时刻刻都存在,随着生活水平不断提高,人民对文化产品的质量、品位、风格等的要求也提高了。文艺创作各领域都要跟上时代发展、把握人民需求,以充沛的激情、生动的笔触、优美的旋律、感人的形象创作生产出人民喜闻乐见的优秀作品,让人民精神文化生活不断迈上新台阶。

坚持以人民为中心的创作导向,就要把人民作为文艺评判的标准。习近平总书记指出,要"把人民放在心中最高位置,把人民满意不满意作为检验艺术的最高标准"。学习贯彻习近平文化思想,就要贯彻好文艺群众路线,以"人民认可度"为评价指向,尊重和维护人民的价值主体和评价主体地位。要充分发挥人民群众对文艺作品评价的话语权,构建科学的文化评价体系,将人民群众的关注度、接受度和满意度作为检验文艺事业发展成效的根本标准。要注重运用人民的观点鉴赏作品,坚持人民群众是文化的享受者,文化创造服务人民,文化发展依靠人民,文化成果由人民共享,将丰富文化供给和锻造文艺精品结合起来,实现人民欣赏文化、文化激励人民的结合与统一。

坚持以人民为中心的创作导向,就要把人民作为文艺创作的源泉。深入生活、扎根人民是文艺创作的根本路径。人民是托起艺术繁荣之基,艺术家创作的个性化追求必须与厚重丰富的人民生活水乳交融、相互依托,才能形成仰之弥高的艺术精品。文艺工作者要自觉主动地融入人民生活,扎根于此并在其间体悟、思考,进而感受人民创造历史的实践伟力。艺术的根在人民群众中间。好作品应该是用脚写出来的。文艺工作者只有永远同人民在一起,同火热生活保持密切联系,艺术之树才能常青。

(二) 把社会效益放在首位

建立健全把社会效益放在首位、社会效益和经济效益相统一的文化创作生产体制机制。这是着眼市场经济条件下、对外开放环境中更好推动文化建设作出的一项重要制度安排,体现了我们党对新形势下文化创作生产规律的认识和把握更加科学、更加深刻,对坚持社会主义先进文化前进方向,激发文化创新创造活力,推出更多高质量文化产品,更好地满足人民多样化多层次多方面精神文化需求,具有重要的指导和保障作用。

文化产品具有不同于一般商品的双重属性,它既有鲜明的意识形态属性,也有通过市场交换获取经济利益、实现再生产的商品属性。在两种属性中,意识形态属性是文化产品的特殊属性,商品属性是文化产品的一般属性。实际工作中,不能因为文化产品具有商品的一般属性就忽视其意识形态属性,也不能因为文化产品具有意识形态属性就完全排斥其商品的一般属性,而是要把两者有机统一起来。正是文化产品的双重属性,决定了在文化创作生产中必须正确把握和处理经济效益和社会效益的关系,也就是要始终把社会效益放在首位,努力实现社会效益和经济效益相统一。这就要求我们在这方面不断建立健全体制机制,更好保证文化创作生产的正确方向和导向,充分发挥文化引领风尚、教育人民、服务社会、推动发展的功能和作用。

文化产品的社会效益始终是第一位的,经济效益是第二位的。在发展社会主义市场经济条件下,许多文化产品都要通过市场来实现价值,这就不能完全不考虑经济效益。经济效益好,有利于推动文化事业发展。但文化产品的价值和使用价值的具体实现形式更多、更重要地体现在社会效益上。有些文化产品,经济效益可能不大,但对引领社会文明风尚、促进人的全面发展的作用很大,这就是文化产品和物质产品的根本区别所在。文化产品承载的是价值取向,影响的是思想灵魂,出了问题伤害的是人的心灵。因此,对文化产品来说,当两个效益、两种价值发生矛盾时,经济效益就要服从社会效益,市场价值就要服从社会价值。一部好的文化产品,最好是既能经得起人民评价、专家评价,又能经得起市场检验;既能在思想上、艺术上取得成功,又能在市场上广受欢迎。

建立健全把社会效益放在首位的文化创作生产体制机制,就要引导各类文化创作生产主体坚持正确的历史观、民族观、国家观、文化观,就要自觉把社会主义核心价值观融入文艺工作全过程,体现在文艺创作生产的方方面面。一是站稳人民立场。要引导广大文艺工作者牢固树立、培育和践行马克思主义文艺观,秉持人民至上的价值理念,自觉站在人民的立场想问题、搞创作,把社会效益放在首位,坚决抵制各种过度市场化或过度娱乐化的倾向,确保文艺创作不偏向。二是引领社会风尚。要引导广大文艺工作者当好灵魂的工程师,努力通过鲜明生动的作品形象地告知人们哪些是真善美,哪些是假恶丑;哪些是应该肯定和赞扬的,哪些是应该否定和反对的,在潜移默化中增强人们的道德判断力和道德荣誉感,在润物无声中引领人们追求讲道德、尊道德、守道德的美好生活方式。三要彰显时代价值。要引导广大文艺工作者既站在政治家的高度、社会家的广度审视社会,又要紧紧抓住最能反映人心的事件和时代闪光点;既要带着生命的热情真实记录与人民群众息息相关的现实生活,又要以强烈的社会责任感和使命感展示经济社会发展的伟大成就;既要如实地反映社会发展进步中需要改善的各种问题,又要积极展现中国特色社会主义建设事业团结奋进的精神风貌,共同谱写美好生活新篇章。

(三) 推出更多增强人民精神力量的优秀作品

创作生产更多优秀作品,是新征程上广大文艺工作者的立身之本;攀登时代的文艺高峰,是文学艺术家的志向和信念。习近平总书记在党的二十大报告中指出,要"坚持以人民为中心的创作导向,推出更多增强人民精神力量的优秀作品"。这一重要指示,为繁荣发展社会主义文艺,推动文艺事业为全面建设社会主义现代化国家、全面推进中华民族伟大复兴提供强大价值引导力、文化凝聚力、精神推动力指明了前进方向。

推出更多增强人民精神力量的优秀作品,是引领和鼓舞人民把智慧和力量投入全面建设社会主义现代化国家伟大事业的战略需要。文艺事业是党和人民的重要事业。创作生产优秀作品是文艺工作的中心环节。党的十八大以来,党中央高度重视文艺工作,习近平总书记亲自谋划、指导、推动,多次发表重要讲话,创造性地回答了事关文艺繁荣发展的一系列重大问题,为文艺工作提供了根本遵循。广大文艺工作者倾情投入、用心创作,推出大量优秀作品,开展系列文艺活动,我国文艺事业呈现百花齐放、生机勃勃的繁荣景象。当前,全党全国各族人民已迈上全面建设社会主义现代化国家新征程,正在向第二个百年奋斗目标进军。新时代新征程是当代中国文艺的历史方位,要深刻把握民族复兴的时代主题,把文艺工作同国家前途、民族命运、人民愿望紧密结合起来,充分发挥聚人心、暖民心、强信心的作用,以文弘业、以文培元,以文立心、以文铸魂,把文艺创造写到民族复兴的历史上、写在全面建设社会主义现代化国家新征程中。

推出更多增强人民精神力量的优秀作品,是满足人民日益增长的美好生活需要的客观要求。源于人民、为了人民、属于人民,是社会主义文艺的根本立场,也是社会主义文艺繁荣发展的动力所在。我国实现全面小康以后,人民群众对美好生活的向往从生存型需求向发展型需求转变、从物质需求向精神需求跃升的特征更加凸显,对优质精神文化食粮的期盼更加凸显,对文艺工作提出了新的更高要求。繁荣发展社会主义文艺,要坚持以人民为中心的创作导向,大力繁荣文艺创作,倾情为时代和人民放歌,推出更多同新时代相匹配的文艺精品,实现从"高原"向"高峰"迈进,为广大人民群众提供更丰富、更有营养的精神食粮。

推出更多增强人民精神力量的优秀作品,是更好弘扬中国精神的必然要求。文艺是铸造灵魂的工程,承担着以文化人、以文育人的职责,举精神之旗、立精神支柱、建精神家园,都离不开文艺。好的文艺作品就应该像蓝天上的阳光、春季里的清风一样,能够启迪思想、温润心灵、陶冶人生,用栩栩如生的作品形象告诉人们什么是应该肯定和赞扬的,什么是必须反对和否定的。繁荣发展社会主义文艺,要把社会主义核心价值观生动活泼体现在文艺创作之中,把有筋骨、有道德、有温度的东西表现出来,倡导健康文化风尚,摒弃畸形审美倾向,用思想深刻、清新质朴、刚健有力的优秀作品滋养人民的审美观价值观,使人民在精神生活上更加充盈起来。要把提高质量作为文艺作品的生命线,内容选材要严、思想开掘要深、艺术创造要精,不断提升作品的精神能量、文化内涵、艺术价值。

推出更多增强人民精神力量的优秀作品,离不开一支坚持弘扬正道、坚守艺术理想的文化文艺人才队伍。要把加强文艺队伍建设摆在更加突出的位置,广泛组织动员各领域各层次各方面文艺工作者投身党的文艺事业,培育造就大批德艺双馨的文学艺术家和规模宏大的文化文艺人才队伍,汇聚起繁荣发展社会主义文艺的强大力量。要引导广大文艺工作者心怀对艺术的敬畏之心和对专业的赤诚之心,把个人的道德修养、社会形象与作品的社会效果统一起来,讲品位、讲格调、讲责任,下真功夫、练真本事、求真名声,努力以高尚的操守和文质兼美的作品,为历史存正气、为世人弘美德、为自身留清名。要弘扬行风艺德,树立文艺界良好社会形象,营造自尊自爱、互学互鉴、天朗气清的行业风气。

推出更多增强人民精神力量的优秀作品,就要坚持"二为"方向,坚持以人民为中心的创作导向。广大文艺工作者要把人民放在心中最高位置,把人民的生活与实践作为文艺的源泉和方向,让文艺的百花园永远为人民绽放。中华民族创造历史的伟大实践,中国人民对光明未来和美好生活的追求,为中国文艺提供了最深厚的土壤、最丰沛的源泉。最新最美的画、最嘹亮最深情的歌、最深邃最华彩的辞章,由人民在辽阔的大地上创造,在文学艺术家的心灵、眼光和双手中提炼升华,得到完美的呈现。刻画、描述和雕塑新征程上人民的精神和形象,需要对人民有深刻的理性和情感认同,需要对运动、发展和变化中的人民实践和生活有广博认知和深刻把握,需要不断探索和创造新的人民美学,让人民的经验获得新颖的形式、让人民的情感获得精当的语言。我们要在人民的创造中实现这个时代文学艺术的创造,在人民的精神气象中抵达这个时代的精神高度。

推出更多增强人民精神力量的优秀作品,就要坚持马克思主义指导地位,坚持百花齐放、百家争鸣。在社会不断进步、人民不断追求人的全面发展的过程中,人民的精神世界层次更加丰富、向度愈益多维,不同的审美偏好、艺术趣味和不同层面的精神追求构成了如大自然一般缤纷多彩、生机勃勃的文化生态。在新的发展阶段，人民对"精神食粮"的需求，主要不在于"食粮"够不够吃，而是更关注"口味"是不是丰富、"营养"是不是均衡，质量够不够高。文艺是复杂的精神劳动，在文艺创造过程中，既要有正确的世界观、价值观和方法论的指引，又要充分发挥文学艺术家的主观能动性，鼓励解放思想、大胆探索。在马克思主义的指导和社会主义核心价值观的引领下，优秀作品不拘于一格、不形于一态、不定于一尊。要营造积极健康、宽松和谐的氛围，充分发扬学术民主、艺术民主，提倡不同观点充分讨论，提倡各种体裁、题材、形式、手段充分发展，推动观念、内容、风格、流派切磋互鉴，"鹰击长空，鱼翔浅底，万类霜天竞自由"，让文艺的生产力健康发展，让文艺的创造力尽情奔涌。

推出更多增强人民精神力量的优秀作品，就要坚持创造性转化、创新性发展，展现中国价值和中国精神。我们要以更加强烈的历史自觉和文化自觉，坚定中华文化立场，把中华民族在长期发展中积淀形成的独具特色的文化传统和美学精神作为文艺创新创造的根基和资源。中华优秀传统文化、革命文化和社会主义先进文化如澎湃江河，它的生命和活力就在于，一代一代的文学艺术家以创造性转化、创新性发展推动着这条江河波宽浪涌、不断奔向新的境界。文明，文而明之也，每一代文学艺术家都对传承和发扬文明的火光负有根本的责任。新征程上，行进于中华文化的浩荡江河，千帆竞发、百舸争流，中国文艺面向现代化、面向世界、面向未来，必将为创造人类文明新形态贡献中华民族的智慧和才华。

二、山西省长子县：以文艺助推 "千年古县　神话长子" 文化品牌建设

长子县位于山西省东南部，上党盆地西侧，辖 9 镇 2 乡 2 个服务中心，常住人口 29.8 万，县域面积 1 029 平方公里，是全国文化建设先进县，是中国民间文化艺术之乡，中国曲艺之乡。长子县历史悠久、源远流长，有着神奇瑰丽的神话传说、独特秀美的自然风光、多姿多彩的民俗风情、丰富厚重的文旅资源，被誉为炎帝桑梓、精卫之乡、尧王故里、丹朱封地、西燕国都、千年古县。拥有丰富的历史文化资源是长子人的幸运，把丰富的历史文化资源传承好、运用好是长子人的使命。近年来，长子县把文艺创作作为文艺工作的中心环节来抓，健全完善文艺创作机制，实施重点文艺创作项目，加大对文艺作品和文艺人才的扶持力度，广泛深入开展丰富多彩、形式多样的文艺活动，积极拓展文艺宣传平台和手段，引导和激励文艺工作者和爱好者从

长子的独特自然风光、多彩民俗风情、丰富文旅资源、深厚文化底蕴,特别是从长子流传千年的神话传说中,发掘创作素材,汲取创作滋养,打造文艺精品,在全县掀起了文艺创作热潮,营造了浓厚的文艺工作氛围。一部部、一批批文质兼美的文艺作品的大量涌现,擦亮了"千年古县 神话长子"文化品牌,有力助推了县域经济社会高质量发展。

(一) 主要做法

长子县文化特色鲜明、文艺人才辈出、群众艺术氛围浓厚,是远近闻名的中国曲艺之乡。近年来,长子县组织引导文艺工作者、爱好者深入挖掘创作素材,创编了一大批主题突出、形式多样的神话主题文艺作品,充分发挥了文艺工作者的生力军和突击队作用,推动全县文艺事业取得积极进展和成效。

明晰定位,科学规划,让文艺创作有方向。搞好文艺工作,找准定位、科学规划是前提。只有在党的领导下,有组织有计划地开展,才能形成拳头、展现威力。长子是神话传说的沃土、民间故事的摇篮。炎帝尝草、神农传耕、精卫填海、共工触山等享誉华夏、家喻户晓的神话故事都发生在长子。至今,在长子的发鸠山、羊头山、仙翁山、精卫湖等地还有大量的神话文化遗址遗迹遗存。神话文化开启了华夏文明,是长子文化的鲜明标识。为此,长子县提出了打造"千年古县 神话长子"文化品牌的工作目标。围绕这个目标和主题,长子县委每年在宣传思想文化工作会议上,都要对文艺创作进行安排部署,并将重点文艺项目列入全县重点项目清单,要求广大文艺工作者围绕中心、服务大局、积极创作、展现作为。在县委的坚强领导下,县委宣传部统筹协调、整合资源,组织创编文艺作品,扶持发展文艺组织,广泛开展文化文艺活动;县文旅局、县教育局、县文联、县文明创建中心等单位立足自身职责,谋划文艺项目,发掘培育文艺人才,发动所联系的文艺工作者和爱好者投身文艺创作中,在全县形成了上下联动、齐头并进、各展所长、共同发力的文艺创作工作格局,全县的文艺工作呈现出有声有色、亮点频出的良好局面。

强化引导,完善机制,让文艺创作有组织。只有坚持以人民为中心的创作导向,文艺创作才能赢得群众认可、文艺事业才能枝繁叶茂。完善创作生产机制。县委每年召开会议专题研究文艺创作工作,加大对文艺作品和文艺人才的扶持力度,推动文艺繁荣发展。鉴于歌曲、鼓书、情景剧等音视频作品综合性强、专业要求高,县委宣传部积极理顺文艺作品生产机制,打通了从文学创作到舞台排练、从录音录像到后期制作的运作通道,推动一批文质兼美、制作精良的艺术精品快速催生、大量涌现。完善作品审核机制。长子县委宣传部切实强化文艺作品审核,把好创作政治关、导向关,对重点文艺作品,明确须由县委宣传部审核后才能公开发布。全县各级各部门强化阵地管理,对各自组织创作的作品进行审核把关,确保不出现意识形态问题。完善"深入生活、扎根人民"机制。聚焦县委、县政府中心工作和群众生产生活实践,组织引导各文艺协会常态化开展文艺采风活动,推动广大文艺工作者从人民中汲取创作营养、吸收源头活水,积极打造群众喜爱、群众满意、能够留得下、传得开的优秀作品。完善融合发展机制。坚持文艺工作与"千年古县 神话长子"文化品牌建设、优秀历史文化传承发展、"千万工程"、新时代文明实践、全国文明城市创建等同频共振、融合发展,深入开展文艺志愿服务和文化惠民活动,努力为人民群众奉献更多文艺精品。

打造阵地,丰富活动,让文艺创作有平台。对文艺工作者来说,没有什么比平台更重要。大型文化活动,是文艺工作者施展才华的竞技场。文化阵地,是群众参与文娱活动的乐园。完善文化设施。近年来,长子县积极推进公共文化设施建设,县乡村三级文化网络基本形成。特别是在县城,建设了城东森林公园、神农公园、北高庙水上公园、府前广场、文化广场以及长子会堂大剧场、小剧场等群众活动阵地,为群众开展文艺活动和文艺创作提供了良好环境。举办文化活动。坚持以节为媒,先后举办了潞酒文化节、仙翁山梨花文化旅游节、首届中国·长子神话艺术节、长子村晚大比拼、神话文化彩灯艺术节、紫云山景区神话文化旅游推介等系列文化活动，不仅开展了非遗展、摄影展、文创展、电影展、诗词展、长子美食展销等活动，而且推出了主题晚会、技能大赛、鼓乐大赛、文体展演、历史文化传承与发展座谈等活动，真正让文化节庆活动在丹朱大地"燃"起来，"千年古县·神话长子"的品牌进一步叫响叫亮。

繁荣文艺创作。近年来，长子县涌现出大量优秀文艺作品，使长子文化大放异彩。创作推出了长子鼓书《神话长子》《崔珏断虎》《羿射九日》、歌曲《长子——我美丽的家园》《大美发鸠山》《梦回尧乡》《大丰收》《神话长子》、情景剧《精卫填海》《帝尧千秋》《紫云山传奇》、舞蹈《神农稼穑》《羿射九日》、快板《丹城名片》、戏剧《华彩丹城》等一批深受群众喜爱的文艺作品，充分发挥文艺的价值引领作用，对宣传长子、推介长子作出了积极助力。

聚焦实践，融入群众，让文艺创作有活力。生活是文艺创作的源头活水。只有直面现实、聚焦实践，创作出的文艺作品才能有感情、有温度，打动群众、教育群众。长子县广大文艺工作者打破"宅"家创作模式，走出办公室、走出家门，不畏艰苦，深入一线，深入古建古迹，深入农村乡间，实际走访，实地感受，从基层得来的情况和素材，激发了广大文艺工作者的创作灵感，成为他们文艺创作的来源。县人民剧团团长于喜明为创编

《帝尧千秋》,多次到县志办、县历史文化研究会等单位了解情况,实地追寻帝尧在长子的活动轨迹,把最真实、最感人的舞台效果呈现给了观众。县文联主席杨路与县文化馆工作人员李瑞红怀着对长子千年历史文化的敬仰,坚持神话传说与现代生活实践相结合,一个作词,一个作曲,合作创作了《神话长子》《梦回尧乡》《风雨情缘》等多部歌曲作品,赢得了群众的好评。长子神话艺术节、长子春晚筹办和举办期间,所有文艺创作人员,加班加点,昼夜奋战,生动诠释了文艺工作者的使命担当。这样的故事不胜枚举。广大文艺工作者紧跟全县工作步调,力争推出的每一部作品都能敲到鼓点上、都能深入群众的心坎里,实现了文艺创作与工作实践的互相融入、完美对接,真正达到了文艺创作来源于群众、服务于群众的创作目标。

拓展载体,广泛宣传,让文艺创作有效益。文艺宣传是党的宣传工作的一项重要内容,文艺作品是做好宣传工作的一个重要形式。只有把文艺宣传抓紧抓实,才能充分发挥文艺作品凝聚群众、服务群众的作用。拓展宣传载体。对每一部作品,特别是重点作品的推出,长子县都精心策划、精益求精,精准把握推出的时机和节奏,通过《今日长子》微信公众号、大美长子App等传统媒体和新媒体平台向社会广泛传播,实现最大的宣传效应。县融媒体中心开设"神话长子"宣传栏目,共推出16期长子神话故事专题片。县文联开办"文艺长子"微信公众号,深入宣传文艺工作者、文艺作品、文艺动态和文艺政策。举办神话文化彩灯艺术节,专门设置神话故事灯台展板,让游客在欣赏彩灯的同时,深入了解发生在长子的神话故事。拓宽宣传渠道。把文艺宣传作为理论宣讲的一项重要内容,组织"太行红"文艺宣传小分队,深入各乡镇进行文艺展演,把上党梆子《金藏传奇》、长子鼓书《神话长子》等文艺作品纳入文艺下乡范围,演给群众看、讲给群众听,让本土文艺作品走进更多人群。加强文化交流。加强与"学习强国"学习平台、山西文艺网、曲协等上级媒体平台的沟通对接,积极参加各种对外交流活动,努力让长子文艺走向更高平台。截至目前,歌曲《梦回尧乡》《神话长子》《风雨情缘》、情景剧《紫云山传奇》等 20 余部作品在"学习强国"学习平台、山西文艺网、"丰台文艺家"等媒体平台展播。2023 年,长子鼓书《小两口回娘家》参加了全国非遗曲艺周展示,长子鼓书《精卫填海》、八音会《好兴头》参加由丰台区委、区政府主办的端午文化游园活动,情景剧《精卫填海》在省文博会展演中深受好评,有力提升了长子县的美誉度和影响力。

百花齐放,凝聚合力,让文艺创作有队伍。文艺人才是开展文艺工作的主体力量。作为文化大县、非遗大县,长子县文艺形式众多、文化人才众多。据统计,全县有各类文艺人才3 000 余人,他们分布在各行各业。只有把各方面的资源凝聚起来、团结起来、调动起来,才能推动全县文艺事业繁荣发展。上下联动,全县构建起了县委领导,县委宣传部统筹协调,各乡镇各单位紧密配合的文艺人才管理格局,最大限度把文艺人才凝聚在一起,形成一方有需要、八方来支援的工作局面。左右联动,在县委宣传部的领导下,各个文艺家协会加强日常工作联络,互通信息,互相支持,互利共赢,百花齐放。比如,在神话题材作品的创作上,县委宣传部、县文联统筹指导,形成了诗词、书法、绘画、剪纸、诗词、面塑、泥塑、麦秆画、曲艺、戏曲、舞蹈、情景剧等各门类文艺作品百花齐放、百花争艳的创作效应,仅在 2024 的元宵节群众文化活动中,就征集展出神话主题书画摄影作品 500 余幅,神话主题诗词 200 余首。内外联动,在用好县域文艺资源的同时,积极争取县外资源的支持。在举办"千年古县 神话长子"书画展中,共邀请展出省市名家作品 100 余幅,既宣传了长子神话文化,也密切了与上级及兄弟县区文艺人士的联系。此外,县文联通过举办大型活动等渠道,积极发现发掘文艺人才,不断吸收优秀文艺人才加入长子县各类文艺组织中、纳入县文联人才库中,推动全县文艺人才生生不息、不断涌现。

相互学习,比学赶超,让文艺创作有氛围。古老神奇的神话故事、独特秀美的自然山川、全县各行各业百舸争流的发展态势、群众广阔的生产生活实践,为文艺工作者开展文艺创作提供了丰厚的滋养。在长子县委的坚强领导下,县委宣传部搭建平台、广发倡议、精心引导,在激发广大文艺工作者和爱好者的创作激情上狠下功夫,取得明显成效。群众创作成为自觉,广大曲艺人员自创自编长子鼓书作品,常常是丈夫拉乐器、妻子说鼓书,民间自发创作表演蔚成风气。志愿参与成为自觉,县委宣传部组织创编文艺作品时,广大文艺工作者有求必应、有呼必到,不计酬劳、甘心奉献,同心协力编排出一个个精彩的文艺作品、呈现出一场场出彩的文艺汇演。比学赶超成为自觉,广大文艺工作者和爱好者一个看一个、一个赛一个,在全县不断掀起创作高潮,形成了争先恐后、比学赶超的浓厚氛围,引起社会各界广泛关注。2024 年上半年,全县推出鼓书、歌曲、戏曲、诗词、快板、书法、剪纸、摄影等各类文艺作品多达 1 000余件,其中,长子鼓书《崔珏断虎》在中国曲协融媒体平台展播,歌曲《梦回尧乡》是我县近年来推出的第一首原创音乐作品,等等,文艺创作呈现出量质并升的良好局面。

(二) 启示与思考

通过一年多的创新探索和扎实实践,长子县的文艺事业取得积极进展和成效,文艺规划主题鲜明,文艺创作蔚然成风,文艺成果亮点纷呈,广大文艺工作者的创作积极性、主动性极大增强,在全县形成了你追我赶、追求卓越的良好创作氛围。总结一年多来的工作历程,长子县深感做好文艺工作、推进文艺繁荣发展,关键要在以下六个方面下功夫:

一是要坚持以人民为中心的创作导向。人民群众广阔的生产生活实践,是文艺创作的源头活水。只有深入了解人民群众的生产生活,感受他们的喜怒哀乐,才能创作出有深度、有温度的作品。只有扎根人民、表现人民、讴歌人民、文艺创作才有市场、才有前途。一年多来,广大文艺工作者在创作过程中,将人民的利益和需求置于首位,从人民的生活和实践中、从长子深厚的历史文化底蕴中汲取灵感,创作出一系列反映人民心声、满足人民精神文化需求的神话主题文艺作品,受到了广大群众的广泛认可,有力助推了"千年古县 神话长子"文化品牌的打造。

二是要把传承发展优秀传统文化作为重点方向。丰富厚重的历史文化资源为文艺创作提供了丰沛素材。近年来,《封神》《长安三万里》等电影作品引起了市场的关注,得到了人民群众的认可,就是因为他们把历史文化资源融入文艺创作当中。长子县是神话沃土、文物宝库、非遗大县。只有把传承发展优秀历史文化作为文艺创作的重点方向,扎实推进神话文化等历史文化资源的挖掘提炼,打通从文化挖掘到文艺创作的通道,推出了《精卫填海》《紫云山传奇》《帝尧千秋》等优秀作品,既拓展了文艺创作的表现领域,也有力凝聚了文艺工作者的智慧和力量。

三是要把创新作为第一动力。理念先进是最大的先进。长子县深感抓好文艺工作必须紧跟时代步伐,用先进的理念创新,引导实现工作机制、工作方式的创新。长子坚持"乡乡有主题、村村办文艺"的文艺工作模式,扎实开展长子神话艺术节——农村"村晚"大比拼活动,以活动集聚人才、引领创作,让农村"村晚"成为一张靓丽的文化品牌。没有创新就不会取得这些成绩,文艺事业要继续前进就必须创新,自觉做到敢闯敢试。

四是要把融合发展作为最大本领。推进文艺繁荣发展,整合资源、融合发展是关键。自我封闭搞创作是没有前途的。一年多来,我们始终坚持融合发展的理念,做到文艺创作与乡村振兴、文明创建、媒体宣传等同频共振、一体推进、协同发力,既延长了文艺工作的手臂,也拓展了文艺工作的平台载体,推动文艺事业展现出前所未有的气象。实践证明,在传统手段、传统渠道和新手段、新渠道并存的形势下,坚持融合发展是做好文艺工作的重要法宝。

五是要把统筹兼顾作为重要方法。工作中,既要突出重点,又要兼顾一般,才会收到一举多得的效果。聚焦突出重点方面,长子县以大型活动为牵引,大力实施青苗哺育、人才提升、精品创作、成果展示等工程,推出一批高质量、有特色的优秀作品;聚焦兼顾一般方面,构建起统筹各条文艺战线的"大文艺"格局,形成全县各单位、各系统齐抓共管、协调联动的工作机制,确保文艺工作有人抓、有人管、有成效。

六是要把优化服务作为第一要务。做好文艺工作,必须围绕中心、服务大局。近年来,长子县坚持服务县委、县政府中心工作与服务人民群众、服务市场社会的统一,既注重弘扬志愿服务精神,又充分照顾文艺工作者的切身利益,确保文艺活动常态化、可持续;既注重做好文艺人才培育、文艺活动扶持等工作,又着力解决文艺工作者工作、生活中面临的烦心事、闹心事,让广大文艺工作者有更多获得感、幸福感。只有在优化服务上下功夫,才能赢得人心、壮大力量,形成稳定高质的文艺创作队伍,构建良性发展的文艺创作生态。

生活无止境,创作不停步。文艺事业是党和人民的重要事业。今后,长子县将深入学习贯彻习近平文化思想,以健全完善文艺创作激励机制为引领,努力在文艺工作上探新路、谱新篇,不断培育更多文艺人才、打造更多文艺精品,以实打实的工作成效更好满足群众对精神文化生活的新期待!

撰稿人:郭强,山西省长治市长子县委书记

专题九

要像爱惜自己的生命一样保护历史文化遗产，加强文物保护利用和文化遗产保护传承，守护好中华文脉

文物和文化遗产承载着中华民族的基因和血脉，是不可再生、不可替代的中华优秀文明资源。要积极推进文物保护利用和文化遗产保护传承，挖掘文物和文化遗产的多重价值，传播更多承载中华文化、中国精神的价值符号和文化产品。

——2022 年 5 月 27 日，习近平在十九届中央政治局
第三十九次集体学习时的讲话

中国共产党人不是历史虚无主义者、文化虚无主义者，不能数典忘祖、妄自菲薄。各级领导干部都要敬畏历史、敬畏优秀传统文化，重视文物保护利用和文化遗产保护传承工作，为历史和考古工作者开展研究、学习深造、研修交流提供更多政策支持。要营造传承中华文明的浓厚社会氛围，广泛宣传中华文明探源工程等研究成果，教育

引导群众特别是青少年更好认识和认同中华文明,增强做中国人的志气、骨气、底气。

——2022 年 5 月 27 日,习近平在十九届中央政治局第三十九次集体学习时的讲话

博物馆有很多宝贵文物甚至"国宝",实证了我国百万年的人类史、一万年的文化史、五千多年的文明史。要深入实施中华文明探源工程,把中国文明历史研究引向深入。要认真贯彻落实党中央关于坚持保护第一、加强管理、挖掘价值、有效利用、让文物活起来的工作要求,全面提升文物保护利用和文化遗产保护传承水平。

——2023 年 5 月 16 日,习近平在山西考察时的讲话

一、加强文物保护利用和文化遗产
保护传承,守护好中华文脉

(一)认真学习贯彻习近平关于文物保护利用和文化
遗产保护传承的相关重要论述

文物承载着中华民族的基因和血脉,是灿烂文明、历史文化、民族精神的传承者和见证者。习近平总书记高度重视文物

保护工作,多次强调要保护好中华民族精神生生不息的根脉,传承和弘扬中华优秀传统文化。党的十八大以来,以习近平同志为核心的党中央把保护文物作为关系中华文化传承发展的大事来抓,统筹谋划、整体推进,确立了新时代文物工作方针,部署实施一批重大工程,出台一系列重大政策举措,解决了一大批历史遗留问题,取得了显著成效。在新时代的征程上,我们要深入学习贯彻习近平总书记关于文物工作的重要论述,坚持正确方向,坚守职责使命,不断推动文物事业取得新的更大成就,为建设社会主义文化强国、实现中华民族伟大复兴的中国梦作出新的更大贡献。

2020年9月28日,习近平总书记在十九届中央政治局第二十三次集体学习时强调:"历史文化遗产不仅生动述说着过去,也深刻影响着当下和未来;不仅属于我们,也属于子孙后代。保护好、传承好历史文化遗产是对历史负责、对人民负责。"一方面强调了历史文化遗产的生动性和历史性。历史文化遗产是中华民族的瑰宝,通过生动的形式记录了中华民族的历史和文化,反映了过去人们的生活和思想。不仅是我们了解自身历史和文化的重要途径,也是认识和理解当今社会的参照和依据。另一方面,强调了历史文化遗产对当下和未来深刻的影响。历史文化遗产不仅是过去的记忆,更是对未来的启示和指导。通过对历史文化遗产的研究和保护,可以更好地理解和把握未来的发展趋势和方向,为制定科学合理的政策和战略提供重要的参考和支持。因此,作为执政者和管理者,更有义务和责任保护和传承好历史文化遗产。这不仅是对历史的尊重和负责,更是对人民的负责和关爱。

2022 年 5 月 27 日,习近平总书记在十九届中央政治局第三十九次集体学习时提出:"文物和文化遗产承载着中华民族的基因和血脉,是不可再生、不可替代的中华优秀文明资源。要积极推进文物保护利用和文化遗产保护传承,挖掘文物和文化遗产的多重价值,传播更多承载中华文化、中国精神的价值符号和文化产品。"一方面,强调文物和文化遗产不仅代表着中华民族的历史和文化,更蕴含着我们的精神追求和价值观念。保护和传承文物与文化遗产,就是保护和传承我们的民族基因和血脉,就是对历史和文化的尊重与传承。另一方面,强调文物和文化遗产的价值不仅关乎历史、艺术和科学,更与我们的文化认同、精神传承以及社会经济发展紧密相连,是无法用金钱衡量的。要珍视这些宝贵的文化遗产,加强保护和传承工作,让它们在现代社会中焕发出更加绚丽的光彩。因此要挖掘文物和文化遗产的多重价值,更好地传承和弘扬中华民族的优秀传统文化,增强民族自信心和凝聚力,促进文化交流与互鉴,推动文化多样性和人类文明的繁荣发展。

2023 年 5 月 16 日,习近平总书记在山西考察时提出:"博物馆有很多宝贵文物甚至'国宝',实证了我国百万年的人类史、一万年的文化史、五千多年的文明史。要深入实施中华文明探源工程,把中国文明历史研究引向深入。要认真贯彻落实党中央关于坚持保护第一、加强管理、挖掘价值、有效利用、让文物活起来的工作要求,全面提升文物保护利用和文化遗产保护传承水平。"一方面,强调了文物的实证价值。博物馆中收藏的宝贵文物,不仅具有极高的艺术价值,更是历史的见证者。它们实证了我国百万年的人类史、一万年的文化史、五千多年的文明史,提供了了解和研究历史文化的宝贵资料。这些文物不仅是中华民族的瑰宝,也是全人类共同的文化遗产,对于推动人类文明的发展和进步具有重要意义。另一方面,提出了对待文物的正确态度和方法。要坚持保护第一的原则,确保文物得到妥善保存和有效保护。并加强管理,确保文物的安全和完整,防止文物的流失和损坏。同时,还要深入挖掘文物的价值,让更多的人了解文物的历史和文化内涵,加深对文化遗产的认识和尊重。更重要的是要有效利用文物资源,通过展览、研究、教育等方式,让文物在现代社会中发挥更大的作用,为经济社会发展提供文化支撑。因此全面提升文物保护利用和文化遗产保护传承水平不仅是对文物工作的要求,更是对全社会共同的责任。我们需要通过加强政策引导、加大投入力度、加强人才培养等措施,全面提升文物保护利用和

文化遗产保护传承水平，让文物和文化遗产在新时代焕发出
更加绚丽的光彩。

（二）深入理解文物保护利用和文化遗产保护传承的时代特征

2023 年 10 月，党中央召开全国宣传思想文化工作会议，会议正式提出习近平文化思想，在新征程上高举起我们党的文化旗帜。习近平总书记关于文化保护和文化遗产传承的重要论述，是习近平文化思想在推动中华优秀传统文化创造性转化和创新性发展方面的具体体现。因此，要从守正创新的发展特征、人民至上的人本特征、系统思维的辩证特征、自信自立的引领特征以及胸怀天下的开放特征深入分析和理解文化保护与文化遗产传承的时代特征。

第一，发展特征：守正创新。守正创新强调在坚持马克思主义基本原理的基础上，与中华优秀传统文化相结合，不断推进新时代文化建设。同时，也注重与时俱进，把握时代脉搏，不断创新文化理念和文化形式。文物保护利用和文化遗产保护传承既要坚持保护第一的原则，体现文物和文化遗传的传统价值，又要彰显其与时俱进、开拓创新的精神风貌。首先，守正守的是中华文化的根与魂，守的是中华文化的根本之道和核心价

值。中华文化源远流长，博大精深，蕴含着丰富的哲学思想、人文精神、道德规范等。坚守正道就是要坚守这些文化的根本之道和核心价值，确保文化传承的连续性和稳定性。党的十八大以来，以习近平同志为核心的党中央从留住文化根脉、守住民族之魂的战略高度出发，把历史文化遗产保护利用工作摆到更加突出的位置。习近平总书记亲自谋划指导、部署推进，鲜明提出了"把保护放在第一位""保护文物也是政绩""要像爱惜自己的生命一样保护历史文化遗产，加强文物保护利用和文化遗产保护传承"等一系列新思想新观点新论断，为文化保护和文化遗产传承发展注入强大思想动力。坚持保护第一，就是要让人们切实认识到文化遗产的保护与传承工作不能本末倒置，需要牢牢坚持把保护文物放在第一位，把"坚持保护第一"的理念融入文物保护工作日常。历史文物不是固化的过去，它可以贯通城市发展的方方面面，是一座城市长远价值所在。保护历史文物，不是把它们"收藏""封存"起来，而是要让它们更好地"活"起来，更好地融入生活、服务人民。其次，创新是指在坚守传统的基础上，推动文化保护和文化遗产传承的创造性转化和创新性发展。随着时代的变迁和社会的发展，传统文化需要与时俱进，与现代生活相融合。创新并非对传统的颠覆或否定，而是在尊重传统的基础上利用现代科技手段、创新方法等方式，对传统文化进行活化、再利用和再创造。它要求我们在保持传统文化特色的同时,注入新的时代精神和文化内涵,使之更加符合现代社会的审美需求和文化追求。通过创新,不仅可以增强传统文化的吸引力和影响力,也能使传统文化在新的时代背景下焕发出新的生机和活力,更好地满足人民群众精神文化需求的同时,也使之成为推动经济社会发展的重要力量。保护文物功在当代、利在千秋。总的来说,守正与创新在文物保护利用和文化遗产保护传承中是辩证统一的。我们要认真学习贯彻落实党中央关于坚持保护第一、加强管理、挖掘价值、有效利用、让文物活起来的工作要求,加强对传统文化的尊重和保护,通过科技手段更好地保存和修复文化遗产,守护好中华民族的根与魂,在此基础上,以创新赋能,让文物说话,让历史说话,让文化说话。做到经济发展合理适度让渡文物保护,真正把这些不可再生、不可复制的文化遗产保护好、管理好、利用好,全面提升文物保护利用和文化遗产保护传承水平。

第二,人本特征:人民至上。人民至上强调文化保护和文化遗产传承的出发点和落脚点都是人民。文化保护和传承是对物质文化遗产和非物质文化遗产的保存和传承,更是为了满足人民群众的精神文化需求,提升人民的文化素养和审美水平。在这一过程中,人民既是文化保护的受益者,也是文化传承的参与者和推动者。一切文化保护和传承工作都应以人民的需求和利益为出发点,确保人民能够共享文化发展的成果。首先,人民至上体现了文化保护和文化遗产传承的民主性和平等性。在文化传承的过程中,每个人都有权利参与和享受文化遗产,无论其社会地位、经济状况或文化背景如何。这种平等性不仅体现在文化资源的共享上,也体现在文化话语权的平等上。人民至上的理念要求我们在文化保护和传承中尊重每个人的文化权利,保障他们平等参与文化活动的机会。其次,人民至上体现了文化保护和文化遗产传承的群众性和社会性。文化保护和传承不是少数人的专利,而是需要广大人民群众的积极参与和共同努力。人民群众是文化创造的主体,他们的智慧和创造力是文化发展的重要源泉。因此,在文化保护和传承中,我们需要充分发挥人民群众的积极性和创造性,鼓励他们参与文化活动,共同推动文化的发展和繁荣。最后,人民至上也体现了对文化多样性和文化自信的尊重。在全球化背景下,各种文化相互交融、碰撞,形成了丰富多彩的文化景观。人民至上的理念要求在文化保护和传承中尊重各种文化的独特性和多样性,促进不同文化之间的交流和互鉴。同时,也要坚定文化自信,相信自己民族文化的价值和魅力,积极推动中华优秀传统文化的传承和创新。

第三,辩证特征:系统思维。系统思维强调用系统的观点和方法来看待和处理文化建设中的各种问题,注重文化传承与文化创新的有机统一,以及文化事业与文化产业的协调发展。首先,系统思维注重文化保护和文化遗产传承的整体性。文化遗产并非孤立存在,而是与人类社会、自然环境等形成相互关联的整体。在保护和传承过程中,需要将其置于更大的系统中进行考虑,以整体效益和整体结果为导向。这意味着不仅要关注文化遗产本身的保存状况,还要关注其与周围环境的关系,以及其在社会、经济、文化等多方面的价值。其次,系统思维强调文化遗产保护和传承的结构性。文化遗产是一个多层次、多维度的复杂系统,包括物质文化遗产、非物质文化遗产等相互依存、相互作用的多个方面,共同构成了文化遗产的整体结构。再次,系统思维还关注文化遗产保护和传承的动态性。文化遗产是一个不断发展变化的过程,受到历史、社会、经济等多种因素的影响。我们需要用动态的眼光看待文化遗产,根据时代的变化和社会的发展不断调整和完善保护与传承策略。同时,也要关注文化遗产自身的演变规律,促进其与时俱进、焕发新的生机和活力。最后,系统思维强调文化遗产保护和传承的综合性。在文物保护和传承过程中,需要综合运用多种方法和手段,包括法律法规、政策措施、科技手段、社会参与等,共同推动文化遗产保护和传承工作的深入开展。

第四,引领特征:自信自立。自信自立强调坚信中华文化的独特魅力和价值,坚定文化自信和文化自觉,推动中华文化走向世界舞台的中央。同时,也鼓励人们在学习借鉴外来文明的同时,保持对自身文化的自信和自尊。这不仅是对自身文化价值的肯定,更是对文化传承和创新能力的自信。首先,自信自立意味着对自身文化价值的深刻认识和坚定信念。中华文化源远流长,博大精深,蕴含着丰富的哲学思想、人文精神、道德规范等。这些文化元素构成了中华民族的精神标识和文化基因,是文化自信的重要来源。在文化保护和文化遗产传承中,自信自立体现了对自身文化价值的充分认可和自信,相信中国文化具有独特的魅力和价值,能够在世界文化舞台上展现出独特的风采。其次,自信自立体现在对文化传承和创新能力的自信上。文化自信不是故步自封、自我陶醉,而是要在传承中创新,在创新中发展。我国有着丰富的文化遗产和深厚的文化底蕴,这为文化创新提供了坚实的基础。同时,通过深入挖掘传统文化的内涵和价值,结合现代社会的需求和审美趋势,可以创造出具有时代特色、民族特色的新文化成果,推动中华文化不断向前发展。

第五,开放特征:胸怀天下。胸怀天下强调深化人文交流互鉴,促进民心相知相通,推动构建人类命运共同体,展现了一种超越地域、民族和时代的宏大视野及开放精神。这种开放特征体现了中国作为一个负责任大国的担当和作为,以及对人类文明进步事业的积极贡献。首先,胸怀天下的开放特征体现在对全人类文明的尊重和包容上。文化保护和文化遗产传承不仅仅是某一地区或某一民族的事务,还是全人类共同的责任和使命。在全球化日益深入的今天,各种文化相互交融、相互影响,形成了丰富多彩的世界文化景观。胸怀天下的理念要求在文化保护和传承中,尊重并欣赏不同文化的独特价值和魅力,推动各种文化之间的平等对话和交流互鉴。不仅有助于增进不同文化之间的理解和友谊,也有助于推动人类文明的共同进步和发展。其次,胸怀天下的开放特征体现在对自身文化发展的自信和担当上。中华文化源远流长、博大精深,具有独特的魅力和价值。在文化保护和文化遗产传承中,我们不仅要深入挖掘和传承中华文化的精髓和特色,也要积极吸收和借鉴其他文化的优秀元素和成果,推动中华文化的创新和发展,推动中华文化走向世界,为构建人类命运共同体贡献中国智慧和中国方案。最后,胸怀天下的开放特征还体现在对文化多样性和可持续发展的重视上。文化多样性是人类社会的重要特征,也是推动文化创新和发展的重要动力。在文化保护和文化遗产传承中,需要尊重并保护各种文化的多样性和独特性,推动不同文化之间的和谐共生和共同发展。同时,也需要关注文化遗产的可持续发展问题,通过合理利用和管理文化遗产资源,推动地方经济的发展和社会进步。

二、湖北省襄阳市襄州区：让文物 "活"起来，架设链接公众与 文化遗产桥梁

习近平总书记指出，"文物和文化遗产承载着中华民族的基因和血脉，是不可再生、不可替代的中华优秀文明资源""要把凝结着中华民族传统文化的文物保护好、管理好，同时加强研究和利用"。近年来，为配合凤凰咀遗址保护利用与遗址公园建设，襄州区在武汉大学考古系、湖北省文物考古研究所和襄阳市博物馆等单位的指导帮助下，科学有序对遗址进行考古发掘，初步探明该城址总面积约 50 万平方米，距今 5 200 年至 3 900 年，主体年代属于屈家岭文化、石家河文化和煤山文化。目前，凤凰咀遗址已被列为第八批全国重点文物保护单位，考古发掘项目入选国家发展改革委"专精特新"支持目录，并被湖北省政府批准为第三批湖北省文化遗址公园。襄州区学思践悟习近平文化思想，肩负起新时代的文化使命，坚持保护第一、加强管理、挖掘价值、有效利用、让文物活起来的工作要求，积极探索符合本地的文物保护利用之路，切实为铸就社会主义文化新辉煌作出襄州贡献。

（一）主要做法

凤凰咀遗址位于襄阳市襄州区龙王镇前王、闫营两村,是一处重要的新石器时代城址。中心地理坐标为东经 111°59′20.39″,北纬 32°14′42.67″,海拔 94 米。凤凰咀城平面呈方形,四周有城墙,城外护城河环绕。城址内,清理出房址、灶坑、灰坑、灰沟、窑址、烧土堆、瓮棺、土坑墓、土围等大量遗迹。发现房址 10 余座,有总面积达 1 000 平方米的"豪华"院落,有刷白灰面墙块的 3 组房,还有大量陶器、石器,较多玉器、绿松石等遗物以及动植物遗存出土。其中,黑如漆、薄如纸的蛋壳黑陶杯,来自山东龙山文化,说明在数千年前,襄阳与山东,甚至黄河流域就有着广泛、高层次的交流,"南船北马""七省通衢"的格局在史前时代就有了雏形。目前,该遗址被列入湖北省荆楚大遗址保护传承工程,获 2021 年湖北六大考古新发现等荣誉,并属于国家文物局"考古中国"重要研究项目。我区深入学习贯彻习近平总书记关于加强历史文化遗产保护重要论述,全面提升文物保护利用和文化遗产保护传承水平,努力让文物"潮"起来、"活"起来、"动"起来,提供更加优质高效的公共服务,增强人民群众文化获得感、幸福感。

1. 保护凤凰咀遗址：掀起沉睡千年的历史文物"面纱"

文物不言，自有春秋。为了让沉睡千年的历史文物凤凰咀遗址"活"起来，走入大众视野，让文化遗产真正属于公众、惠及于民。在国家文物局、湖北省文旅厅的指导和支持下，武汉大学从 2020 年 9 月开始联合湖北省、襄阳市、襄州区文物部门对凤凰咀遗址开展全面的考古发掘工作。目前，累计发掘面积 1 300 平方米，已发掘出土文物 1 000 余件（套），发现并确认是鄂西北豫西南迄今发现的面积最大、等级最高的中心聚落遗址。

（1）述说"城"经辉煌。城是文明的重要象征，长江中游是中国最早出现城的地区，也是目前发现最多史前城址的地区，是探索中华文明起源的重要地区。屈家岭文化不仅整合了长江中游地区不同早期文化系统，还大规模进入中原及周边地区，促进了史前中国南、北文化、人群的交流与融合，是长江中游地区史前文明的巅峰。始建于屈家岭文化时期的凤凰咀城处于南、北文化系统交界处，以其完整的城垣、城壕系统、完善的水系网络、大型院落基址群等实证了早期文明形态，实证了屈家岭文化北上进入中原的情景，也是中原煤山文化南扩进入江汉平原并改变南方史前文化格局的重要节点。它扼守在南北交通的关口之上，是重要的军事据点，也是该地区的区域中心。

（2）确认"城"绩突出。目前出土的遗存呈现出南、北文化交融的特征，随着挖掘工作的深入推进，凤凰咀遗址在论证屈家岭古文明的内涵和性质，实证中华五千年文明方面，具有无可替代的地位。通过对遗址中出土的动、植物遗存分析后发现，凤凰咀先民们大量种植水稻，也有少量粟和黍，同时还流行饲养家猪。随着生产工具的改进和农耕技术的提高，粮食有了剩余，人们用粮食酿造美酒，饮酒之风开始盛行。经残留物成分分析，凤凰咀出土的大量红陶和黑陶中检测出了酒类遗存。可以说，襄阳 5 000 多年前就有了很发达的农业生产和较高的生活水平。此外，凤凰咀斜腹杯和纺轮原本都是简单的生活生产工具，通过红黑彩绘、戳次点纹、螺旋堆纹的精心装点，摇身变为珍贵的艺术品，反映了古人独特的艺术审美和复杂而神秘的精神世界。凤凰咀遗址不仅将襄阳的城址发展史向前推进了 2 000 多年，也是中华文明进程研究的关键视角，更是服务中华文明探源和"考古中国"重大研究项目不可或缺的重要支撑。

（3）定能"城"风破浪。凤凰咀遗址是一处较为典型的屈家岭文化城址和聚落遗址，是南襄盆地继淅川龙山岗城址后发现的又一座史前城址，修建于屈家岭文化北疆，既是屈家岭文化北进的重要军事重镇，也是屈家岭文化向北扩张的重要控制节点。凤凰咀遗址将成为长江中游地区史前文化展示的重要组成部分，将凤凰咀遗址建设成为鄂西北地区独具历史文化和地域特征的考古遗址公园,将形成凤凰咀"南土北疆"为主题的独特品牌。

(4)守好"城"的底色。我区以湖北省文化遗址公园建设为契机,以资金撬动管理,做足保护文章,先后投资2 300多万建成并布展凤凰咀遗址考古工作站(陈列馆),投资410万元用于凤凰咀遗址安防工程项目建设。按照"多规合一"的要求,精心编制《凤凰咀考古遗址公园总体规划》。同时以湖北省发改委十四五文化传承发展"专精特新"项目为抓手,积极做好遗址本体保护与展示项目方案编制工作,完善安防项目体系建设,积极申报国家级遗址公园立项工作,筹备申报3A级旅游景区。同时加大研究力度,先后完成了《湖北襄阳市凤凰咀史前城址勘探与解剖》《湖北襄阳市凤凰咀史前城址南区发掘简报》《湖北襄阳市凤凰咀遗址石家河文化灰坑H13的清理与研究》《一个灰坑的多学科研究探索——以凤凰咀遗址H17为例》《红与黑:凤凰咀古城的陶器手工业生产初探》《凤凰咀遗址2020年发掘出土植物遗存研究》等一系列针对性考古研究成果,奠定了遗址的历史、经济、生态等文化地位。我区还充分发挥遗址公园项目的导向、牵引、辐射作用,拓展项目内涵与外延,带动周边经济发展,文旅项目先后落户项目所在的闫营村,返聘村民从事旅游服务、后勤等工作,解决了村民的就业和稳定收入问题。

2. 挖掘凤凰咀遗址：引领文化研究走向深入

"传统对于今天的意义，就在于怎样把它挖掘好、整理好、消化好、吸收好，进而再创造。"我区在学习贯彻落实习近平文化思想时，将严格按照保护第一、传承优先的理念，正确处理好保护与利用、保护与发展、保护与开发的重大关系，科学合理保护利用，让人们在日常生活中看到凤凰咀遗址、传播凤凰咀遗址，让凤凰咀遗址焕发新的光彩。

（1）建好文化传承的新基因宝库。中华优秀传统文化是中华民族的精神命脉，也是我们在世界文化激荡中站稳脚跟的坚实根基。荆楚文化是悠久的中华文明的重要组成部分，在中华文明发展史上地位举足轻重。凤凰咀遗址是珍贵的历史文化遗产，作为大型土遗址，又与生产生活区毗邻，保护难度大、压力大。而建好凤凰咀遗址公园，将有效加强凤凰咀遗址文物本体和周边环境的保护，服务周边地区文物标本的有效保护和科学研究，打造保护和传承中华文明的重要基因库。同时可以使人民群众进一步认识中华文明的悠久历史、感知中华文化的博大精深，有效地推动中华优秀传统文化创造性转化、创新性发展，更加有力地推进中国特色社会主义文化建设，建设社会主义文化强国。

（2）探索大遗址保护利用新模式。武汉大学将凤凰咀遗址作为最重要、投入最大的田野考古教学科研基地,组织大批师生参与,在湖北省创新深化"校地合作"考古工作模式,并前瞻性探索建设了"省市区"三级联动考古发掘和文物保护利用示范平台。建成科研、教学、展陈于一体的高标准考古工作站,形成了湖北独有、全国少见的"凤凰咀模式",为全国大遗址保护利用提供了新思路。同时积极发挥区镇的主体作用,以考古为支点,围绕大遗址保护和利用,有效协同相关部门、发掘研究单位、当地民众及各方力量共建、共治、共享,打通了大遗址保护"最后一公里"。尤其是武汉大学长江文明考古研究院的全力投入,将凝练田野考古、科技考古和文化遗产保护等重点学科发展方向,为襄阳标准化文物标本库房项目建设提供全程全方位的技术支持,提高遗址保护管理的科学化、系统化水平,为凤凰咀遗址在国内外文物保护科技领域领先地位的确立打下坚实的基础。

（3）打造传承弘扬城市文脉新窗口。凤凰咀遗址地处长江、黄河流域两大史前文化系统交汇要冲。在汉江区域历史中具有中心地位,在中国城市发展史上具有重要地位。凤凰咀遗址文物保护与考古发掘项目既是贯彻落实文化强国战略,重塑乡村新形象,优化汉水流域特色文化空间版图的重要标志,也是深入实施长江经济带发展战略,弘扬传承长江文化的重要窗口。作为国家历史文化名城,襄阳在古时被誉为"天下之中",

素有"南船北马,四省通衢"之称,目前是湖北省域副中心城市,凤凰咀遗址距离襄阳市中心仅半小时车程。从全国、全省和襄阳市的角度看,凤凰咀遗址相较于长江中游其他同类遗址都具有更突出的区位优势。它将同辖区内鹿门寺国家森林公园、襄樊码头遗址、襄阳"古隆中"、米公祠等众多的文化资源形成山水相连、人缘相亲、文化一脉的人文区域优势,规模优势显著。凤凰咀遗址文物保护与考古发掘项目的实施,将挖掘凤凰咀遗址的文化价值、文物价值、旅游价值及社会价值,将从单体保护,走向广域历史环境保育;从盆景式保护,走向活态复苏;从单纯修复一件文物,到鼓励多维导入功能业态、提振城市环境品质,渐进打造有生命、可持续的活态博物馆,见人见物见生活。项目建成后,将成为鄂西北传统文化教育、未成年人思想道德教育的重要活动场,成为鄂西生态文化旅游圈上的一颗明珠,展示"襄阳市古文化展示窗口",推介"襄阳城市之根"名片,它对全面宣传襄阳的人文地理、经济建设、民俗风情,把襄阳介绍给世界,让襄阳走向世界会发挥不可估量的作用。

3. 讲好凤凰咀遗址:文旅融合让遗址"活"起来

凤凰咀遗址保护和开发总体思路日益明晰,呈现出良好发展态势。我们将积极推动凤凰咀遗址焕发新生,打造成为文旅融合的样板工程、乡村振兴的示范项目,让更多的人了解和欣赏到文化遗产的历史魅力同时,也为当地经济发展注入新的活力。

(1)建好凤凰咀遗址公园。这将填补襄阳地区没有遗址公园的空白,是全力推进美好环境与幸福生活共同缔造,打造乡村振兴样板和人民幸福生活示范的典型代表。挖掘和转化"凤凰咀遗址"的价值内涵,通过对遗址所包含的历史、文化、艺术、建筑等知识的展示和利用,对于改善当地人居环境,增强地方群众文化自信,具有较强的社会效益。同时,将遗址利用与乡村振兴结合起来,逐步形成集遗址展示、考古科研、研学教育、文化传承、旅游探奇、休闲度假等功能为一体的凤凰咀新区,打造成为襄阳市境内的重要旅游节点,将有力促进推动当地经济社会发展,进一步改善民生,让闫营村在全市率先走出一条"党建+遗址保护+产业发展"可持续新路子,先后被授予湖北省美丽乡村试点单位、中国美丽休闲乡村等称号,有力拉动襄州的旅游经济和相关产业的发展。

(2)丰富历史文化名城的内涵。襄阳作为一座历史悠久、底蕴深厚的文化之城,有着2800多年建城史,是全国历史文化名城,荆楚文化发祥地、三国文化之乡和汉水文化核心区,是万里茶道上重要的商贸名城。凤凰咀遗址作为新石器时代晚期文明聚落遗址,将襄阳的城址发展史向前推进了2000多年。建成凤凰咀遗址公园,将成为"襄阳市古文化展示窗口""襄阳城市之根""生态文化旅游目的地"以及"青少年教育基地",促进公众对人类物质文化遗产所有形式和多样性的理解作用,有效推进城镇群内部城市职能提升,带动区域腹地空间成长。

(二)启示与思考

我们学习贯彻落实习近平文化思想,扛牢凤凰咀遗址保护的主体责任,推动凤凰咀遗址文旅融合,在文物保护利用和文化遗产保护传承方面积累了一些经验和做法。

1. 将文化遗产的保护放在首位。文化遗产的保护是第一位的。历经千年得以出土的凤凰咀遗址是脆弱的,必须高度重视,大力保护,否则一旦损毁将不复存在。近年来,襄州区委、区政府以及文物部门始终秉持"要像爱惜自己的生命一样保护好历史文化遗产"的理念,把凤凰咀遗址的文物保护工作放在第一位,按照《凤凰咀遗址保护规划意见》等文件精神,构建党委领导、政府主导、部门协作、社会参与的文化遗产保护大格局,始终坚持遵循保护为主、抢救第一、合理利用、加强管理的文物工作方针,确保凤凰咀遗址及其历史风貌和自然环境的真实性、完整性。

2. 加强对凤凰咀遗址历史价值和文化价值的挖掘。武汉大学考古系、襄阳市博物馆、襄州区文旅局努力整合资源,深化考古发掘整理,加强凤凰咀遗址价值研究阐释和传播利用,探索文化基因解码,加强文物蕴意阐释,拓展了长江中游史前城址兴起动因与功能的研究视角,为完善长江流域新石器时代考古学文化谱系结构提供了重要支撑,对研究史前社会结构与社会组织形式有较高价值。也将助推遗址研究的国际化研究合作,助力文明起源、早期人地关系等国际前沿科学问题的研究探索。

3. 注重保护利用和传承相结合。文化遗产保护利用是个系统工程,既不能重保护轻利用,也不能就利用谈利用。对于特殊的文化遗产,要活化利用,需要顶层设计、做好规划,坚持在保护中发展、在发展中保护,统筹保护与利用、研究与阐释同步推进。这几年,凤凰咀遗址不断探索文化遗产科学保护与旅游开发利用的新模式,知名度、美誉度日益提升。新华社、《人民日报》、光明网、中央电视台等多家媒体对凤凰咀遗址进行了报道,在国际期刊 Heritage Science 等发表的学术论文极具影响力,2022 年 3 月中央电视台科教频道《探索与发现》栏目播出的《襄阳凤凰咀古城发掘纪实》,进一步扩大了民众对凤凰咀遗址的知晓率。下一步,如何利用数字技术立体化、精确化展示凤凰咀遗址古城,如何开发出独具特色的文创产品,让文物"活"起来,让遗址火起来,更好讲好凤凰咀遗址背后的历史故事,值得继续探索研究。

4. 深化文旅融合，打造乡村振兴样板。文物的保护利用和文化遗产的保护传承既不能闭门造车、各说各话，也不能自筑篱笆、封闭运行，要结合乡村振兴进一步加强长江中游地区史前文化发展的国内交流，推动研究走向新的制高点。目前襄州区充分发挥著名文化遗产对文旅产业发展的独特作用，深入推进凤凰咀遗址公园的资源整合、文旅融合和品质提升，真正把凤凰咀遗址公园打造成集文物保护利用和文化遗产传承、度假休闲、研学体验于一体的文化旅游度假区。

5. 打造协同化的文化遗产创新力。立足凤凰咀文化遗产的价值内涵，结合未来时代所需，融合科技、人才、资本等要素，充分发挥政府、市场、高校、科研院所等各方力量，实现文化遗产保护利用理念、人才培养、技术手段等方面的创新。可以依托武汉大学、湖北省文物考古研究等创新驱动平台，就文化遗产关键保护技术及其公园建设进行创新，成立凤凰咀遗址公园保护技术创新基地；通过创新积极推动"遗产+文化"提质化发展、"遗产+场馆"数字化发展、"遗产+演艺"常态化发展、"遗产+文创"内涵化发展、"遗产+数字"智能化发展。

撰稿人：欧阳斌，中共襄阳市襄州区委常委、宣传部部长、龙王镇党委书记；薛文军，湖北省襄阳市襄州区区委宣传部办公室主任

专题十

中国式现代化是物质文明和精神文明相协调的现代化，能促进全体人民精神生活共同富裕，促进人的全面发展

要大力弘扬时代新风，加强思想道德建设，深入实施公民道德建设工程，加强和改进思想政治工作，推进新时代文明实践中心建设，不断提升人民思想觉悟、道德水准、文明素养和全社会文明程度。要弘扬新风正气，推进移风易俗，培育文明乡风、良好家风、淳朴民风，焕发乡村文明新气象。

——2018 年 8 月 21 日，习近平在全国宣传思想工作会议上的讲话

中国式现代化是物质文明和精神文明相协调的现代化。物质富足、精神富有是社会主义现代化的根本要求。物质贫困不是社会主义，精神贫乏也不是社会主义。我们不断厚植现代化的物质基础，不断夯实人民幸福生活的物质条件，同时大力发展社会主义先进文化，加强理想信念教育，传承中华文明，促进物的全面丰富和人的全面发展。

提高全社会文明程度。实施公民道德建设工程,弘扬中华传统美德,加强家庭家教家风建设,加强和改进未成年人思想道德建设,推动明大德、守公德、严私德,提高人民道德水准和文明素养。统筹推动文明培育、文明实践、文明创建,推进城乡精神文明建设融合发展,在全社会弘扬劳动精神、奋斗精神、奉献精神、创造精神、勤俭节约精神,培育时代新风新貌。加强国家科普能力建设,深化全民阅读活动。完善志愿服务制度和工作体系。弘扬诚信文化,健全诚信建设长效机制。发挥党和国家功勋荣誉表彰的精神引领、典型示范作用,推动全社会见贤思齐、崇尚英雄、争做先锋。

——2022 年 10 月 16 日,习近平在中国共产党第二十次全国代表大会上的讲话

一、从五个维度全面理解把握中国式现代化是物质文明和精神文明相协调的现代化

习近平总书记在党的二十大报告中将精神文明建设纳入文化建设领域,并且深刻阐述了中国式现代化五个方面的显著特征,其中一个重要特征就是中国式现代化是物质文明和精神

文明相协调的现代化。这一创新理论的核心是现代化,要义是中国式,实践要求是相协调。要深刻理解其中蕴含道理学理哲理,必须弄清楚物质文明和精神文明相协调的中国式现代化的时代逻辑、理论逻辑、历史逻辑、现实逻辑和实践要求。

(一)深刻领会中国式现代化是物质文明和精神文明相协调的现代化的时代逻辑源自党的创新理论

习近平总书记指出:"新时代中国特色社会主义思想是一个完整体系,由若干组成部分共同构成,如经济思想、法治思想、生态文明思想、强军思想、外交思想,要进一步丰富和发展。随着实践进程的深化,党的理论创新成果会越来越丰富。"中国共产党自成立以来,始终把为中国人民谋幸福、为中华民族谋复兴作为自己的初心使命,历经百年奋斗,创造了"四个伟大成就",中华民族迎来了从站起来、富起来到强起来的伟大飞跃,取得重大理论创新成果,形成了毛泽东思想、邓小平理论、"三个代表"重要思想、科学发展观、习近平新时代中国特色社会主义思想。特别是党的十八大以来,中国特色社会主义进入了新时代,以习近平同志为核心的党中央,以全新的视野深化对共产党执政规律、社会主义建设规律、人类社会发展规律的认识,进行艰辛理论探索,创立了习近平新时代中国特色社会主义思想。这一重要思想的核心内容包括"十个明确""十四个坚持""十三个方面"主要成就,形成了习近平经济思想、习近平法治思想、习近平生态文明思想、习近平强军思想、习近平外交思想等。2023 年在全国宣传思想文化工作会议上又首次提出了习近平文化思想,包含了 12 个方面重大创新观点和 16 个方面战略部署,涵盖了理论武装、舆论宣传、思想道德建设、精神文明建设、文化繁荣发展、网络建设管理、文明交流互鉴等方方面面,构成了习近平新时代中国特色社会主义思想的文化篇,使习近平新时代中国特色社会主义思想得到进一步完善,标志着我们党对中国特色社会主义文化建设规律的认识达到了新高度,标志着我们党对中国式现代化是物质文明和精神文明相协调的现代化的理论阐释达到新高度,标志着精神文明建设在习近平文化思想中的地位作用达到了新高度,在精神文明建设发展史上具有里程碑意义。

(二) 深刻领会中国式现代化是物质文明和精神文明 相协调的现代化的理论逻辑源自唯物辩证法

物质基础决定上层建筑,上层建筑又反作用于经济基础。马克思主义认为物质文明和精神文明是辩证统一的。马克思在《〈政治经济学批判〉序言》中指出:"物质生活的生产方式制约着整个社会生活、政治生活和精神生活的过程。"这是对物质文明的基础性作用的最好概括,鲜明指出了物质文明对精神文明起着制约决定作用,为精神文明提供必要的物质前提和条件。恩格斯在1890年致康·施米特的信中指出:"物质生存方式虽然是始因,但是这并不排斥思想领域也反过来对这些物质生存方式起作用。"这鲜明指出了精神文明对物质文明的反作用,能够为物质文明提供重要支撑。马克思主义认为,物质文明和精神文明紧密联系、互相影响、互为条件,统一于人的具体实践活动。列宁在全俄党的农村工作第一次会议上的讲话中强调:"没有丰富的知识、技术和文化就不能建成共产主义。"这鲜明指出了精神文明的极端重要性。从社会主义初级阶段到更高阶段再到迈向共产主义,内在包含着物质文明和精神文明的辩证统一,既要有物质财富极大丰富的硬实力,也要有精神财富极大丰富的软实力。那种离开精神文明进步的单一物质文明发展,不是真正的社会主义现代化,也不符合社会全面进步的要求。

(三)深刻领会中国式现代化是物质文明和精神文明相协调发展的现代化的历史逻辑源自中华民族发展史

中华民族五千多年发展史充分说明了当物质富足和精神

富有相协调时,一般都是一个王朝的鼎盛时期,相反,当两者不相协调时必然出现衰败乃至更替,更甚者受到外敌的侵略。我们党始终高度重视物质文明和精神文明协调发展,在立足社会主义初级阶段基本国情的基础上实现二者协调发展,是中国共产党推进社会主义现代化建设的重要经验。毛泽东同志在新中国成立之初提出:"中央人民政府将领导全国人民克服一切困难,进行大规模的经济建设和文化建设,扫除旧中国所留下来的贫困和愚昧,逐步地改善人民的物质生活和提高人民的文化生活。"改革开放以后,我们党创造性地确定了物质文明和精神文明"两手抓、两手都要硬"的战略方针。邓小平同志曾指出:"我们要在建设高度物质文明的同时,提高全民族的科学文化水平,发展高尚的丰富多彩的文化生活,建设高度的社会主义精神文明。"特别是党的十八大以来,以习近平同志为核心的党中央高度重视精神文明建设,党的十九届五中全会提出了"十四五"时期经济社会发展主要目标,其中社会文明程度得到新提高是重要内容,强调实现"社会主义核心价值观深入人心,人民思想道德素质、科学文化素质和身心健康素质明显提高,公共文化服务体系和文化产业体系更加健全,人民精神文化生活日益丰富,中华文化影响力进一步提升,中华民族凝聚力进一步增强"。这充分表明,物质文明与精神文明相协调发展是我们党领导中国式现代化建设始终不变的追求,推动物质文明和精神文明相协调发展是实现中华民族伟大复兴中国梦的重要支柱。

（四）深刻领会中国式现代化是物质文明和精神文明相协调的现代化的现实逻辑源自新发展阶段

从党的十八大到党的二十大之间的十年，我国国内生产总值从 54 万亿元增长到 114 万亿元，经济总量占世界经济的比重达 18.5%，提高 7.2 个百分点，稳居世界第二位；人均国内生产总值从 39 800 元增加到 81 000 元。谷物总产量稳居世界首位，14 亿多人的粮食安全、能源安全得到有效保障。城镇化率提高 11.6 个百分点，达到 64.7%。制造业规模、外汇储备稳居世界第一。建成世界最大的高速铁路网、高速公路网，机场港口、水利、能源、信息等基础设施建设取得重大成就。我国加快推进科技自立自强，全社会研发经费支出从 1 万亿元增加到 3 万亿元，居世界第二位，研发人员总量居世界首位。基础研究和原始创新不断加强，一些关键核心技术实现突破，战略性新兴产业发展壮大，载人航天、探月探火、深海深地探测、超级计算机、卫星导航、量子信息、核电技术、新能源技术、大飞机制造、生物医药等取得重大成果，进入创新型国家行列。在前进道路上，只有物质文明建设和精神文明建设都搞好，国家物质力量和精神力量都增强,全国各族人民物质生活和精神生活都共同富裕了,中国特色社会主义伟大事业才能顺利向前推进。在新发展阶段推动物质文明和精神文明相协调发展,要充分认识二者协调发展的重要性和紧迫性,准确把握精神文明建设的基本要求,求真务实、真抓实干,贯彻落实社会主义精神文明建设的一系列重要方针原则,以更大的决心、下更大的力气,推动二者相互促进、协调发展。要提高思想认识,既要看到物质文明高度发展是精神文明发展的基础,能够为精神文明建设提供物质条件和实践经验,也要看到更高水平精神文明建设为物质文明建设提供精神动力和思想指引,还要看到二者互为因果、相得益彰的辩证关系。重在建设、以人为本,是精神文明建设的重要方针,也指明了推动物质文明和精神文明相协调发展的实践要求。坚持以推动高质量发展为主题,努力实现更高质量、更有效率、更加公平、更可持续、更为安全的发展,这尤其需要切实抓好精神文明建设的各项任务,坚持马克思主义在意识形态领域的指导地位,坚持以社会主义核心价值观引领文化建设,坚定文化自信,将精神文明建设推向更高水平。正如习近平总书记指出:"当高楼大厦在我国大地上遍地林立时,中华民族精神的大厦也应该巍然耸立。"展望未来,到2035年,我国经济实力、科技实力、综合国力将大幅跃升,人均国内生产总值将迈上新的大台阶,达到中等发达国家水平;实现高水平科技自立自强,进入创新型国家前列;建成现代化经济体系,形成新发展格局,基本实现新型工业化、信息化、城镇化、农业现代化;基本实现国家治理体系和治理能力现代化,全过程人民民主制度更加健全,基本建成法治国家、法治政府、法治社会;建成教育强国、科技强国、人才强国、文化强国、体育强国、健康中国,国家文化软实力显著增强;人民生活更加幸福美好,居民人均可支配收入再上新台阶,中等收入群体比重明显提高,基本公共服务实现均等化,农村基本具备现代生活条件,社会保持长期稳定,人的全面发展、全体人民共同富裕取得更为明显的实质性进展;广泛形成绿色生产生活方式,碳排放达峰后稳中有降,生态环境根本好转,美丽中国目标基本实现;国家安全体系和能力全面加强,基本实现国防和军队现代化。这个中国式现代化的目标本身,就包含着物质文明和精神文明相协调发展的价值要求和实践路径,需要我们一代一代共产党人接续奋斗、勇毅前行。

(五) 深刻领会中国式现代化是物质文明和精神文明相协调的现代化的实践要求源自文化自信自强

全面建设社会主义现代化强国,必须坚持中国特色社会主义文化发展道路,增强文化自信,围绕举旗帜、聚民心、育新人、兴文化、展形象建设社会主义文化强国，发展面向现代化、面向世界、面向未来的，民族的科学的大众的社会主义文化，激发全民族文化创新创造活力，增强实现中华民族伟大复兴的精神力量。实现中国式现代化的奋斗目标，既要不断地丰富物质财富，也要不断地丰富精神财富，更要物质文明和精神文明相协调发展，为实现中华民族伟大复兴提供坚强的思想保证、强大的精神力量、丰润的道德滋养。

一是深入宣传贯彻落实习近平文化思想。习近平文化思想的理论逻辑与马克思主义文化理论一脉相承，是马克思主义文艺观中国化时代化的最新理论成果，闪耀着马克思主义中国化的时代光辉。习近平总书记强调："宣传思想文化工作事关党的前途命运，事关国家长治久安，事关民族凝聚力和向心力，是一项极端重要的工作。"深入学习习近平文化思想，需要悟透其中蕴含的理论、历史、实践"三重逻辑"，进而实现明体达用、体用贯通。

二是促进"物的全面丰富"。建设社会主义现代化强国，需要大力发展物质文明，归根到底要靠不断解放和发展生产力，创造出比资本主义现代化更高的物质财富。以经济建设为中心，要大力发展新质生产力，促进物的全面丰富，是推进中国特色社会主义伟大事业不断取得成功的必然要求。我们必须不断厚植现代化的物质基础，为实现民主更加健全、科教更加进步、文化更加繁荣、社会更加和谐、生态更加美好提供有力支撑。要牢牢抓住高质量发展这一全面建设社会主义现代化国家的首要任务，完整、准确、全面贯彻新发展理念，坚持社会主义市场经济改革方向，坚持高水平对外开放，坚持把发展经济的着力点放在实体经济上，推进新型工业化，全面推进乡村振兴，深入实施区域协调发展战略、区域重大战略、主体功能区战略、新型城镇化战略，坚持教育优先发展、科技自立自强、人才引领驱动，开辟发展新领域新赛道，不断塑造发展新动能新优势，加快建设现代化经济体系，加快构建新发展格局。

三是广泛践行社会主义核心价值观。社会主义核心价值观是凝聚人心、汇聚民力的强大力量。要弘扬以伟大建党精神为源头的中国共产党人精神谱系，用好红色资源，深入开展社会主义核心价值观宣传教育，深化爱国主义、集体主义、社会主义教育，着力培养担当民族复兴大任的时代新人。推动理想信念教育常态化制度化，持续抓好党史、新中国史、改革开放史、社会主义发展史、中华民族发展史宣传教育，引导人民知史爱党、知史爱国，不断坚定中国特色社会主义共同理想。用社会主义核心价值观铸魂育人，完善思想政治工作体系，推进大中小学思想政治教育一体化建设。坚持依法治国和以德治国相结合，把社会主义核心价值观融入法治建设、融入社会发展、融入日常生活，进一步引导人们始终坚定文化自信自强，增强中国人的志气、骨气、底气，努力建设物质文明和精神文明相协调的中国式现代化。

四是弘扬中华优秀传统文化。优秀传统文化是一个国家、一个民族传承和发展的根本。在新的历史起点上，我们必须结合新的时代条件传承和弘扬中华优秀传统文化，展示中华民族的独特精神标识，更好构筑中国精神、中国价值、中国力量。要坚持以习近平新时代中国特色社会主义思想为指导，更加自觉、更加主动地推动中华优秀传统文化创造性转化、创新性发展，不断赋予优秀传统文化新的时代内涵和现代表达形式，激活其生命力，增强其影响力和感召力。

五是促进"人的全面发展"。坚持以人民为中心的发展思想，这是马克思主义政治经济学的根本立场。我们必须坚持把增进人民福祉、促进人的全面发展、朝着共同富裕方向稳步前进作为经济发展的出发点和落脚点，坚持发展为了人民、发展依靠人民、发展成果由人民共享，不断促进人的现代化。要坚持以提高人的综合素质为基础，通过教育与生产劳动结合，提升人的科学文化素质、丰富人的精神世界和培养人的高尚道德情操。文化、体育、健康是人的全面发展的应有之义，要坚持完善制度体系，切实促进社会公平正义，在文化惠民、全民健身、医疗卫生、生态环境、民主法治保障等方面，提供更多的公共产品和公共服务，更好满足人民群众对各项权益保障的新需求。

二、北京市怀柔区:"九新"筑牢
怀柔文明实践新高地

习近平总书记强调:"大力弘扬时代新风,加强思想道德建设,深入实施公民道德建设工程,加强和改进思想政治工作,推进新时代文明实践中心建设,不断提升人民思想觉悟、道德水准、文明素养和全社会文明程度。"自2019年怀柔区作为全国450家新时代文明实践中心建设试点以来,始终坚定不移地贯彻落实习近平新时代中国特色社会主义思想,自觉担负起新时代的文化使命。在深入学习贯彻落实习近平文化思想中,针对新时代文明实践中心建设存在的思想认识不到位、资源整合不到位、服务群众不到位等问题,坚持"新时代坐标、文明润心、实践育人、中心铸魂"的工作理念,以筑牢根基、激发活力、凝心铸魂为突破口,以设置新阵地、规范新阵地、守住新阵地,整合新资源、盘活新资源、用好新资源,践行新思想、弘扬新风尚、满足新期待等"九新"为着力点,奋发有为推进新时代文明实践中心提质增效,在北京率先基本实现社会主义现代化新征程中"展翅腾飞看怀柔"提供坚强思想保证、强大精神力量和丰润道德滋养。

（一）主要做法

1.筑牢根基,把文明实践中心建成精品高地

物质文明和精神文明相协调的现代化,是习近平文化思想的内容之一,而新时代文明实践中心建设是精神文明建设守正创新、开创新局的一个重大举措,是推进物质文明和精神文明相协调的实践路径。新时代是坐标定位,文明是精神内核,实践是根本途径,中心是阵地依托。建设新时代文明实践中心(所、站)不是另起炉灶,也不是翻牌子,重点是整合、盘活、用好基层各方力量和各种资源,最大限度发挥资源的综合使用效益,成为践行新思想、弘扬新风尚的精品高地,让新时代文明实践中心(所、站)成为加强基层宣传思想文化工作的坚强阵地、学习传播科学理论的大众平台,推动党的创新理论"飞入寻常百姓家"。

（1）设置新阵地。建设新时代文明实践中心(所、站)就是从不断变化的实际出发,紧扣新时代思想政治工作的新要求,以新的思路理念、体制机制、方式方法,构建起基层宣传思想文化工作的新阵地、新平台、新载体。怀柔区在区、乡镇(街道)、村(社区)挂牌成立区文明实践中心、乡镇(街道)文明实践所、行政村(社区)文明实践站,形成覆盖全区"1 个中心+16 个所+

317个站"三级文明实践阵地,其中在区文明实践中心挂牌成立区级志愿服务促进中心。搭建怀柔区新时代文明实践中心系统平台,实现与区融媒体中心、区政务服务中心融合贯通。依托区新时代文明实践中心系统平台,形成"中心发布志愿服务项目菜单、所(站)点单、志愿组织(志愿者)接单、群众评单"和"文明实践站发布群众需求、中心(所)派单、志愿组织(志愿者)接单、群众评单"的自上而下、自下而上的文明实践志愿服务闭环工作流程。

（2）规范新阵地。新时代文明实践中心(所、站)的属性是红色阵地,是宣传习近平新时代中国特色社会主义思想的重要载体,要规范阵地环境布置,做好阵地标识设置,突出思想引导、道德教化、文明洗礼、文化熏陶,着眼于营造学习贯彻习近平新时代中国特色社会主义思想的浓厚氛围,由外至内打造一个旗帜鲜明、主题突出、功能协调、环境优美的文明实践空间,让文明实践阵地成为一座城市、一个乡镇街道、一个村社区最耀眼的地标,让群众时刻都能接受到党的思想、聆听到党的声音、感受到党的温暖。怀柔区在新时代文明实践中心(所、站)主阵地环境布置上以红色为主基调,主阵地门口统一悬挂新时代文明实践中心(所、站)牌匾,公示开放时间、联系人和文明实践活动安排,显著位置布置社会主义核心价值观公益广告。主阵地内设置习近平新时代中国特色社会主义思想图书角,上墙展示"14536"文明实践总要求、管理制度、组织架构、志愿队伍、工作流程、实践成果和文明实践同心圆、文明实践网格、文明实践服务圈、文明实践地图等。

（3）守住新阵地。建设新时代文明实践中心（所、站），区委、乡镇（街道）党委、行政村（社区）党组织要承担主体责任，党组织书记是第一责任人。怀柔区成立推进新时代文明实践中心建设领导小组，区委书记担任组长，建立区委常委会每半年专题研究文明实践工作 1 次，中心主任每半年召开办公会 1 次、每年到基层宣讲 2 次，区委常委每年参加联系点文明实践活动 2 次等工作机制。文明实践中心主任由区委书记担任，中心办公室设在区委宣传部，区委常委、宣传部部长担任办公室主任，配置工作人员 6 人，明确统筹协调、组织实施、指导工作、制定规划、队伍建设、考核监督等 8 项工作职责。乡镇（街道）党组织书记担任文明实践所所长，配置工作人员 3 名，明确承上启下、联通城乡、抓好落实、常态化组织开展文明实践活动等 6 项工作职责。行政村（社区）党组织书记担任文明实践站站长，配置工作人员 2 名，明确运用本地资源优势，用群众喜闻乐见的形式开展文明实践活动等 5 项工作职责。

2. 激发活力，把文明实践中心建成共享高地

统筹推动文明培育、文明实践、文明创建，推进城乡精神文

明建设融合发展,是贯彻落实习近平文化思想的具体举措。建设新时代文明实践中心要把人民日益增长的美好精神文化生活需要作为着眼点和着力点,要整合各方力量资源,盘活存量、用好增量,打破条块分割,实现资源共享、优势互补、协同高效,增强新时代文明实践中心的综合性、适用性,提高供给的精准化、便捷化水平,在不断增强群众获得感、幸福感、安全感的同时,凝聚群众、引领群众、以文化人、成风化俗,成为更好地满足人民日益增长的美好精神文化生活需求的共享高地,让新时代文明实践中心(所、站)成为强信心、聚民心、暖人心、筑同心,培养时代新人和弘扬时代新风的精神家园。

(1)整合新资源。依托基层具有教育群众、服务群众职能作用的各类阵地,在机构、人员、设施等权属不变情况下,根据文明实践活动需要和基层群众需求,改造升级、优化配置、合理调度、共享使用,提高区域内阵地资源的综合使用效益。怀柔区在认真梳理区直部门、乡镇(街道)、行政村(社区)各类阵地底数及其服务内容、方式的基础上,着眼阵地共建、活动共联、队伍共育,打破各类阵地资源自成一体、封闭运行状态,建立新时代文明实践综合体。利用区文化馆闲置场地,挂牌成立了区新时代文明实践中心和区级志愿服务促进中心,与区文化馆共享小剧场、排练厅、娱乐健身房等阵地资源。依托乡镇(街道)、村(社区)党群活动中心、文体活动中心等阵地资源,挂牌成立 16 个文明实践所和 317 个文明实践站。利用行政村闲置厂房和院落,规划建设了 61 个乡情村史陈列室。

（2）盘活新资源。着力推动乡镇(街道)之间、行政村(社区)之间资源流动、互通有无,最大限度提高使用效率。怀柔区制定实施《怀柔区新时代文明实践基地管理办法》和《怀柔区新时代文明实践结对共建工作实施方案》。激活现有资源,依托现有的组织、宣传、教育、文化、科技、法律、环保等基地资源,精心培育 80 个区级文明实践基地,搭建起理论政策宣讲、教育服务、文化服务、科技与科普服务、健康健身服务五大类新时代文明实践基地,明确每个基地每月至少自主承接和组织文明实践活动 2 次,努力把文明实践基地打造成为群众启迪思想、陶冶情操、净化灵魂的"暖客厅"。联动社会资源,充分发挥文明实践中心建设领导小组成员单位龙头带动、区级以上文明单位示范引领作用,与 317 个文明实践站结对共建,推进实践阵地共建、理论政策共讲、主流价值共育、文体活动共联、移风易俗共倡、志愿服务共促。动员全区 478 个注册登记的社会组织和民办非企单位开放场地,积极承接文明实践中心(所、站)文明实践活动,推动社会组织、社会慈善资源等助力新时代文明实践中心(所、站)建设。融通网络资源,充分发挥区级融媒体中心、"学习强国"等平台优势,运用新技术新手段,逐步实现文明实践各类平台信息联通、线上线下智能互动,为新时代文明实践中心(所、站)传播新思想提供源源不断的科学理论新阐释。

（3）用好新资源。新时代文明实践中心(所、站)骨干力量是基层宣传思想文化战线上的工作者,主力军是志愿者和志愿团队。怀柔区统筹全区近2 000支志愿服务队伍,打造了"怀柔一家人"志愿服务品牌。区文明实践中心成立志愿服务总队,区委书记担任总队长,带领乡镇(街道)、村(社区)"一把手"履职尽责,提高志愿服务的组织化程度。乡镇(街道)、行政村(社区)分别组建文明实践志愿服务中队、分队,乡镇(街道)、行政村(社区)党组织书记分别担任中队长、分队长。其中,区志愿服务总队配置了理论政策宣讲、文化文艺服务、助学支教、医疗健身、科学普及、法律服务等"8+N"志愿服务队伍,打造了"沟门满天星""长哨骄阳""汤河蜂回巢""宝山一家亲""相约怀北""头雁领航""北房红伞房""泉河好邻里""同音暖夕阳"等"怀柔一家人"志愿服务品牌项目45个,编辑印发了《怀柔一家人　新时代文明实践志愿服务品牌项目案例选编》一书。

3. 凝心铸魂,把文明实践中心建成信仰高地

建设新时代文明实践中心是践行习近平新时代中国特色社会主义思想的生动实践,是落实习近平文化思想的主平台主阵地,是宣传思想文化工作的主业主责。新时代文明实践中心

要牢牢把握学习贯彻习近平新时代中国特色社会主义思想这条主线，以传播党的创新理论为首要政治任务，建强文明实践中心、优化文明实践所、抓实文明实践站，使文明实践中心（所、站）成为群众心有所系、情有所寄的"心灵驿站"，成为引导广大群众坚定自信、鼓舞斗志、同心同德、团结奋斗的信仰高地，让理论的学习宣传在基层长流水、不断线，彰显党的创新理论的真理力量和光芒。

（1）践行新思想。新时代文明实践中心（所、站）的首要政治任务是传播党的创新理论，要拓展理论宣传宣讲的有效载体，创新常态化引导人民群众学习理论、践行理论的组织方式，搭建好学习党的创新理论与人民群众生产生活连接贯通的桥梁。怀柔区搭建三大理论宣讲平台，依托文明实践中心、所、站三级阵地，搭建"集中讲台"；依托老年餐桌、邻里聊天点等群众聚集点位，搭建"百姓身边讲台"；依托怀柔区新时代文明实践中心系统平台、融媒体中心和微信公众号，搭建"线上讲台"。组建六类宣讲队伍，依据群众需求，组建了领导干部、专家教授、青年讲师、文明实践、"群英荟萃""百姓名嘴"等理论宣讲队伍。创新六种宣讲方式，通过三级阵地常态讲、实践基地融入讲、专业队伍深入讲、志愿团队入村讲、百姓名嘴入户讲、线上线下跟进讲等理论宣讲方式，让党的创新理论"飞入寻常百姓家"。喇叭沟门满族乡文明实践所"小白桦"理论宣讲团,以乡机关年轻干部为主力,分 5 个宣讲小组,依托村里文明实践站、党员活动室、农家书屋、农家炕头等场所,采用群众喜闻乐见的形式,开展场景化、对象化、分众化、互动化宣讲活动,把理论话语转化为百姓身边故事,使理论宣讲更接地气、更有活力、更有温度,理论传播更具说服力、感染力、穿透力、影响力。

(2)弘扬新风尚。以弘扬和践行社会主义核心价值观为核心,广泛开展中国特色社会主义和中国梦教育,大力弘扬中华传统美德,大力倡导社会主义道德,大力开展移风易俗,深入开展群众性精神文明创建活动,着力培养时代新人和弘扬时代新风。怀柔区以创建全国文明城区为龙头,动员 2.3 万名文明实践志愿者,常态化组织开展了我是文明城市宣传员、我是文明交通引导员、我是"门前三包"保洁员、我是文明实践网格员、我是创城实地测评员等"怀柔一家人　五员齐上岗助创城"文明实践志愿服务活动。以"六风扬正气　展现新气象"为主题,常态化组织开展议事评新风、村规定新风、书画展新风、诗歌颂新风、祭扫传新风、引导亮新风等文明实践活动;充分发挥"四会"群众组织作用,依托春节、清明节、"5·20""七夕""重阳节"等节日,深化移风易俗、破除陈规陋习、传播文明理念、涵育文明风尚。琉璃庙镇老公营村文明实践站"红白理事会",针对村里红白事的陈规陋习,制定了"操办婚事每桌宴席不能高于 350 元,礼金不能高于 50 元;操办丧事尽量在 1 天内完成安葬"。这个新规还纳入了村规民约之中,并且作为琉璃庙镇文明实践所好家风评选的重要指标。目前,该镇已评选授匾"德善琉璃"好家风63户。

（3）满足新期待。建设新时代文明实践中心就是坚持以人民为中心的工作导向,特别是在新时代新起点新目标上,人民群众对美好生活的向往更加强烈,由在乎"有没有"到注重"好不好"、由盼"数量"到盼"质量"。更好地满足群众精神文化生活新期待,就要因地因人因需供给,广泛开展群众乐于参与、便于参与的普惠化和个性化的精神文化活动,在多姿多彩、喜闻乐见的文明实践活动中获得精神滋养、增强精神力量。怀柔区新时代文明实践中心以公共文化设施、窗口单位为重点,构建起点多面广、功能完备、便利快捷,具有怀柔特色的新时代文明实践服务圈349个。以"怀柔一家人志愿同行"为主题,通过所站供给、点单配送等志愿服务方式,常态化组织开展普惠性、个性化文明实践志愿服务活动。开通文明实践"快车",把原创舞台剧《让娘再送你一程》《一碗羊汤》、情景剧《赤潮》《红色家书》《穿越时空的对话》、快板《下通书》《夹菜》、评剧《咱农民的日子比蜜甜》《好儿媳》等一批高品位的文明实践节目,送到百姓家门口。通过"现场+直播"的方式,每月组织开展"党的声音进万家""弘扬五种精神　树立新风新貌""庆七一　传谱系　筑同心"等文明实践主题推动日活动,形成了

"文明实践搭台、各方都来唱戏"的文明实践共享模式,编辑印发了《文明实践润心田 怀柔区新时代文明实践优秀案例选编》一书。怀柔区文明实践志愿服务总队"同音暖夕阳"志愿服务队,常年组织开展以"送温暖、送健康、送知识、送文明、送欢乐、送关爱,助力老人乐享幸福晚年"为主要内容的"六送一助"文明实践志愿服务活动,受益空巢、残疾、孤独等老人近1.5万人,覆盖了全区317个社区村。

(二) 启示与思考

1. 推进文明实践实体化是落实习近平文化思想深入人心、落地生根的根本保障

习近平总书记高度重视宣传思想文化工作,在全国宣传思想文化工作会议召开之前专门作出重要指示,重要指示高屋建瓴、精辟深邃,具有很强的政治性、思想性、指导性,为进一步做好宣传思想文化工作指明了方向。着力建设具有强大凝聚力和引领力的社会主义意识形态,着力培育和践行社会主义核心价值观,需要占领制高点、筑牢主阵地。而新时代文明实践中心就是加强新时代基层宣传思想文化工作的主阵地,如何用中国特色社会主义文化、社会主义思想道德牢牢占领城乡基层宣

传思想文化阵地？关键靠人坚持不懈地推动习近平新时代中国特色社会主义思想深入人心、落地生根，彻底打通科学理论传播的心理上、道理上的"最后一公里"，这就需要有一支政治站位高、理论功底深、实践能力强的高素质管理队伍。目前，全国新时代文明实践中心建设已实现全面覆盖，迫切需要重新考量新时代文明实践中心在新形势新任务下所承担的使命任务，在省、市、区、县设立专门机构编制，让新时代文明实践中心真正实起来。在推动新时代文明实践中心建设过程中，怀柔区始终坚持党建引领，在文明实践中心、所、站选优配强三级管理机构，形成"书记抓抓书记""上下一盘棋"整体推进的工作格局。

2. 构建文明实践综合体是落实习近平文化思想战略 部署、落地见效的基本模式

习近平总书记关于文化工作的重要论述包含一系列重大创新观点和工作部署，需要举旗定向、谋篇布局，正本清源、守正创新，整合资源、完善功能，强化保障、深入实践。阵地资源整合到位、体制机制健全到位、服务群众精准到位是新时代文明实践主要任务之一，需要有功能齐全、服务完备的阵地综合体，精准对接、覆盖广泛的活动综合体，政府投入为主、多元筹措为辅的保障综合体。新时代文明实践工作重心在村（社区）文明实践站，需要汇集各类公共服务资源和宣传思想文化资源

下沉到基层,满足群众多样化需求;需要市、区、镇三级财政支持,设立文明实践基金,以此激发社会资源内生动力,让新时代文明实践真正活起来。在深化拓展新时代文明实践中心建设过程中,怀柔区以文明实践中心、所、站三级阵地功能为主,以1 300多个文明实践资源功能为辅;以每月主题推动日为台,以群众需求的理论武装、舆论宣传、思想道德、精神文明、文化文艺等综合性活动为内容;以政府投入资金为种子,以文明实践基金为池子,建立了文明实践功能、活动、资金综合体,形成了全区"一条心""一股劲"全员推进的工作合力。

3. 增强文明实践吸引力是落实习近平文化思想凝魂聚气、强基固本的主要方法

习近平文化思想贯穿着以人民为中心的鲜明主线,充分展现了习近平总书记深厚的人民情怀,坚持以德树人、以文化人,是习近平总书记始终念兹在兹、谆谆教诲的一件大事。新时代文明实践中心(所、站)作为宣传贯彻落实习近平文化思想的主平台主阵地,增强文明实践阵地对群众的吸引力,动员和激励城乡群众积极投身全面建设社会主义现代化强国是宣传思想文化工作者的首要职责。开展新时代文明实践活动不仅要把党的温暖送到群众炕头上,还要让党的创新理论直达百姓心坎儿,更要引导群众坚定不移听党话、感党恩、跟党走,这就需

要在理论学习上求深入、研究阐释上求深刻、宣讲普及上求生动、实践形式上求创新,在服务群众上多用情、宣传教育上多用心、组织凝聚上多用力,将理论语言转化为地方方言,使思想传播更具说服力感染力和穿透力影响力,推动党的创新理论"飞入寻常百姓家",让新时代文明实践真正强起来。在提质增效新时代文明实践中心建设中,怀柔区牢牢把握学习贯彻习近平新时代中国特色社会主义思想这条主线,采取"互联网+"模式,以对象化、分众化、场景化、情景化、互动化、沉浸式、体验式等宣讲方式,引导群众在日用而不觉中凝聚共识、坚定信念、激励人心,形成了由个体到群体的愿意参与、主动接受、自觉践行的全民学习实践科学理论的浓厚氛围。

撰稿人:宫吉成,中共北京市怀柔区委常委、宣传部部长;张海玉,中共北京市怀柔区委宣传部副部长、区文明办主任;赵赛楠,中共北京市怀柔区委宣传部精神文明信息中心副主任

专题十一
铸牢中华民族共同体意识，建设中华民族共有精神家园

　　必须以铸牢中华民族共同体意识为新时代党的民族工作主线。中华民族共同体意识是民族团结之本。要坚定不移走中国特色解决民族问题的正确道路，推动各民族坚定对伟大祖国、中华民族、中华文化、中国共产党、中国特色社会主义的高度认同，引导各族群众牢固树立休戚与共、荣辱与共、生死与共、命运与共的共同体理念。

　　——《求是》2024年2月，习近平：完整、准确、全面贯彻

　　落实关于做好新时代党的统一战线工作的重要思想

　　铸牢中华民族共同体意识是新时代党的民族工作的主线，也是民族地区各项工作的主线。民族地区的经济建设、政治建设、文化建设、社会建设、生态文明建设和党的建设等，都要紧紧围绕、毫不偏离这条主线。无论是出台法律法规还是政策措施，都要着眼于强化中华民族的共同性、增强中华民族共同体意识。要全面推行使用国家统编

教材,确保各民族青少年掌握和使用好国家通用语言文字。要统筹城乡建设布局规划和公共服务资源配置,创造更加完善的各族群众共居共学、共建共享、共事共乐的社会条件。

——2023 年 6 月 7 日至 8 日,习近平总书记在
内蒙古考察时的重要指示精神

以铸牢中华民族共同体意识为主线,坚定不移走中国特色解决民族问题的正确道路,坚持和完善民族区域自治制度,加强和改进党的民族工作,全面推进民族团结进步事业。

——2022 年 10 月 16 日,习近平总书记在中国共产党
第二十次全国代表大会上的报告

一、把铸牢中华民族共同体意识作为 民族工作和各项工作的主线

(一)深刻认识铸牢中华民族共同体意识的重大意义

中华民族是一个拥有悠久历史和灿烂文化的大家庭,由 56 个民族共同组成。在长期的历史发展进程中,各民族相互

依存、相互交流、相互融合,形成了多元一体的格局。铸牢中华民族共同体意识,是新时代维护国家统一、民族团结和社会稳定的必然要求,也是实现中华民族伟大复兴中国梦的重要保障。

1. 维护国家统一和领土完整。中华民族共同体意识强调各民族对伟大祖国的认同,使各族人民深刻认识到国家的统一和领土完整是各民族共同的利益所在。只有铸牢中华民族共同体意识,才能坚决反对一切分裂祖国的行为,维护国家的主权和尊严。

2. 促进民族团结和社会稳定。各民族之间的团结是社会稳定的基石。中华民族共同体意识能够增强各民族之间的相互理解、尊重和信任,促进各民族在文化、经济、社会等方面的交流与合作,消除隔阂和偏见,形成和睦相处、和衷共济、和谐发展的良好局面。

3. 推动经济社会发展。各民族共同团结奋斗是实现经济社会发展的重要力量源泉。铸牢中华民族共同体意识,能够激发各民族的积极性、主动性和创造性,凝聚起共同发展的强大合力,促进区域协调发展,实现共同富裕。

4. 传承和弘扬中华优秀传统文化。中华优秀传统文化是各民族共同创造的精神财富。中华民族共同体意识有助于保护和传承各民族的优秀传统文化,促进文化的交流互鉴,推动中华优秀传统文化的创造性转化和创新性发展,增强民族文化自信。

（二）推深做实全面贯彻铸牢中华民族共同体意识主线工作

铸牢中华民族共同体意识，就是要引导各族人民牢固树立休戚与共、荣辱与共、生死与共、命运与共的共同体理念。把铸牢中华民族共同体意识作为新时代党的民族工作和民族地区各项工作的主线，是我们党坚持"两个结合"、着眼"两个大局"，深刻总结国内外民族工作经验教训，深刻洞察中华民族共同体发展趋势，取得的重大理论和实践成果。这一重大理念，丰富和发展了马克思主义民族理论，巩固和拓展了中国特色解决民族问题的正确道路，指明了党的民族工作的前进方向。

坚持以党的领导把牢政治方向。加强和完善党的全面领导，是做好新时代党的民族工作的根本政治保证。建党百年历史经验证明，党的集中统一领导是做好新时代民族工作的根本保证。铸牢中华民族共同体意识、推进新时代党的民族工作高质量发展，是全党全国各族人民的共同任务。站在民族工作新的历史方位，我们要加强和完善党对民族工作的全面领导，把握正确政治方向，增强责任感使命感紧迫感，构建党领导铸牢中华民族共同体意识工作机制。各级党委和政府要坚持中国特色解决民族问题的正确道路,认真贯彻落实党的民族工作的各项方针政策,及时研究解决本地区本单位涉及民族工作的重大问题。各级领导干部要深入学习贯彻党关于加强和改进民族工作的重要思想,提高做好民族工作的本领,为推进民族团结进步事业作出应有贡献。

全面推进中华民族共有精神家园建设。铸牢中华民族共同体意识,构筑中华民族共有精神家园,是党中央着眼于维护中华民族大团结、实现中华民族伟大复兴作出的重大战略决策,是习近平文化思想、习近平总书记关于加强和改进民族工作的重要思想的重要内容。精神家园构筑必须久久为功。要面向各族群众加强党的理论和路线方针政策教育,加强党史、新中国史、改革开放史、社会主义发展史、中华民族发展史宣传教育,用共同理想信念凝心铸魂,深入培育和践行社会主义核心价值观。深入实施红色基因传承工程,大力弘扬以爱国主义为核心的民族精神、以改革创新为核心的时代精神,不断增强对中华民族的认同感和自豪感,振奋各族人民奋进新征程、建功新时代的精气神。实施中华优秀传统文化传承发展工程,研究和挖掘中华传统文化的优秀基因和时代价值,推动中华优秀传统文化创造性转化、创新性发展,繁荣发展社会主义先进文化,构建和运用中华文化特征、中华民族精神、中国国家形象的表达体系,不断增强各族群众的中华文化认同。全面推广普及国家通用语言文字,全面推行使用国家统编教材,以语言相通促进心灵相通、命运相通。

推动各民族共同走向社会主义现代化。各民族共同走向社会主义现代化是中国式现代化的内在要求。必须把推动各民族为全面建设社会主义现代化国家共同奋斗作为新时代党的民族工作的重要任务,促进各民族紧跟时代步伐,共同团结奋斗、共同繁荣发展。要完善差别化区域支持政策,优化转移支付和对口支援机制,加大对民族地区基础设施建设、产业结构调整支持力度,支持民族地区实现巩固拓展脱贫攻坚成果同乡村振兴有效衔接,支持民族地区全面深化改革开放,提升自我发展能力。要提高公共服务保障能力和水平。坚持以人民为中心的发展思想,大力补齐民族地区就业、教育、医疗等社会事业发展短板,完善沿边开发开放政策体系,深入推进固边兴边富民行动,改善边境地区生产生活条件,不断增强各族群众获得感、幸福感、安全感。

促进各民族交往交流交融。交往交流交融,是增进民族团结、铸牢中华民族共同体意识、推进中华民族共同体建设的必由之路。中华民族在各民族交往交流交融中铸就,中华民族伟大复兴也必将在各民族交往交流交融中实现。在新征程上,要促进各民族广泛交往交流交融,推动中华民族共同体建设,为实现中华民族伟大复兴的中国梦凝聚力量。要推进各民族人口流动融居,构建互嵌式社会结构和社区环境,创造各族群众共居共学、共建共享、共事共乐的社会条件,持续深化民族团结进步创建工作。把改善民生、凝聚人心作为民族地区经济社会发展的出发点和落脚点,推动民族地区融入新发展格局、实现高质量发展,不断提高公共服务保障能力和水平,促进发展成果公平惠及各族群众。坚持和完善民族区域自治制度,健全民族政策和法律法规体系,推动民族事务治理体系和治理能力现代化。

提升民族事务治理体系和治理能力现代化水平。提升民族事务治理能力,推进民族事务治理体系和治理能力现代化,既是推进国家治理体系和治理能力现代化的重要组成部分,也是全面深化改革在民族工作领域的要求,是实现中华民族一家亲、同心共筑中国梦的关键环节。要积极开展民族事务领域法律服务,依法保障各民族合法权益,有效解决突出困难和特殊问题。要推动基层事务治理重心向基层下移,推进城乡社区民族事务治理制度化、规范化、程序化,促进政府治理和社会调节、居民自治良性互动。要进一步完善涉民族因素重大问题、重大舆情等突发事件应急处置预案,积极预防和妥善处置涉民族因素案(事)件,严密防范、坚决打击各种渗透颠覆破坏活动、暴力恐怖活动、民族分裂活动、宗教极端活动,确保民族事务治理在法治轨道上运行。

坚决防范民族领域重大风险隐患。党的二十大报告强调，"必须坚定不移贯彻总体国家安全观，把维护国家安全贯穿党和国家工作各方面全过程，确保国家安全和社会稳定"。因此，要牢固树立总体国家安全观，从民族领域存在的风险隐患认识铸牢中华民族共同体意识的特殊紧迫性，增强忧患意识，提高战略思维，及时化解各种问题隐患。要严密防范和坚决打击暴力恐怖活动、民族分裂活动、宗教极端活动，严密防范和抵御敌对势力的渗透、颠覆、破坏活动。要加强国际反恐合作，做好重点国家和地区、国际组织、海外少数民族华侨华人群体等的工作。守住意识形态阵地，积极稳妥处理涉民族因素的意识形态问题，持续肃清民族分裂、宗教极端思想流毒，构建起维护国家统一和民族团结的坚固思想长城。

（三）以铸牢中华民族共同体意识为主线推动各项工作高质量发展

2023年6月，习近平总书记在内蒙古考察时，首次提出铸牢中华民族共同体意识是民族地区各项工作的主线，这一重大论断，对于做好新时代民族地区工作具有定向引航的重要指导意义，为内蒙古做好各项工作提供了根本遵循。要把全面贯彻主线工作和各项重点工作紧密结合起来，重点是把主线融入经济建设、政治建设、文化建设、社会建设、生态文明建设和党的建设当中去。在政治建设上，要强化党对民族工作的领导，深入开展"听党话、感党恩、跟党走"群众教育实践活动，教育引导广大干部群众牢牢铭记"六句话"的事实和道理，把铸牢中华民族共同体意识转化为思想自觉、政治自觉、行动自觉。在经济建设上，要聚焦聚力产业发展，夯实各民族共同繁荣发展的物质基础。要围绕项目建设落地，做好产业延链补链强链，不断推动全产业链发展、粮食稳产增收、清洁能源建设、文旅产业品质提升等重点工作。在生态建设上，要坚持山水林田湖草沙系统化治理，落实好"林长制""河湖长制"等制度，坚决打好打赢沙地歼灭战，全力构筑祖国北疆万里绿色屏障。在社会建设上，持续推进政治、法治、德治、自治、智治"五治融合"理念，着力推动形成各族群众共建共治共享的社会治理格局，铸牢边疆民族地区安全稳定防线。在文化建设上，要进一步巩固中华文化认同思想基础这个关键点，持续深入推进统编教材、开展"石榴籽同心筑梦"系列主题活动，努力把共同体意识体现到历史文化宣传教育、公共文化设施建设、城市标志性建筑建设、旅游景观陈列等方面，让"三个离不开""五个认同"思想在各民族群众心中深深扎根。在党的建设上，要把基层党组织作为铸牢中华民族共同体意识的最前沿，通过组织网络、党员引领、人才下乡"三个强化"，切实引导全旗各族群众牢固树立正确的国家观、历史观、民族观、文化观、宗教观,让中华民族共同体意识内化于心、外化于行。

二、内蒙古自治区科右中旗:聚焦 "五个建设"有形有感有效 做好新时代民族工作

习近平文化思想凝聚了全党全国各族人民的共同价值追求,彰显出民族精神与时代精神的有机结合,体现了中国特色社会主义文化建设的最新理论成果和发展方向,为中华民族共同体不断强起来奠定了最坚实的思想文化基础。铸牢中华民族共同体意识,建设中华民族共有精神家园是习近平文化思想、习近平总书记关于加强和改进民族工作的重要思想的重要内容。要着眼建设社会主义文化强国,不断构筑中华民族共有精神家园,为铸牢中华民族共同体意识奠定坚实的精神和文化基础。

近年来,科右中旗深入学习贯彻习近平文化思想、习近平总书记关于加强和改进民族工作的重要论述,坚持把铸牢中华民族共同体意识作为各项工作的主线,将各项工作都赋予铸牢中华民族共同体意识的内涵和意义,聚焦自治区党委"两件大事"的决策部署,有形有感有效铸牢中华民族共同体意识,齐心

协力建设好美丽家园、传承好中华优秀传统文化、维护好民族团结、守护好神圣国土,奋力开创新时代民族工作高质量发展新局面。

(一) 主要做法

科右中旗总人口 25 万,由 30 个民族构成,其中蒙古族人口占总人口的 87%,是内蒙古自治区蒙古族人口比例最高的少数民族聚居旗。2019 年退出国家级贫困旗县序列,2021 年被列入国家乡村振兴重点帮扶县。近年来,科右中旗深入学习贯彻习近平总书记对内蒙古的重要指示精神,紧紧围绕、毫不偏离铸牢中华民族共同体意识这条主线推进政治建设、经济建设、文化建设、社会建设和党的建设,突出思想引领、文化浸润,注重循序渐进、润物无声,着力构建互嵌式生产生活空间格局,推动各族群众广泛交往交流交融,以有形有感有效的方式构筑各民族共有精神家园。

在政治建设上,立体式"润心铸魂",坚定不移听党话、感党恩、跟党走。习近平总书记指出,民族领域的思想阵地,同其他思想阵地一样,如果我们不用正确思想去占领,错误思想就会去占领。民族领域的思想政治斗争,是我们同国内外敌对势力在民族问题上斗争的前哨战。为了站稳民族领域的思想阵地,强化各族群众的民族团结意识,科右中旗创新实施了"丹枫润心"工作法,成立丹枫理论宣讲、丹枫文化惠民、丹枫法治宣传、丹枫青少年辅导、丹枫群贤引领等五支队伍,打造了铸牢中华民族共同体意识主题展厅、主题街区、主题广场,广泛开展民族政策理论、文化文艺、法律法规、社会主义核心价值观、典型事迹等五个主题活动,切实教育引导全旗各族群众牢固树立正确的国家观、历史观、民族观、文化观和宗教观,让中华民族共同体意识内化于心、外化于行。开展"党组织书记讲铸牢中华民族共同体意识专题党课"活动279次,受众达20余万人次。各苏木镇党委理论学习中心组开展民族理论、政策、法规等内容专题学习、研讨等共107次,推动中央民族工作会议精神深入人心。结合民族政策宣传月、民族法治宣传周、民族团结进步活动月,开展《中华人民共和国民族区域自治法》《内蒙古自治区促进民族团结进步条例》等法律法规宣传教育活动,开展民族法治宣传活动438场次,全面提高了广大群众学法、用法、守法意识。以铸牢中华民族共同体意识宣传教育基地、实践创新基地为载体开展宣传教育350余场次,参与1.5万余人次,同时,依托"村村响"大喇叭空中讲堂、新媒体平台线上讲堂、新时代文明实践学习阵地集中讲堂、"家门口"唠嗑队流动讲堂,构建了"四维一体"宣教模式,全面引导各族干部群众更加自觉地听党话、感党恩、跟党走。

　　在经济建设上,加快建设"两个基地",促进各民族共同繁荣发展。习近平总书记指出,推动民族工作要依靠两种力量,一种是物质力量,一种是精神力量。近年来,科右中旗进一步加快构建新发展格局,着力推动高质量发展,团结各族群众共建美好家园、共创美好未来。建设国家重要农畜产品生产基地,按照"做牛文章"发展思路,着力打造肉牛优势主导产业,拉动农牧业转型升级。在中央宣传部的协调推动下,科右中旗与山东省阳信县架起了肉牛产业合作发展的友谊之桥,先后建成了现代肉牛产业园、国家级种公牛站、牛羊交易市场、肉牛屠宰加工冷链物流园区,牛存栏从 2017 年的 23 万头增长到现在的 50 万头,养殖户 3 万户、合作社 400 家。科右中旗先后被评为全国肉牛全产业链典型旗、国家优势特色科尔沁肉牛产业集群创建旗、国家现代农业产业园创建旗、中国牛交易大会永久举办地。在牛产业的带动下,全旗牧草种植达到 100 万亩,肉羊存栏稳定在 160 万只以上,高标准农田达到 220 万亩,全旗粮食产量突破 25 亿斤,实现"十连丰",跻身全国超级产粮大县行列,农牧民实现人均"万斤粮、两头牛、八只羊"。建设国家重要能源和战略资源基地,充分借助风光能源富集优势,科学发展以"风光储"互补为主的清洁能源产业,全旗已建和在建装机规模达到 492.3 万千瓦,并实施了工业硅余热利用、30 万吨橡子萃取等全产业链项目,光伏发电村级电站每年为嘎查集体经济贡献 4 000 万元以上,为全面推进乡村振兴注入了"源头活水"。

在文化建设上,奏好"民族团结交响",积极构建中华民族共有精神家园。习近平总书记指出,文化认同是最深层次的认同,是民族团结之根、民族和睦之魂。为进一步增强各族群众的文化认同,建设各民族共有精神家园,科右中旗以铸牢中华民族共同体意识为主线,大力传承弘扬中华优秀传统文化,常态开展群众喜闻乐见的文化文艺活动,着力讲好民族团结故事。打造铸牢中华民族共同体意识"美好生活·与法同行"公交数字阅读微空间站 32 处,用实景实物增进各民族文化认同。开展"党的声音进万家"文明实践活动、"逐梦乡村 我们的舞台"农牧民文艺活动和"石榴籽同心筑梦"系列主题活动 2 500 多场次,以演、说、唱、画、写等方式吸引群众、感染群众、教育群众,覆盖 37 万余人次,持续推动"三个离不开"和"五个认同"思想深入人心。在中央宣传部的协调推动下,科右中旗先后与华侨城、中影集团等国内知名文旅企业合作,创建了 2 个 4A 级和 2 个 3A 级景区,打造了全国脱贫攻坚楷模白晶莹为代表的刺绣基地、全国最美乡村医生王布和为代表的康养小镇、全国民族团结先进集体巴彦敖包嘎查生态旅游度假村等 20 多个乡村文化旅游景点。在五角枫景区、中影基地、翰嘎利水库等景区设置铸牢中华民族共同体意识、民族团结故事、中华传统文化符号等景观小品、宣传展板,推动民族团结以"有形"方式嵌入景区。同时,连续举办了面向全区全国的速度马大赛、草原休闲体育大会、五角枫摄影大展等各类文旅节庆活动,在本地拍摄的民族团结进步主题电影《奔腾岁月》和电视剧《枫叶红了》在全国广泛播出,不但打响了"枫情马镇"旅游品牌、促进了民族团结进步宣传,更深化了农牧民与全国各地游客的交往交流交融。

在社会建设上,持续推进"五治融合",筑牢边疆民族地区安全稳定防线。提升民族事务治理能力,推进民族事务治理体系和治理能力现代化,既是推进国家治理体系和治理能力现代化的重要组成部分,也是全面深化改革在民族工作领域的要求,是实现中华民族一家亲、同心共筑中国梦的关键环节。科右中旗地域狭长、地广人稀,基层治理难度较大。我们按照政治、法治、德治、自治、智治"五治融合"理念,全面加强市域社会治理现代化试点建设,着力推动形成各族群众共建共治共享的社会治理格局。坚持"政治引领",全旗 12 个苏木镇、173 个嘎查全部成立了社会治理中心。坚持"法治保障",实现全旗苏木镇、嘎查公共法律服务站、法务工作室全覆盖,并配备 579 名"法律明白人",全面提升了法律服务水平。坚持"德治润心",深入开展新时代文明实践活动,引导各族群众转变思想观念、改变陈规陋习,携手建设美丽家园。坚持"自治固本",组织驻村第一书记、嘎查"两委"班子、党员、村民代表等"主力军",采取"1 带 N"模式,实现网格治理全覆盖,形成了干部群众共建共治格局。坚持"智治支撑",实施"雪亮工程",建成了覆盖城乡的视频监控"天眼系统",为服务社会治理提供强有力支撑。

在党的建设上,认真抓好"三个强化",建强党的基层组织战斗堡垒。加强和完善党的全面领导,是做好新时代党的民族工作的根本政治保证。近年来,科右中旗把基层党组织作为铸牢中华民族共同体意识的最前沿,作为全面推进乡村振兴的主阵地,聚焦组织网络、党员引领、人才下乡"三个强化",切实提升战斗堡垒作用和先锋模范作用。强化组织网络,统筹党群服务中心、新时代文明实践中心,成立了 207 个覆盖旗、苏木镇、嘎查三级的"铸牢中华民族共同体意识促进会",共吸纳 2 347 名注册会员,形成了横向到边、纵向到底的民族团结进步工作组织网络。强化党员引领,由驻村第一书记和嘎查党组织书记共同组织召开"双书记"周例会,从嘎查党员干部学起做起,常态化宣传感染群众,引导群众理解把握党的政策,集中研究解决群众"急难愁盼"问题。强化人才下乡,创新实施"旗编村用"引才机制,统筹全旗各部门 150 个事业编制,面向社会公开招聘事业干部,选派至镇、村两级党群服务中心工作,并发挥"旗编村用"干部联乡带村的桥梁纽带作用,全面参与基层政策宣传、产业发展、社会治理等重点工作,推动各类人才在基层施展才华、干事创业。

(二)启示与思考

科右中旗坚持以铸牢中华民族共同体意识为主线,深化政治建设、经济建设、文化建设、社会建设和党的建设等"五个建设",把党的民族工作贯穿融入各项事业发展中,以满足各族群众的需求为根本,以群众乐于接受、乐于参与的方式,强化思想引导、行动引领,有形有感有效推动各族群众观念更新、精神富足、情感相融,进一步提升了各族群众的归属感、获得感、幸福感,凝聚起了感恩奋进、团结奋斗的强大力量。新时代新征程上,我们要传承弘扬各美其美、美美与共的文化传统,秉承天下情怀,以铸牢中华民族共同体意识为主线,推动中华文明建设不断走向深入,让中华民族共有精神家园成为中华民族生生不息、团结奋进的精神动力。

撰稿人:陈雪娇,内蒙古自治区兴安盟科右中旗委常委、宣传部部长;王志国,内蒙古自治区兴安盟科右中旗委宣传部常务副部长;包慧慧,内蒙古自治区兴安盟科右中旗委宣传部科员

专题十二
探索互联网治理新路径　培育向上向善网络文化

　　网络空间是亿万民众共同的精神家园。网络空间天朗气清、生态良好,符合人民利益。网络空间乌烟瘴气、生态恶化,不符合人民利益。我们要本着对社会负责、对人民负责的态度,依法加强网络空间治理,加强网络内容建设,做强网上正面宣传,培育积极健康、向上向善的网络文化,用社会主义核心价值观和人类优秀文明成果滋养人心、滋养社会,做到正能量充沛、主旋律高昂,为广大网民特别是青少年营造一个风清气正的网络空间。

　　——2016 年 4 月 19 日,习近平总书记在网络安全和
　　　　　　　　信息化工作座谈会上的讲话

　　网络文明是新形势下社会文明的重要内容,是建设网络强国的重要领域。近年来,我国积极推进互联网内容建设,弘扬新风正气,深化网络生态治理,网络文明建设取得明显成效。要坚持发展和治理相统一、网上和网下相融

合,广泛汇聚向上向善力量。各级党委和政府要担当责任,网络平台、社会组织、广大网民等要发挥积极作用,共同推进文明办网、文明用网、文明上网,以时代新风塑造和净化网络空间,共建网上美好精神家园。

——《习近平谈治国理政》第四卷"共建
网上美好精神家园"

一、培育网络文化,建设网络文明

互联网自 1969 年诞生以来,在世界范围内不断发展、快速普及,已经全面融入并深刻改变着人类社会发展进程。网络文化,是以网络信息技术为基础的新的文化形态,实现了文化内容、表现形式、传播手段和文化观念的全方位创新,具有大众性、便捷性、开放性、交互性和丛林性等特点。网络文明,是指在网络空间中,人们在交流、互动、表达等行为中所展现的文明程度和道德水平,涵盖了人们在网络世界中的言行举止、网络礼仪、网络道德规范、网络行为准则等方面。习近平总书记站在人类社会进入信息时代的战略高度,多次就加强网络文化培育、网络文明建设作出重要论述、提出明确要求,深刻阐释了新的历史条件下为什么要以及怎样加强网络文化培育、网络文明建设的重大问题,为我们指明了前进方向、提供了根本遵循。

(一) 培育网络文化、建设网络文明在习近平文化思想中的地位作用

习近平文化思想强调要全面贯彻落实党的二十大精神,深入贯彻党中央关于网络强国的重要思想,切实肩负起举旗帜聚民心、防风险保安全、强治理惠民生、增动能促发展、谋合作图共赢的使命任务。这体现了习近平文化思想对网络文明建设的高度重视和深刻认识,也说明培育网络文化、建设网络文明在习近平文化思想中占有重要地位。

首先,网络文化是现代文化的重要组成。互联网有力激发了文化创造活力,网络文学、网络音乐、网络影视、网络游戏加快发展,网络直播、短视频等迅速崛起,网上文化产品琳琅满目、精彩纷呈,极大丰富了网民的精神文化生活。但与此同时,网络文化产品水平参差不齐、鱼龙混杂,其中包含的个人主义、拜金主义、消费主义、享乐主义等观念,一定程度上对社会文化带来了消极影响。因此,习近平文化思想强调,要加强互联网内容建设,培育积极健康向上的网络文化,这体现了对互联网文化建设的高度重视。

其次,网络空间是文化传播的重要阵地。网络空间为理论传播、舆论宣传、知识普及提供了极大方便,也是我们进行文化传播必须占领的阵地。在舆论宣传上,新媒体迅速崛起,日益成为舆论传播的主渠道主平台,新闻客户端和各类社交媒体越来越成为人民群众特别是年轻人的第一信息源,如何用好新媒体做大做强正面宣传成为重大课题。在知识普及上,搜索引擎、网络百科、知识付费、问答社区等新模式超越人际传授、印刷品流通等,成为新的知识传播阵地,但大量错误信息、低俗信息、虚假信息等也夹杂其中、扩散蔓延。因此,我们要以高度的思想自觉、政治自觉、行动自觉坚守网上阵地,既要旗帜鲜明支持正确思想言论,发改革奋进时代之强音、立主流思想舆论之强势,又要在管网治网上出重拳、亮利剑、见实效。

最后,网民群体是文化传播的重要对象。截至 2023 年 6 月,我国网民规模达 10.79 亿人,互联网普及率达 76.4%,人均每日上网时长为 4.4 个小时,通过手机接入互联网的比例超过 99%,使用网络新闻、社交、音乐、文学、视频、直播等已经成为亿万网民日常活动中不可或缺的重要组成部分。人在哪里,我们的工作就要做到哪里。习近平文化思想的出发点和落脚点在于实现人民对美好生活的向往,必须围绕让网民享有更加充实、更为丰富、更高质量的网络文化生活的目标,深入推动网络文化繁荣发展、加强网络文明建设。

（二）加强网络文明建设的重要性和必要性

网络文明与信息时代相伴而生，集中反映了互联网发展、治理、运用中形成的文明成果。网络文明建设是确保国家安全的重要保障，是推进社会主义精神文明、文化强国和网络强国建设的重要组成部分，是党和国家的一项重要长效工作。

1. 加强网络文明建设是顺应信息时代潮流、提高社会文明程度的必然要求

当前，信息化、数字化、网络化、智能化发展日新月异，互联网全面融入经济社会发展和人民生产生活，已经成为信息传播的新渠道、经济发展的新引擎、文化繁荣的新载体、社会治理的新平台、国际合作的新纽带。网络文明建设作为社会主义精神文明建设的新兴领域和重要内容，对于提高社会文明程度的意义和作用更加凸显。这就要求我们必须把加强网络文明建设作为一项重要任务，高度重视网络空间的思想引领、价值感召、精神凝聚、文化滋养，努力用科学理论、先进文化、主流价值占领网络阵地，激发广大网民思想共振、情感共鸣、行动共进，推动社会文明程度不断得到新提升。

2. 加强网络文明建设是坚持以人民为中心、满足亿万网民对美好生活向往的迫切需要

习近平总书记多次强调，网信事业发展必须贯彻以人民为中心的发展思想，让亿万人民在共享互联网发展成果上有更多获得感。目前，我国网民规模超过 10 亿，形成了全球最庞大的数字社会，网络空间已经成为亿万民众共同的精神家园。建设一个天朗气清、生态良好的网络空间，是广大网民的共同期待。同时也要清醒地看到，网络谣言、网络诈骗、网络信息泄露、网络侵犯个人隐私、网络黄赌毒、网络暴力等乱象仍时有发生，并直接损害人民群众的合法权益。这就要求我们必须本着对人民负责的态度，把加强网络文明建设作为满足亿万网民对美好生活新期待的重要举措，大力发展积极健康的网络文化，滋养网络空间、净化网络生态，为营造清朗网络空间提供有力支撑。

3. 加强网络文明建设是加快建设网络强国、全面建设社会主义现代化国家的重要任务

习近平总书记指出："实现中国梦，是物质文明和精神文明均衡发展、相互促进的结果。没有文明的继承和发展，没有文化的弘扬和繁荣，就没有中国梦的实现。"加快建设网络强国，

既要有过硬的核心技术、发达的基础设施、繁荣的数字经济、有力的安全保障,也要有丰富的网络服务、优质的网络内容、健康的网络文化、良好的网络生态。这就要求我们必须胸怀两个大局,把加强网络文明建设作为推动网信事业高质量发展、建设网络强国的重要内容,充分发挥网络文明在举旗帜、聚民心、育新人、兴文化、展形象等方面的积极作用,唱响主旋律、传播正能量、弘扬真善美,积极构建网上网下同心圆,不断巩固全党全国人民团结奋斗的共同思想基础,更好凝聚全面建设社会主义现代化国家的磅礴力量。

(三) 加强网络文明建设的工作目标和实践路径

加强网络文明建设要坚持以习近平新时代中国特色社会主义思想为指导,贯彻落实习近平总书记关于网络强国的重要思想和关于精神文明建设的重要论述,大力弘扬社会主义核心价值观,全面推进文明办网、文明用网、文明上网、文明兴网,推动形成适应新时代网络文明建设要求的思想观念、文化风尚、道德追求、行为规范、法治环境、创建机制,实现网上网下文明建设有机融合、互相促进,为全面建设社会主义现代化国家、实现第二个百年奋斗目标提供坚强思想保证、强大精神动力、有力舆论支持、良好文化条件。

　　加强网络文明建设的工作目标是：理论武装占领新阵地，马克思主义在网络意识形态领域的指导地位进一步巩固，全党全国人民团结奋斗的共同思想基础进一步巩固；文化培育取得新成效，社会主义核心价值观深入人心，人民群众网上精神文化生活日益健康丰富；道德建设迈出新步伐，网民思想道德素质明显提高，向上向善、诚信互助的网络风尚更加浓厚；文明素养得到新提高，青少年网民网络素养不断提升，网络平台主体责任和行业自律有效落实；治理效能实现新提升，网络生态日益向好，网络空间法治化深入推进，网络违法犯罪打击防范治理能力持续提升；创建活动开创新局面，群众性精神文明创建活动向网上有效延伸，网络文明品牌活动巩固提升，网络空间更加清朗。

　　一要以党的创新理论引领网络空间。坚持以习近平新时代中国特色社会主义思想统领互联网内容建设，推动党的创新理论走深走心走实。要深入推进媒体融合发展，加强重点理论网站、公众账号、客户端建设，构建起理论全媒体传播矩阵，充分发挥全媒体全网传播优势，有效破解党的创新理论"传不开、传不远"的难题。加强网络传播手段建设和创新。要持续创制理论宣传产品，灵活运用文字、音视频等多种呈现方式，注重理论从抽象到具象的转化，紧密结合中国特色社会主义伟大实践特别是新时代党和国家事业发展新变化新成就，着力把政治话语、理论话语转化为大众话语、网络话语,让理论可听可视,让思想有声有色,打造"现象级"传播产品。要坚决打赢网络意识形态斗争,把握网上斗争特点,建立健全网上风险防范机制,坚决粉碎敌对势力网上煽动"街头政治""颜色革命"等图谋,坚决管控各类有害信息,及时批驳历史虚无主义等错误思潮,有力维护网络意识形态安全。坚持疏堵结合,对于网民正常表达的意见建议甚至尖锐批评,有针对性地分析、研判和引导,对建设性意见及时采纳,对困难及时帮助,对不了解情况的及时宣介,对模糊认识及时廓清,对怨气怨言及时化解,对错误看法及时引导和纠正。

二要以健康向上文化塑造网络空间。要培育和弘扬社会主义核心价值观。核心价值观是一个国家的重要稳定器,能否构建具有强大感召力的核心价值观,关系社会和谐稳定,关系国家长治久安。因此,我们要以社会主义核心价值观引领网络文化建设,广泛凝聚新闻网站、商业平台等传播合力,把社会主义核心价值观传播到广大网民中、传导到社会各方面。要深入开展网上党史学习教育。红色资源是我们党艰辛而辉煌奋斗历程的见证,是最宝贵的精神财富,要在网上广泛开展党史、新中国史、改革开放史、社会主义发展史宣传教育,着力讲好党的故事、革命的故事、英雄的故事,厚植爱党、爱国、爱社会主义的情感,让红色基因、革命薪火代代传承,要组织各级融媒体中心、新媒体、网络名人等利用"两微一端"、抖音等平台,通过直播、短视频、H5 等可视化呈现,全面系统展示传播我们党在革命、建设、改革各个历史时期取得的伟大成就,弘扬党和人民在奋斗中形成的伟大精神,旗帜鲜明反对历史虚无主义。要激发中华优秀传统文化活力。中华民族的优秀文化传统是我们民族的"根"和"魂",要顺应数字产业化和产业数字化发展趋势,加快发展新型文化业态,改造提升传统文化业态,提高质量效益和核心竞争力,打造特色品牌活动和原创精品,推动中华优秀传统文化创造性转化、创新性发展。要丰富优质网络文化产品供给,坚持内容为王,紧抓文化消费心理及消费习惯,引导网站、公众账号、客户端等平台和广大网民创作生产积极健康、向上向善的网络文化产品;更要立德树人,举办丰富多彩的网络文化活动,引导养成崇德向善的网络行为习惯,发挥文化育人的作用,培育正确的价值观。要提升网络公共文化服务水平,实施国家文化数字化战略,大力提升数字文化建设水平。完善数字文化服务体制机制,构建与文化数字化建设相适应的市场准入、市场秩序、技术创新、知识产权、安全保障等政策法规体系,完善文化市场综合执法体制。加强数字文化基础设施和服务平台建设,推进国家文化专网和国家文化大数据体系建设,推动国家重大文化设施和国有文化资源数字化网络化,提高网络公共文化服务供给的普惠性和便捷性。

三要以良好道德风尚滋养网络空间。国无德不兴,人无德不立。习近平总书记指出,道德建设,重要的是要激发人们形成善良的道德意愿、道德情感,培育正确的道德判断和道德责任,提高道德实践能力尤其是自觉践行能力。为此,我们要强化网上道德示范引领,广泛开展劳动模范、时代楷模、道德模范、最美人物、身边好人、优秀志愿者等典型案例和事迹网上宣传活动,发现真善美、激发正能量,在潜移默化、润物无声中传播网络道德理念,让崇德向善、见贤思齐的良好风尚充盈网络空间,把道德模范的榜样力量转化为亿万群众的生动实践。深化网络诚信建设,举办形式多样的线上线下品牌活动,大力传播诚信文化,倡导诚实守信的价值理念,鼓励支持互联网企业和平台完善内部诚信规范与机制,完善守法诚信褒奖机制和违法失信惩戒机制,使人不敢失信、不能失信,营造依法办网、诚信用网的良好氛围。发展网络公益事业,深入实施网络公益工程,广泛开展形式多样的网络文明志愿服务和网络公益活动,打造网络公益品牌。

四要以网络综合治理净化网络空间。建立健全网络综合治理体系,努力形成党委领导、政府管理、企业履责、社会监督、网民自律等多主体参与,经济、法律、技术等多种手段相结合的综合治网格局,推动互联网实现由"管"到"治"的深刻转变。深化依法治网,加快构建系统完备、科学规范、运行有效的管网治网法规制度体系,加强个人信息保护法、数据安全法贯彻实施,加快制定修订并实施文化产业促进法、广播电视法、网络犯罪防治法、未成年人网络保护条例、互联网信息服务管理办法等法律法规。创新开展网络普法系列活动,增强公民法律意识和法治素养。深入推进"清朗""净网"系列专项行动,深化打击网络违法犯罪,深化公众账号、直播带货、知识问答等领域不文明问题治理,开展互联网领域虚假信息治理。强化网络平台责任,加强网站平台社区规则、用户协议建设,引导网络平台增强国家安全意识。加强互联网行业自律,坚持经济效益和社会效益并重的价值导向,督促互联网企业积极履行社会责任。进一步规范网上内容生产、信息发布和传播流程,深入推进公众账号分级分类管理。发挥行业组织引导督促作用,促进行业健康规范发展,鼓励支持各类网络社会组织参与网络文明建设。培育符合社会主义核心价值观的网络伦理和行为规则,制定出台网络文明准则,规范网上用语,把网络文明建设要求融入行业管理规范,全面提高网络空间法治化水平。强化技术治网,充分利用大数据、人工智能等新技术新手段,探索建设和完善高水平互联网舆情预警分析系统,持续提升对新技术新应用的管控能力。健全防范青少年沉迷网络工作机制,依法坚决打击和制止青少年网络欺凌,保护青少年在网络空间的合法权益。依靠网民治网,发挥网民作用,坚持积极服务网民、广泛动员网民、紧紧依靠网民，真正使广大网民成为正能量的生产者、传播者、引领者，健全网络不文明现象投诉举报机制，动员广大网民积极参与监督，让网民影响网民、让网民教育网民，引导网民自觉规范网络行为、净化网络环境。

五要落实管网责任维护网络空间。牢牢掌握意识形态工作领导权，建设具有强大凝聚力和引领力的社会主义意识形态，这是新时代坚持和发展中国特色社会主义的一个重大命题，也是全党特别是宣传思想文化战线必须担负起的一个战略任务。历史和现实都警示我们，思想舆论阵地一旦被突破，其他防线就很难守得住。在意识形态领域斗争上，我们没有任何妥协、退让的余地，必须取得全胜。网络空间作为重要意识形态阵地，更要坚持党管互联网，进一步落实网络意识形态工作责任制。要以党的政治建设为统领，始终推动各级党委（党组）把坚决做到"两个维护"作为网络意识形态工作的头等大事和重中之重，不断增强落实网络意识形态工作责任制的政治责任感和使命感，全面落实各项工作任务，管好导向、管好阵地、管好队伍。健全责任体系，细化责任清单，明晰责任边界，完善责任链条，健全考评指标体系，提升考核刚性标准，进一步构建分工合理、衔接有序、齐抓共管的网络意识形态工作整体格局，全面提升工作的整体性协同性实效性。

二、江苏省连云港市赣榆区：打造 "e 起来"综合治理工程，探索 互联网治理新路径

进入信息时代，人类社会朝着数字化、网络化、智能化方向加速演进，网络空间成为人类生产生活的新空间。党的十八大以来，习近平总书记把宣传思想文化工作摆在治国理政的重要位置，并在 2023 年度全国宣传思想文化工作会议上首次提出了习近平文化思想。随着信息化浪潮迅猛发展，迫切需要把互联网这个变量变成事业发展的增量，汇聚网上网下同心圆，以党的创新理论团结凝聚亿万网民，大力弘扬和践行社会主义核心价值观，文明办网、文明用网、文明上网蔚然成风。习近平总书记站在我们党长期执政的高度，明确提出"要依法加强网络社会管理，加强网络新技术新应用的管理，确保互联网可管可控，使我们的网络空间清朗起来"。在此后的不同场合，习近平总书记就管网、用网等问题作出过一系列重要指示和重要论述，为全方位提升网络新空间综合治理能力，提供了根本遵循，指明了前行航向。当前中国有着 10 亿多网民，正由网络大国阔步迈向网络强国，我国网民人均每周上网时长为 29.1 个小时。网络新空间给

网民生产生活带来了极大便利,基层网民利用互联网利益诉求日益增多,同时也滋生出诸多不文明行为和诸多违法犯罪行为,综合治理网络空间刻不容缓。面对互联网这个"最大变量",如何把网络空间塑造成凝心聚力、引领风尚、丰富人民精神世界、增强人民精神力量的新空间,是我们必须回答的时代课题。

(一) 主要做法

连云港市赣榆区位于江苏北大门,被誉为"黄海明珠",网民数量占全区 100 万人口的 80%,网民基数和网民活跃程度都居全省前列。近年来赣榆区针对基层网综治理缺乏有力抓手、专业人才队伍建设不足、协同治理机制运行不完善等问题,围绕如何提升基层网络综合治理效能,破题网络文明建设,大胆探索主动作为,积极打造"e 起来"网络综合治理工程,"e 起来"网络综合治理工程入选江苏省第三批网络综合治理创新试点,荣获 2023 年度江苏省"网信工作创新奖",并被中央网信办"网信动态"专题刊发,走出了一条具有鲜明特色的县区级网络综合治理新路径。

1. 赣榆区"e 起来"网络综合治理工程实施背景

为了提升互联网空间治理水平,切实把互联网这个变量变成事业发展的增量,赣榆区委网信办按照中央、省市委网信办工作部署,围绕如何提升基层网络综合治理效能,切实提高管网治网水平,积极响应"四下基层"号召,先后前往柘汪镇、石桥镇、海头镇等基层一线,开展基层网络综合治理调研。结合实际归纳当前基层网络文明建设普遍存在着如下几个方面的问题:

一是基层网综治理要素保障不健全。当前,我国网络生态治理体系已基本建成,但在基层实践中,还存在一些问题和困难,需要进一步完善和加强。例如基层网络综合治理普遍缺乏专业人才和技术支持,镇村工作人员缺乏互联网专业知识、工作技能、媒体素养,硬件保障投入不到位。调研中发现,近年来赣榆区所属的柘汪镇、石桥镇等网络阵地建设有所破题,但是依然存在人财物保障不够到位、机制不够完善等问题。此外,基层网络综合治理缺乏有效的社会参与和监督,资源整合不够,为形成合力,存在"单打独斗"现象,需要进一步加强和改进。

二是专业人才队伍建设较为薄弱。一方面技术人员基数不大、力量薄弱。特别是不同于中央、省、市三级网信机构人财物独立,县区级网信办为宣传部挂牌机构,没有三定方案,工作人员均为宣传部调配。各镇从事网信工作的人员均为兼职人员,工作人员学习的步伐与技术迭代不够匹配,两者结合得不够紧密。另一方面人员网络管理能力相对不足。一些从事网信工作的人员对于互联网技术和网络治理的理解不够深入,在网络管理方面缺乏有效的手段和技巧,应对处置突发舆情事件的能力不足。

三是协同治理机制运行不通畅。网络安全和信息化工作涉及网信、网安、工信、通管等多部门,在实际工作中部门间的协同治理机制还不够健全、不够畅通,缺乏工作专班定期研判、综合统筹,存在关系不清、协同性不强、回应民众需求不及时等问题。考核问责机制不够完善,执行不到位。相关要素"无序融合",综合治理效率不高。

2. 赣榆区"e 起来"网络综合治理具体举措

习近平总书记的一系列重要指示,为我国加快推进网络文明建设、共建网上美好精神家园指明了前进方向、提供了根本遵循。在深入学习领会习近平总书记"网络治理观"理念后,赣榆区"e 起来"网络综合治理工程从互联网阵地、队伍、载体建设着手,不断丰富网络正能量意识形态内容,强化协调联动机制,牢牢织密基层网络综合治理"一张网"。

(1)聚焦阵地建设,提升处置覆盖面

网络空间相当于互联网宣传主阵地,习近平总书记在2016 年 4 月 19 日网络安全和信息化工作座谈会上指出:"用社会主义核心价值观和人类优秀文明成果滋养人心、滋养社会,做到正能量充沛、主旋律高昂,为广大网民特别是青少年营造一个风清气正的网络空间。"多方面统筹兼顾才能打好阵地战。我区基础做法:

一是用好"e"张网,舆情处置在"e"线。建成区委网信办应急指挥中心,连接省403专网,依托"1+4"基层综合治理平台,开发基层网络治理软件。融入镇村综治中心平台,推动区镇村三级互联互通,与网格员实时在线联动、现场快速核查处置,实现舆情处置扁平化、效率化。

二是建好"e"基地,"e"路拓展网宣新路径。线下建成江苏省网络文明素养教育基地——新时代文明实践中心,借助辐射全区15个镇、463个行政村、120余个机关事业单位、200余家企业、70余所校园分别建立新时代文明实践所站点,融入网络文明、网络综合治理元素,实现"区、镇、村"三级四类阵地全覆盖;线上依托赣榆贴吧等资源优势,探索属地贴吧综合治理新路径;通过担任属地贴吧吧主、完善吧务团队建设、带头生产原创内容、鼓励发布精华帖、组织线下联谊、开展网络公益活动等多措并举,主动介入,让属地网络空间充盈正能量,相关典型工作案例入选《2019年度江苏省"文明办网"创建典型案例汇编》。

三是织好"e"空间普法网,"e"享网络文明。突出网信元素,将柘汪镇综治中心打造为镇级网络基层治理的示范点,在全市率先研究制定"网络文明特色小镇"建设工作方案,统筹辖区内综合指挥中心、电商基地、新时代文明实践站所等现有阵地,常态化开展"连 e 护苗""连 e 护老"等实践活动,成功打造全市首个乡村"网络护苗工作站",并授牌"网络护老"工作站,推动网络文明各项工作在镇区范围内落地落实。联合海鲜网红聚集地海头镇、石桥镇,以网络诚信、网络直播法律法规为主题,打造网络诚信经营普法阵地,接受省委网信办领导现场调研,并获得一致好评。

(2)聚焦队伍建设,提升专业工作素养

一是练好内功,提升专业素养。网信办同志积极参与网信系统各项培训活动,争做网信事业行家里手,从容不迫应对,有条不紊处置。依托省网络文明素养基地载体,围绕网民素养提升、人才培养、队伍建设等方面,通过比学赶超、实战比武等方式,全面提升党员干部网信技能、媒体素养,形成网络素养教育品牌。针对短视频平台蓬勃发展态势,明确要求区、镇(部门)党员干部每天浏览本地同城热搜榜单,及时发现并处置敏感信息,第一时间解决群众反映的急难愁盼问题。聚焦镇村基层一线,明确各镇组建由镇党委书记、副书记、宣传委员、派出所所长参与的群组,实现舆情影响"处置在小"。镇级参照区级成立"4+X"机制,每周常态化分析研判上报风险点。

二是借助外力,壮大属地网信团队。充分调动各镇和重点部门的积极性,建立600余人的"宣传网信干部+网格员+网评员"的一体化专业队伍。开展专题业务培训,覆盖人数涉及宣传网信干部、青干班、各部门各条线、学校等各类群体。组建"赣榆红帽"网络安全专家团队,培养超过260人的覆盖全区的网信工作队伍。在网络空间逐步培养属地"意见领袖",为我所用,夯实网络文明虚拟阵地。围绕服务留守儿童,组织"赣榆义工""海英草""红珊瑚"等网络文明志愿者,线上线下开展安全上网、心理辅导等特色教育活动,形成网上网下同心圆。组织召开全区新媒体会议,评选以赣榆发布、赣榆部落、我爱赣榆、乡土赣榆等为代表的"赣榆区优秀新媒体平台"12家,并邀请知名自媒体代表现场领读《致全区互联网企业、新媒体的倡议书》。

三是汇聚民智,延伸信息触角。整合人才资源,多方协调联动,凝聚互联网企业、直播电商、自媒体等新业态力量,弘扬网络正能量,为基层网络综合治理注入新活力。通过自建的覆盖全区的31个微信群,快速掌握属地舆论态势,并组织热心网民进行舆论引导,营造了风清气正网络环境。

(3)聚焦宣传引领,提升网络生态正向引导力

2018年4月20日至21日,全国网络安全和信息化工作会议召开,习近平总书记强调:"构建网上网下同心圆,更好凝聚社会共识,巩固全党全国人民团结奋斗的共同思想基础。"

　　赣榆区紧扣理论宣讲、网络护苗、网络护老、网络文明、互联网党建等工作重点，联合区文明办、互联网自媒体、网络社会组织，线上线下同频共振，实现"1+1>2"的突出效果。

　　一是注重理论宣传教育引导。积极探索媒体网络交互式理论传播方式，打造"理"花树理论学习宣讲品牌，整体标识以党的创新理论为"树根"，以全国基层理论宣讲先进集体乡"理"乡亲宣讲团为"树干"，以镇、单位宣讲队伍为"枝叶"，组建包括党的二十大代表钟佰均以及专家学者、模范典型等400余人的区镇村理论宣讲队伍，依托党校、公共文化场馆、新时代文明实践中心（所、站）等，充分运用"两微一端"、抖音、快手等平台，开设理论宣讲新媒体专栏，组织省市百姓名嘴深入基层开展"理"花树示范宣讲20余场，开展"'理'花树""习语晨读""'e'路'理'花进万家·理论惠民"理论宣讲活动300余期，录播"习语晨读"、党的二十大精神理论宣讲等微视频50余条，赣榆选手王宝石获得省市"学习达人"挑战赛双料冠军。"理"上网来，理论宣讲效果有力提升，潜移默化洗涤网民思想，培养文明素质。

　　二是注重新媒体弘扬新风。将报纸、电视、广播等传统新闻媒介注入互联网灵魂，推出"赣榆融媒"视频号、抖音、快手系列账号，年均发布短视频600余条，拍摄《我和我的村》《赣榆人的三餐四季》等乡土内容作品，制作《潮涌海州湾　福泽新赣榆》《解读丰收密码 托起舌尖幸福》等专题片 70 余部,推出《主播带你游赣榆》等专题视频,其中《生死时速! 王晓梅你跪地救人的样子真美!》等 5 部短视频全网播放量 1 000 万+,运用网络充分展示和宣介赣榆在乡村振兴、文明建设、文化传承发展等方面的新成就、新风貌。

三是注重活动线上调动。围绕防网络沉迷等主题,引导未成年人争做"网络文明小卫士",持续开展"榆 e 护苗"活动,促进未成年人健康成长,仅 2023 年以来就开展网络文明活动 80 余场,惠及未成年人 3 000 余人次;全民阅读活动通过互联网对外发布直播,承办的第十一届花果山读书节各网络平台总浏览量超 1 000 万人次;进行小镇书房巡礼拍摄 20 余期,"书香赣榆代言人"线上报名突破 1 万人次,网络投票带动近 20 万人参与线上风采展示和票选环节;推出品牌栏目"街头巷尾话文明",发布线上调查问卷,倾听群众对于文明创建、文明行为等意见建议和诉求;依托互联网平台,持续落实区镇村新时代文明实践活动线上月发布制度,实行"周展示、月发布、季评比",通过新媒体平台累计发布"温暖秋冬"特色文明实践项目 100 个,"榆见文明·四季歌"春季特色活动项目 30 个,线上展示理论宣讲、文化文艺等活动 1 026 场次,极大丰富了文化供给。

四是注重好人模范典型塑造。为了用身边优秀典型影响激励人民,文明办利用网络大 V 等资源,开展"好网民"事迹分享活动,直播活动观看量达到 3.6 万余次,点赞量超 5.7 万次;建立好人线上数据库,每季度通过互联网发布"赣榆好人榜",联合公安、卫健、民政等部门,共享先进典型数据库,开展好教师、好医生等 10 类行业领域好人评选,拓展选树推评线上渠道;开设"榆见文明"线上专栏、优秀作品线上展览,统筹发布身边好人故事,发挥线上线下宣传带动作用,营造良好社会氛围;持续深入打造"福城好人"工作品牌,通过鼓励凡人善举、礼赞身边好人等做法,目前已有"全国道德模范"1 人、全国最美人物 1 人、"中国好人"29 人、江苏"时代楷模"钟佰均等 2 人(组)、江苏省道德模范 7 人、江苏最美人物 13 人、"江苏好人"50 人(组)。最有代表性的是第六届"全国道德模范"方敬先生,赣榆区宋庄镇人,大学教授、海派书法名家、上海科学院院士。退休后回归家乡反哺教育,慷慨解囊,资助家乡贫困儿童完成学业,奖励家乡绩优学子学成大器,20 多年间倾尽 200 余万元积蓄帮助家乡 260 余名寒门学子走进高等学府,被誉为"现代乡贤"。相关事迹在线上线下广为传播,得到全网一致点赞。

五是注重互联网党建引领。发挥互联网行业党委引领作用,让互联网这个"最大变量"变成工作的"最大增量",联合制作党的二十大精神宣讲原创作品 12 篇,覆盖视频、音频、图文等多种形式作品引领真善美,推动形成良好的网络生态空间;紧扣"好网民讲好故事"主题,邀请市委网信办专家、互联网企业代表共同奏响网上主旋律,自觉维护网络诚信;开展"红色教育行""赣榆区学雷锋志愿服务月"等活动,组织互联网企业参观青口镇十八勇士纪念馆,开展"e起重温红色历史 e路传承革命精神"网络人士红色基地行拓展培训;开展互联网行业座谈会10余场,团结属地自媒体自觉做好网络宣传、创新创业、规范使用网络语言等各项工作,用丰富积极向上活动传播正能量,推动形成良好的网络生态空间。

（4）聚焦联动治网,传播美好城市形象

一是区镇联动强化处置。2019年,区外某公司注册"深度赣榆""赣榆老乡群""赣榆本地圈""赣榆生活在线"等多个微信公众号,大量转发炒作涉及赣榆各镇负面信息、标题党内容,意在博取眼球、吸引流量并变现。对此,网信部门会同相关镇搜集固定证据,并上报上级部门,依据《互联网信息服务管理办法》等法律法规规定,予以永久注销关停,及时斩断互联网炒作"黑手"。2020年以来,网信部门联动属地镇受理处置侵害网民权益、涉及色情赌博等违规行为网站平台82起,处置率100%。针对网络乱象,赣榆区精准施策,察打一体,大力开展属地网络舆论环境治理,塑造美好赣榆对外城市形象。常态化开展预防网络诈骗、个人信息保护等网络安全宣传活动,通过518电商大会开展"网络诚信'e起来'助力电商清朗行"网络诚信主题宣传,向电商企业、网络主播宣传解读相关法律法规,积极打造

"赣榆人信得过,赣榆货靠得住"金字商誉招牌,共同维护赣榆形象,进一步增强网络直播电商从业者的网络诚信意识。

二是部门协同筑牢屏障。党建领航队伍联动协作,建立网信部门牵头,区委组织部、区公安局、交通局、工信局等有关部门共同参与的行业党建组织体系以网络安全工作责任制为引领,发挥各镇、各部门主体责任,开展"网安"专项行动,实现网络资产梳理、网络漏洞扫描整改、网络安全应急保障全覆盖。会同网安等部门充分发挥"清朗""净网"等专项行动载体作用,累计关停违规新媒体账号 7 个,约谈违规网民 30 余人。网络巡查发现,某中介擅自发布《2023 赣榆区公办学校学区范围》文件,经核实为虚假信息。网信办会同公安、网安及时约谈,要求立即删除并发布澄清声明。市辟谣平台、苍梧晚报等媒体进行报道,区委网信办撰写的《清除网络"顽瘴痼疾"清朗行动重拳出击》网评稿件登上省委网信办微信公众号首屏。

(5)聚焦机制建设,提升"一张网"处置水平

一是"e"网观全局,质效双提升。深入贯彻落实习近平总书记关于网络强国的重要思想,践行"走好网上群众路线"理念,着力推动解决舆情中反映的老百姓急难愁盼等现实问题,防止出现"两张皮"现象。按照"网下管什么,网上就要管什么"原则,完善一个规程——《赣榆区舆情处置规程》,制定三张流程图——线上舆情应对处置、线下媒体接待、突发事件舆

情应对流程图。聚焦网民最关心、群众最急迫、社会最关注的民生事项，充分运用《舆情专报》这一舆情信息产品，为区级决策提供预警式信息参考，有效地变舆情处置被动应对为主动引导，强化政府服务职能，及时补齐民生短板；依托"1+4"基层综合治理平台，新增网信专题模块，将创新制定的《舆情闭环处置流程图》迁移到线上，实现舆情交办、研判处置、结果反馈、总结报告全流程在线闭环。同步开发了大屏端、电脑端、手机端功能应用，实现指挥调度、现场处置、总结报告全程线上运行。

二是"e"端巧融合，畅享云体验。在创成省级网络文明素养实践教育基地的基础上，打造线上版文明实践样板，开发"1云4屏1播"（指挥云平台+大屏、手机、电脑、电视+应急广播）文明实践一体化平台，实现在线指挥调度、活动信息发布、招募志愿者等多项功能，通过群众点单、中心派单、志愿服务队接单、群众评单的方式，线上实现供需对接；紧扣基层网民精神文化需求，举办连云港市首届"网络村晚"，邀请知名网红同步现场直播，活动期间点击量突破100万+；结合本地优秀传统文化资源禀赋，与互联网融合进行有益探索。以江苏省级第四批非物质文化遗产代表性项目名录传统美术类项目——连云港贝雕为例，其艺术历史悠久，历经宋元明清，经过数百年的发展，使贝雕艺术成为中国民间工艺的一颗明珠，产品曾多次获得国家、省级大奖，"花果山牌"贝雕画通过互联网行销全国并跨境出口欧美市场,诞生出来自赣榆的非物质文化遗产传承人张西月大师。2024 年 3 月,连云港贝雕与热门网络手游"恋与深空"跨界合作,宣传推介贝雕技艺非遗传承,全网点赞量超 20 万+,浏览量达千万人次。

(二) 启示与思考

新时代背景下,网络空间已经成为凝聚共识的主阵地。必须持续深化对习近平文化思想的感悟领会,把握信息时代潮流主导权,以"时时放心不下"的责任感使命感,把互联网这个变量变成事业发展的增量,进一步巩固壮大奋进新时代的网上主流思想舆论,培育积极健康向上向善的网络文化,建设网络文明。

一是构建清朗网络生态,服务民生是宗旨。习近平总书记强调,"网络空间是亿万民众共同的精神家园。网络空间天朗气清、生态良好,符合人民利益。网络空间乌烟瘴气、生态恶化,不符合人民利益"。互联网在给我们的生产生活带来便利性的同时,受限于网络信息真假掺杂、网民素养参差不齐等因素影响,网络生态鱼龙混杂,网民治理诉求强烈。民有所呼、我有所应。只有一切以群众利益为出发点,第一时间回应群众关切,走好网上群众路线,建立健全线上信息渠道、线下综合治理机制,惠民利民,为群众切实解决难点焦点问题,提升群众的满意度,才能为群众所拥护,形成人人参与用网管网治网的强大合力,清朗网络空间,营造良好的网络生态环境。

二是丰富网络文化供给,内容健康是导向。身处互联网时代,人民群众已经习惯通过网络获取信息、生活消费、反映需求、建言献策等,需要有健康向上内容引领。中共中央《关于加强网络文明建设的意见》明确指出,加强网络文明建设,是推进社会主义精神文明建设、提高社会文明程度的必然要求,是适应社会主要矛盾变化、满足人民对美好生活向往的迫切需要,是加快建设网络强国、全面建设社会主义现代化国家的重要任务。健康向善的网络文化对于引领人民合法表达诉求,涵养人们正确的文化消费观和生产生活方式、减少网络违法犯罪行为,都有着重要意义。在实践中,赣榆区通过接地气的网上理论宣讲、将非遗元素融入网络文化、与线上全民阅读紧密结合等形式丰富网络文化供给,同时注重互动性、参与性,以短视频、H5 等群众喜闻乐见的方式鼓励网民积极发表观点、交流思想,营造了创造健康、积极的网络文化氛围。

三是构建网信监管格局,健全机制是关键。传统意义上,互联网管理涉及网信、网安、工信、运营商等多个部门,一定程度上存在多头管理、执法力量分散等现实问题。面对基层网络社会治理纷繁复杂、千头万绪的背景,首要是发现,解决是关键,找准痛点才能有的放矢。赣榆区因地制宜、先行先试,整合网信、网安、网格等平台资源为网信所用,通过网格员、民警、电商网红、第三方公司等多元力量主体的参与,健全区镇村三级网络治理体系,广开收取信息、收集民情的渠道,施好精准治网良策,实现"九龙治水"提升为"系统推进",清朗属地网络舆论环境。

四是提升网络治理效能,技术治网是保障。新时代下,能否恰当将新兴技术融入网络治理中成为管理升级的重要突破口。赣榆区创新研发区级网络综合治理软件,整合网信、政务服务等资源,打通"大屏端+电脑端+手机端"技术壁垒,实现三屏三端互联互通,设置专网直连市、镇指挥中心,以区级指挥中心为主体,柘汪、海头、石桥等镇分中心为骨干支撑,重点培育响石村、海前村等村级阵地,进一步拓宽网信主阵地。配备巡逻车、无人机、鹰眼等装备,以网络化、智能化、数字化等多种技术手段赋能基层网络综合治理,为工作效果的提升提供了有力保障。

五是调动参与主体力量,队伍建设是基础。网信专职队伍是推进网络治理工作的主体力量,但在实际工作中,清朗有序网络空间的构建还需要社会各阶层的共同参与。统筹调度好队伍成为基层网络治理的前置条件,这就要求从人员力量、网络素养培育等方面入手抓牢抓实。赣榆区注重基层队伍建设,整合网评员、网格员、社区民警、电商网红等社会各阶层群体，健全区镇村三级网络综合治理体系，依托省级网络文明素养基地、赣榆抖音直播基地、九里电商产业等阵地，常态化对网信专兼职队伍开展网信普法、电诈宣传等，在基层实践中不断提升管网治网水平。

撰稿人：谢春岐，中共连云港市赣榆区委宣传部常务副部长；宰红涛，中共连云港市赣榆区委宣传部理论科科长、四级主任科员；方煜雯，连云港市赣榆区网络管理中心办事员

专题十三

提升国家文化软实力和中华文化影响力，加强国际传播能力建设，讲好中国故事，推动中华文化更好走向世界

无论是对内提升先进文化的凝聚力感召力，还是对外增强中华文明的传播力影响力，都离不开融通中外、贯通古今。经过长期努力，我们比以往任何一个时代都更有条件破解"古今中西之争"，也比以往任何一个时代都更迫切需要一批熔铸古今、汇通中西的文化成果。

——2023 年 6 月 2 日，习近平总书记在文化

传承发展座谈会上的讲话

一、加强国际传播能力建设，推动中华文化更好走向世界

习近平文化思想既有理论观点上的创新和突破，又有工作

布局上的部署要求,可谓"明体达用、体用贯通",其中关于"着力加强国际传播能力建设"的重要要求,更是明确了加强国际传播能力建设、全面提升国际传播效能的路径和要求。"着力加强国际传播能力建设"是新时代党领导国际传播能力建设实践经验的理论总结,也是新时代社会主义文化建设的一项重要内容,更是习近平文化思想的重要组成部分。它对于提升国家文化软实力和中华文化影响力,讲好中国故事,乃至推动中华文化更好走向世界都有着极为重要的意义,特别是在体现强大文化自信的同时,也彰显了我们党对中国特色社会主义文化建设规律的认识达到新高度,预示着新时代我们党在构建具有鲜明中国特色的战略传播体系方面必将有新气象新作为。

党的十八大以来,以习近平同志为核心的党中央高度重视宣传思想文化工作和国际传播工作。党的二十大报告就增强中华文明传播力影响力作出专门部署,要求加强国际传播能力建设,全面提升国际传播效能,形成同我国综合国力和国际地位相匹配的国际话语权。我们要深入学习贯彻习近平文化思想,充分认识国际传播在推动中华文明传承创新和中外文明交流互鉴中的特殊重要作用,系统加强国际传播能力建设,构建更有效力的国际传播体系,为推进和拓展中国式现代化营造良好外部舆论环境。

（一）夯实国际传播能力建设的文化根基，不断提升国家文化软实力和中华文化影响力

文化兴国运兴，文化强民族强。加强国际传播能力建设，增强中华文明传播力影响力，必须修炼好"内功"。只有在文化建设中做到"形于中"而"发于外"，才能提升国家文化软实力和中华文化影响力，进而夯实国际传播工作基础、不断提高国际传播效能。

着力厚植国家文化软实力。在文化交流交融交锋日益频繁的今天，提高国家文化软实力，关系我国在世界文化格局中的定位，关系我国国际地位和国际影响力，关系"两个一百年"奋斗目标和中华民族伟大复兴的中国梦的实现。特别是在国际传播能力建设中，应尤为突出文化内容建设，要将马克思主义基本原理同中国具体实际、同中华优秀传统文化相结合，以对自身文化的高度认同，广泛弘扬社会主义先进文化，持续深化文化体制改革，加快推动社会主义文化大发展大繁荣，进一步增强全民族文化创造活力，持续推动文化事业全面繁荣、文化产业快速发展，不断丰富人民精神世界、增强人民精神力量，通过全面提高文化整体实力和竞争力，才能有效夯实国际传播的工作基础。

不断提升中华文化影响力。中华民族孕育了优秀的中华文化,中华文化凝聚着中华民族共同经历的奋斗历程。历史表明,一个国家、一个民族的强盛,总是以文化兴盛为支撑的,中华民族伟大复兴需要以中华文化发展繁荣为条件,不断提升中华文化影响力,才能让中华民族以更加自信和昂扬的姿态屹立于世界民族之林。为此,在加强国际传播能力建设中,我们必须深入挖掘中华优秀传统文化蕴含的思想观念、人文精神、道德规范,不断将其精神标识提炼出来、展示出来,将具有当代价值、世界意义的文化精髓提炼出来、展示出来,才能让世界更好地了解中华文化、让中华文化更好地影响世界。

(二)加强国际传播的顶层设计,构建更有效力的国际传播体系

国际传播能力关乎着国家形象的塑造与传播,影响着一个国家在国际上的公信力和话语权。习近平总书记强调:"必须加强顶层设计和研究布局,构建具有鲜明中国特色的战略传播体系。"我们要加强国际传播的顶层设计和研究布局,持续推进国际传播格局重构,深化主流媒体国际传播机制改革创新,加快构建中国话语和中国叙事体系,全面提升国际传播效能。

强化顶层设计和研究布局。国际传播是一项系统工程，涉及传播主体、传播受众、传播内容、传播媒介、传播方法等要素，只有加强各类要素的供给与配置，才能形成有效传播、实现传播目的。加强我国国际传播能力建设，必须加强顶层设计和研究布局，强化"一盘棋"的理念，深入研究把握影响国际传播效能的诸要素作用机理，科学整合传统与现代、线上与线下、内宣与外宣等各方面传播资源，推动形成相互衔接、相互支持、相得益彰的一体化国际传播体系。

加强对外话语体系建设。话语和叙事体系是思想体系、知识体系的外在表达形式，是影响国际话语权的重要因素。加快中国话语和中国叙事体系建设，要把握好叙事立场、叙事逻辑和叙事策略，注重提炼和宣介展现中国精神、中国之理的标识性概念，精准选取故事素材、叙事视角，并运用既反映中国人思维方式特点、又易于为国际社会所理解的话语，塑造可信、可爱、可敬的中国形象。

全面提升国际传播效能。构建国际传播体系、提升国际传播效能，不仅是扭转全球话语体系失衡的需求，也是打造人类命运共同体、为全人类谋求更好未来的客观需求。全面提升国际传播效能，必须注重中外融通，把握国外不同受众的习惯和特点，把我们想讲的和国外受众想听的结合起来，把"自己讲"和"别人讲"结合起来，使中国故事更多为国际社会和海外受众所认同。同时,要打造具有国际传播力的媒体集群,整合主流媒体、新兴媒体、国际媒体、社交媒体和各类国内外人文交流主体共同服务于国际传播,发挥多元主体的协同效应。

加大国际传播人才培养。人才是国际传播效能提升的基础和关键。要加强高校国际传播学科建设,将马克思主义新闻观教育融会贯穿于国家传播人才培养的全过程之中,强化新闻传播的基础理论知识和专业实践技能,着力培养一批"有家国情怀、有全球视野、有专业本领"的复合型国际传播人才,确保在国际传播中能够始终维护中国利益、诠释中国立场、展现中国形象。

(三)准确把握国际传播的着力点,不断讲好中国故事、传播好中国声音

伟大的时代孕育伟大的故事,精彩的中国需要精彩的讲述。习近平总书记指出:"展形象,就是要推进国际传播能力建设,讲好中国故事、传播好中国声音,向世界展现真实、立体、全面的中国,提高国家文化软实力和中华文化影响力。"这就要求我们要准确把握国际传播的着力点,依托推进中国式现代化的生动实践,立足五千多年中华文明,以全人类共同价值为底色,主动宣介习近平新时代中国特色社会主义思想,主动讲好中国

共产党治国理政的故事、中国人民奋斗圆梦的故事、中国坚持和平发展合作共赢的故事,面向世界展现一个具有独特现代气质、深厚历史底蕴和宽广胸怀的负责任大国的形象。

用心用情讲好现代中国故事。中国式现代化是中国共产党领导全国各族人民在长期探索和实践中取得的重大成果,是推进强国建设、民族复兴伟业,推动构建人类命运共同体的必由之路。讲好中国式现代化故事,就是讲好中国共产党的故事,是深化理论武装所需,也是破除国际偏见所需,对于塑造良好的舆论环境具有重要意义。为此,要用心用情总结丰富而鲜活的中国实践经验,深入梳理、提炼和传播"中国式现代化"所承载的价值观念的"中国特色",着力展现其所蕴含的人类现代化追求的"共同特征",让世界认识到为民造福是中国共产党立党为公、执政为民的本质要求,了解中国共产党为什么能、马克思主义为什么行、中国特色社会主义为什么好。

自信自强讲好文明古国故事。在五千多年的发展史中,中国人民创造了璀璨夺目的中华文明,为人类文明进步事业作出了重大贡献。因此,讲好文明古国故事,就要把中华文明起源研究同中华文明特质和形态等研究紧密结合起来,深入阐释中华文明起源所昭示的中华民族共同体发展路向和中华民族多元一体演进格局,研究阐释中华文明讲仁爱、重民本、守诚信、崇正义、尚和合、求大同的精神特质和发展形态,持续做好我国古代文明理论和中华文明探源工程研究成果的国际传播工作，更加自信从容地阐明中国道路的深厚文化底蕴。

真挚真诚讲好世界大国故事。中国发展的经验和创举，拓展了发展中国家走向现代化的路径选择，为人类对更好社会制度的探索提供了中国方案。但面对一些噪声杂音，我们有必要在国际上讲透中国坚持走和平发展道路的立场，大力弘扬全人类共同价值。因此，要在国际传播中旗帜鲜明地发出中国声音、表达中国观点，着力讲好"结伴不结盟"的中国故事、"共享安全"的中国故事、"经济共同发展"的中国故事、"文化包容互鉴"的中国故事，同时也不讳言发展中面临的阶段性困难和矛盾，以更加自信开放的姿态拥抱世界、拥抱未来。

（四）提高跨文化国际传播能力，推动中华文化更好走向世界

世界各文明之间唯有不断交流才能共同发展，唯有相互借鉴才能彼此成就。习近平总书记在党的二十大报告中强调："深化文明交流互鉴，推动中华文化更好走向世界。"交流互鉴是文明发展的本质要求，中华文明也只有在不断的对外交流中才能获得不竭的成长动力，我们要以文载道、以文传声、以文化人，不断提升跨文化的国际沟通能力、创新跨文化国际表达形

式、深化跨文化国际交流交往,更好地向世界阐释推介更多具有中国特色、体现中国精神、蕴藏中国智慧的优秀文化。

提升跨文化国际沟通能力。中华文化源远流长,中华文明博大精深,得益于中华文明具有突出的包容性,能在同其他文明互通有无、交流互鉴中不断焕发新的生命力。提升跨文化国际沟通能力,既是打破文化冲突、文化隔阂的有效方法,更是推动中华文化更好走向世界的关键。我们要共同倡导尊重世界文明多样性,坚持文明平等、互鉴、对话、包容,并在遵循对外文化传播规律的基础上,注重观照不同文化、宗教、历史和语言等的差异性,努力在深化文化交流中激发共情共鸣,着力搭建好多元文化交流与理解的重要桥梁。

创新跨文化国际表达方式。推动中华文化更好走向世界,就要在顺应时代发展中拓展表达方式,才能不断提升中华文化的吸引力、感召力和生命力。我们要深入研究中国的国情、理论与实践,准确把握所需对外介绍内容及其体现的中国特色社会主义道路、理论、制度的丰富内涵,提炼通俗易懂的概念、话语进行创新表达,以融通中外的新概念、新范畴、新表述,使中华文化在国际传播中讲出新故事、焕发新活力。

深化跨文化国际交流交往。交流互鉴是文明发展的本质要求,只有同其他文明交流互鉴、取长补短,才能保持旺盛生命活力,才能推动中华文化更好走向世界。我们要持续加强国际人文交流合作,加快构建全方位、多领域、深层次的文化"走出去、请进来"新格局,深入开展同各国文化交流合作,广泛参与世界文明对话,通过多种途径推动我国同各国的人文交流和民心相通,不断拓展国际"人脉圈"、拓宽知华友华"朋友圈"。同时,要努力推动更高水平、更高层次的文化贸易和文化投资,积极探索用商业和产业的形式推动文化商品卖出去、文化价值融进去,以文化产品传递中国价值,以文化品牌弘扬中国精神,以经济硬实力提升文化软实力。

二、福建省漳州市:建立"四融"国际传播体系,推动闽南文化更好走向世界

国际传播是新时代宣传思想文化事业的重要对外窗口,是文化软实力和国际舆论格局的前沿斗争阵地,也是文明交流互鉴的核心实践领域。习近平总书记高度重视国际传播能力建设,强调"加强国际传播能力建设、促进文明交流互鉴""要用国际化语言和方式讲好中国故事,融通中外、贯通古今,让世界更好认识新时代的中国"。习近平总书记关于国际传播能力建设的一系列思想观点论断,是对新时代党和国家外宣工作实践的规律性认识,是习近平文化思想的重要组成部分,为我们提

升国家文化软实力和中华文化影响力、讲好中国故事、推动中华文化更好走向世界指明了前进方向、提供了根本遵循。

国际传播能力建设是一项系统而长期的工程。新征程上，把握国际传播规律，加强顶层设计和研究布局，提升国际传播效能，增强我国国际传播影响力、中华文化感召力、中国形象亲和力、中国话语说服力、国际舆论引导力，尤为重要和紧迫。但各地在加强国际传播能力建设中仍然存在主动"出海"意愿不足、话语体系研究不够、表现形式创新不多、交流联络不够紧密等问题。如何在国际传播中提高整体"出海"水平、打破文化交流隔阂、推动文化融合发展、密切文化交流交往，是摆在宣传思想文化战线面前的一项重要课题。

（一）主要做法

福建省漳州市服从服务党和国家对外工作大局，充分发挥作为闽南文化主要发祥地、闽南文化生态保护区核心区和闽南文化遗产富集区等独特优势，加快闽南文化的国际传播能力建设，并通过闽南文化的整体化"出海"、国际化融通、现代化展示、常态化传播，着力提升闽南文化软实力和中华文化影响力，有效推动闽南文化"过台湾、下南洋、闯世界"，让世界透过闽南文化更直观地感受可信、可爱、可敬的中国。

近年来,漳州市始终坚持以习近平新时代中国特色社会主义思想为指导,深入学习贯彻习近平文化思想,认真贯彻落实上级关于加强国际传播能力建设的部署要求,以《中共中央 国务院关于支持福建探索海峡两岸融合发展新路 建设两岸融合发展示范区的意见》中关于"发挥泉州、漳州闽南语地区台胞主要祖籍地优势,建设世界闽南文化交流中心"为重要契机,探索构建漳州闽南文化"融入大国外交、融通中外情缘、融合传统现代、融汇线上线下"的国际传播工作体系,有效提升闽南文化的国际传播效能,不断讲好中国故事、传播好中国声音,并多次获我国驻美国、菲律宾大使馆和美国"世界艺术家体验"组织、法国国家建筑博物馆、法国巴黎中国文化中心的高度赞誉和来函致谢。

1. 融入大国外交,推动文化交流从"配合出访"到"主动出海"。坚持把闽南文化国际传播工作置于中国特色大国外交的战略布局中谋划推进,积极整合闽南文化"走出去"的资源和渠道,推动对外文化交流从以往"被动配合"向"主动作为"转变。一是以元首外交为引领。漳州市充分发挥元首外交战略统领作用,将习近平总书记重大外交议程和国家重要主场外交活动作为依托,以两国互办"文化年""旅游年"等活动为契机,主动争取将闽南文化融入对外文化交流的重要内容,特别是在2024年中法建交60周年之际,推动"漳州闽南文化周"活动被列入 2024 年"中法文化旅游年"活动子项目,成为"中法文化旅游年"启动后福建省第一个在法开展的文化交流活动,以高站位服务国家总体外交、推动闽南文化国际传播。二是以统筹谋划为抓手。漳州市发挥全市对外宣传工作联席会议机制在统筹谋划对外文化交流中的关键作用,有效整合宣传部、文旅局、外事办、新闻办、侨联等部门资源,构建闽南文化国际传播"一盘棋"的工作格局,确保形成合力、主动"出力"。同时,依托海外媒体"融通中外"的独特优势,主动与央视、新华社、中新社等央级驻外媒体和美国、法国、加拿大、巴西、菲律宾等 17 个国家 25 家海外华文媒体加强合作,建立海外新闻传播工作矩阵,进一步畅通闽南文化国际传播的重要渠道。三是以组团"出海"为手段。漳州市主动邀请闽南文化特色木偶戏、歌仔戏、剪纸等的非遗传承人组建"闽南文化交流团",并借助海外漳籍侨胞力量搭建闽南文化对外交流平台,以团组形式常态化赴法国、美国、菲律宾等国家开展文化交流,改变以往对外文化交流"被动受邀"情况,有效提升闽南文化"走出去"团组国际传播能力建设。

2. 融通中外情缘,推动文化互鉴从"各美其美"到"美美与共"。聚焦不同国家、不同民族、不同语言背景下的国际传播,最大限度在闽南文化与其他文化间找到文化共情、寻求文化共识、激发文化共鸣,着力消除文化隔阂、增强交流实效,推动闽南文化既积极地"走出去"、又很好地"融进去"。一是从文化渊源中找到共情。1938年,漳籍文化巨匠林语堂曾旅居法国巴黎,其间他开始创作《京华烟云》,并因此两度提名诺贝尔文学奖。1947年,林语堂更受邀赴巴黎担任联合国教科文组织美术与文学主任。为此,在法国举办"漳州闽南文化周"活动期间,漳州市深入挖掘两地历史文化渊源,主动再叙林语堂的这段旅居法国故事,并带去能够生动展示林语堂形象的剪纸作品、手机支架、白芽奇兰茶"京华烟云"等文创产品,让当地民众对闽南文化的亲切感油然而生。漳州市通过在跨文化交流中寻求两地文化"共情"支点,有效构建对外文化交流情感基石、消除两地文化交流隔阂。二是从文化差异中寻求共识。法国传统地方民居、建筑文化遗产与"福建土楼"都是以夯土墙工艺建造而成,也同样随着现代生活需求不断变更,处于闲置荒废境地。同时,法语"thé"是福建闽南方言"茶"的谐音,尽管中国人与法国人有着不同的饮茶文化,但茶所带来的温暖、宁静、智慧以及情感交流、分享体验是两者共有的。为此,漳州市坚持"求同存异、和而不同"原则,加大闽南文化与法国文化差异研究,深挖双方在建筑文化、茶文化等相通之处,组织开展"福建土楼"活化利用成果展览、闽南工夫茶现场展演等系列活动,让法国民众近距离感受来自中国的"神秘城堡"、品味自东方的"神奇树叶"。漳州市通过在文化交流中弥合分歧、建立共识的方式,有效深化当地民众对于闽南文化的认知与认同,进而扩大跨文化间的"最大公约数"。三是从文化互鉴中激发共鸣。以在美国费城举行的庆祝福建省与宾夕法尼亚州结好15周年文艺演出为契机,组织漳州艺术家现场演绎极具闽南特色的民乐、舞蹈、布袋木偶、树叶吹奏等节目,而费城交响乐团的音乐家们倾情演奏《绿袖子》《小夜曲》《茉莉花》等乐曲,共同奏响了东西方文化交融、中美人民友好的动人乐章,现场高潮迭起、观众热情洋溢,对演出节目赞叹不已。漳州市通过搭建闽南文化与其他文化交流交融、互学互鉴平台,有效推动闽南文化在跨文化交流中从"各美其美"走向"美人之美,美美与共"。

3. 融合传统现代,推动文化展示从"经典表现"到"创新表达"。坚持传承与创新并重、传统与现代共舞,加快推动闽南文化的活态展示、现代演绎、创新转化,让闽南文化在国际传播中得到更好的展示、更新的表达。一是注重闽南文化遗产的活化利用、活态展示。漳州市立足丰富的闽南文化遗产优势,积极盘活全市1461座土楼资源,选取了其中的7座"非世遗"土楼进行活化利用,该成果在意大利威尼斯荣获了2023年豪瑞可持续建筑大奖赛亚太地区唯一金奖,并应邀到法国巴黎"建筑与遗产之城"博物馆举办"福建土楼 活化利用"专题展。为此,漳州市以舞台布景的形式,通过成果模型、图片、视频、征集的实物桌椅和夯筑的土楼片段墙,让法国民众真实鲜活地感受传统建筑"复活"的体验之旅、感悟中国建筑可持续发展之道。法国媒体更是称赞"通过土楼项目,我们看到可持续发展的未来可与当地历史叙事相互关联""土楼的活化利用拓展了建筑边界,让建筑服务于当地发展"。漳州市通过将"固态"的物质文化遗产以"活化"的新面貌、"活态"的新形式,更好地向世界展示闽南文化独特的魅力、厚重的底蕴。二是注重闽南传统文化的当代表达、现代演绎。漳州市通过实施"用闽南文化点亮千年漳州古城"行动计划,挖掘闽南文化在国际传播中的特色文化内涵、文化符号,将闽南传统文化与当代审美、创意时尚、现代风格巧妙融合,对芗剧、布袋木偶剧、漳浦剪纸、木版年画、水仙花等闽南传统文化中的经典剧目、传统技艺进行重新创作和现代演绎,运用声、光、电等现代舞美艺术创作推出木偶剧《凌波情》《两个猎人》《指掌乾坤》、歌仔戏《梁祝·忆十八》等一批深受国外民众喜爱的精品外宣剧目。特别是漳州布袋木偶在美国弗吉尼亚州布莱尔伍滋高中表演期间,漳州木偶表演艺术家十指翻飞间,通过顶缸、耍盘、耍棍、舞狮、刀枪对战等精湛技艺将剧目展演得淋漓尽致,得到在场师生热情欢呼,让越来越多美国青少年被"圈粉"。漳州市通过闽南传统文化的当代表达、现代演绎,让"传统范"焕发"新活力"、展现"新魅力",有效推动闽南文化与时代同频、与世界共鸣。三是注重闽南文化产品的创意设计、创新转化。漳州市将闽南文化创意产品作为对外文化展示的重要载体，以举办"世遗新语·寻脉漳州"漳州市文创设计大赛等活动为抓手，对非遗文创产品和文化衍生品进行深度开发利用，打造"虎见·福建""福建土楼·五福南靖"等文创品牌，推出的"福瑞龙"剪纸、"福通五洲"围巾、"土楼"木雕、华安畲族"小荷包"等一系列文创产品在赴法国交流时深受当地民众喜爱和追捧。特别是在巴黎中国文化中心进行交流期间，漳州市为此次活动"量身定做"了"福建土楼 福通五洲""福暖四季 福泽绵长"两块木版雕刻供巴黎民众体验年画印刷。活动结束后，巴黎中国文化中心工作人员更是询问能否将两块木版年画的木版留在中心。最终，两块木版年画被法国巴黎中国文化中心收藏展示，方便当地民众以后更好地体验闽南文化。漳州市将闽南非遗文创产品作为对外文化交流的重要内容，通过创新性的设计和制作，让文化遗产以鲜活"可触"形态、传统文化以年轻流行姿态更好地走向世界。

4. 融汇线上线下，推动文化传播从"有来有往"到"常来常往"。坚持将"线上线下同步发力、大屏小屏同屏共振"作为加强和改进闽南文化国际传播重要途径，常态化开展闽南文化"走出去"传播、"请进来"感受、"连线上"展示等活动，不断提升闽南文化对外传播力、影响力。一是坚持常常"走出去"传播闽南文化。漳州市深入实施闽南文化国际传播重点项目,先后到海外举办马来西亚"世界闽南文化节漳州文化周"、泰国和柬埔寨"漳州之夜"文艺晚会、菲律宾"闽南文化走进中菲人文之驿"、法国"漳州闽南文化周"等活动,常态化"走出去"开展"布袋木偶戏"街头展演、"漳浦剪纸"观摩创作、闽南工夫茶推介等,在德国、西班牙、俄罗斯等多个国家开办木偶戏表演大师课,并推动闽南传统文化走进法国国家建筑博物馆、中欧青年文化艺术交流协会进行展示展演。特别是应马里兰州非营利组织"世界艺术家体验"邀请,组织漳州布袋木偶戏传承人到美国马里兰州 10 多个大中小学校、社区活动中心,并入住当地家庭,深入开展布袋木偶现场展演和体验教学,在 10 天 30 余场的活动里,让 3 000 多名美国师生既看了"热闹"也懂了"门道",该组织负责人更是称赞布袋木偶戏让"孩子们的眼睛会亮起来,笑声不断。成年人也会睁大眼睛,就像孩子一样"。漳州市坚持"民间性、草根性"原则,通过在交流地开辟各类"大舞台""小戏台",让闽南文化更好走进当地民众身边、融入当地民众生活。二是坚持经常"请进来"感受闽南文化。漳州市将"请进来"作为闽南文化国际传播最直观感受、最全面展现的有效手段,经常邀请外国友人、留学生、海外专家学者、华文媒体等开展"不见外老潘漳州行""海外华文媒体漳州行""海外视角看中国式现代化"等系列采风采访和"外国友人话

漳州"、中菲"'Z世代'与'α世代'手牵手交流"、"趣淘"漳州
文化艺术周等活动,组织探访闽南非遗文化、学习非遗传统技
艺、观看民俗文化表演等。特别是在"2024福建中美青年交流
营"活动之"和谐乐章土楼回响——中美'Z世代'青年音乐交
流会"期间,近百名美国青少年与230多名中国学生、南靖艺术
爱好者相聚漳州市南靖县开展中外音乐交流演奏,参观体验南
靖"云水谣"、"福建土楼"和贵楼和"公背婆"、长嘴壶等非遗艺
术表演,亲身感受漳州非遗的独特魅力,更自发拍摄"漳州city
不city啊?好city啊!"等短视频向外国朋友传播漳州闽南文
化。漳州市积极搭建"请进来"文化交流的重要"桥梁",通过
让外国友人沉浸式感受闽南文化、闽南风情的形式,不断提升
闽南文化的感染力、亲和力、吸引力。三是坚持时常"连线上"
展示闽南文化。漳州市主动拓展闽南文化海外传播渠道,创新
搭建闽南文化国际传播线上平台,做大做强一批海外社交媒体
账号矩阵,并结合中华传统节日和闽南民俗活动,举办"中国木
偶艺术专题线上讲座走进美国""中美'Z世代'学生线上交
流"等线上文化交流活动。其中,"和谐节日——走进中国历
史文化名城漳州"线上文化交流活动,更是精心设置了"云感
受"漳州春节、"云欣赏"漳州花灯、书画艺术现场展示、木偶艺
术表演、集体送祝福、问答环节等节目,吸引3000余名美国观
众在线观看,并不时发出惊叹声和欢呼声。漳州市将互联网作

为对外展示和传播闽南文化的重要渠道,有效打破对外文化交流的时空界限,让闽南文化大餐以"同屏互动、实时交流"的形式在海外"香飘四溢"。

(二)启示与思考

一是站位全局、服务大局是加强国际传播能力建设的根本要求。国际传播是习近平文化思想的重要篇章,国际传播能力建设是一项系统而长期的工程,必须置于党和国家工作大局中去谋划和推进,必须进行系统化、制度化的战略规划设计,统筹发挥对外文化交流各类资源优势,推动国际传播的主体、内容、渠道、形式等传播要素相互配合、形成合力、发挥作用,才能进一步构建更有效力的国际传播体系,确保国际传播效能的全面提升。

二是融通中外、贯通古今是讲好中国故事的有效途径。习近平总书记强调:"要精心做好对外宣传工作,创新对外宣传方式,着力打造融通中外的新概念新范畴新表述,讲好中国故事,传播好中国声音。"讲好中国故事、传播好中国声音,必须始终坚持以习近平文化思想为引领,以中国话语和中国叙事体系建设为支撑,在跨文化交流中找到文化共情、寻求文化共识、激发文化共鸣,才能搭建起超越历史传统、跨越意识形态、融合文化语言的桥梁,并以文化的包容互鉴取代隔阂冲突,才能确保在国际传播中畅通无阻地讲好中国故事、传播中华文化。

三是守正不渝、创新不止是提升国家文化软实力和中华文化影响力的重要举措。习近平文化思想是守正创新的重大成果,提出"要坚持守正创新,推动中华优秀传统文化同社会主义社会相适应,展示中华民族的独特精神标识,更好构筑中国精神、中国价值、中国力量"。因此,要按照时代特点和要求,通过创造性转化和创新性发展,赋予中华优秀传统文化新的时代内涵和现代表现形式,着力激活其生命力,将跨越时空、超越国界、富有永恒魅力、具有当代价值的文化精神弘扬起来,才能让中华文化影响力大幅提升,实现国家文化软实力和硬实力相得益彰。

四是深化交流、密切交往是推动中华文化更好走向世界的现实需要。习近平文化思想继承中华文明的包容性特征,主张应更加广泛地开展同各国的文化交流,更加积极主动地学习借鉴世界一切优秀文明成果。因此,在推动中华文化更好走向世界过程中,要建立常态化"走出去"和"请进来"的体制机制,持续深化跨文化间的密切交流与沟通对话,并通过文化展示、展演、展览等形式,让国外友人更好地感知可信、可爱、可敬的中国形象。同时,要把互联网作为传播中华文化的重要载体,积极打造网上文化交流共享平台,发挥数字技术优势来畅通传播渠道、加强内容生产,推进中国故事和中国声音的全球化表达、区域化表达、分众化表达,不断在国际传播中提升中华文化的传播力、影响力。

　　撰稿人:陈顺源,中共漳州市委通讯联络站,副站长;魏晓颖,中共漳州市委宣传部研究室,四级主任科员

专题十四
弘扬全人类共同价值，落实全球文明倡议，推动文明交流互鉴，丰富世界文明百花园

　　我们要摒弃冷战思维和意识形态偏见，共同走和平共处、互利共赢之路。世界上没有两片完全相同的树叶，也没有完全相同的历史文化和社会制度。各国历史文化和社会制度各有千秋，没有高低优劣之分，关键在于是否符合本国国情，能否获得人民拥护和支持，能否带来政治稳定、社会进步、民生改善，能否为人类进步事业作出贡献。各国历史文化和社会制度差异自古就存在，是人类文明的内在属性。没有多样性，就没有人类文明。多样性是客观现实，将长期存在。差异并不可怕，可怕的是傲慢、偏见、仇视，可怕的是想把人类文明分为三六九等，可怕的是把自己的历史文化和社会制度强加给他人。各国应该在相互尊重、求同存异基础上实现和平共处，促进各国交流互鉴，为人类文明发展进步注入动力。

　　——《习近平谈治国理政》第 4 卷，北京，外文出版社，

2022 年，第 460 页

　　每种文明都有其独特魅力和深厚底蕴,都是人类的精神瑰宝。不同文明要取长补短、共同进步,让文明交流互鉴成为推动人类社会进步的动力、维护世界和平的纽带。

　　——《习近平著作选读》第 1 卷,北京,人民出版社,2023 年,第 568 页

一、重构人类文明交往秩序,促进 人类文明互鉴共进

　　人类只有一个地球,各国共处一个世界。地球是人类的共同家园,世界是不可分割的命运共同体。党的十八大以来,习近平总书记关于弘扬全人类共同价值,落实全球文明倡议,推动文明交流互鉴,丰富世界文明百花园的重要论述内容丰富、理论深邃、体系完整、指导性强。习近平总书记指出,要始终不渝走和平发展道路,推动构建新型国际关系,推动落实全球发展倡议、全球安全倡议和全球文明倡议,高质量共建“一带一路”,坚定维护多边主义、完善全球治理,建设持久和平、普遍安全、共同繁荣、开放包容、清洁美丽的世界。2015 年,习近平总书记在第七十届联合国大会一般性辩论时的讲话中指出:“人类历史就是一幅不同文明相互交流、互鉴、融合的宏伟画卷。”

不同文明从冲突走向交流互鉴再到融合的趋势,表明了人类社会主体对多元文明并存、并行发展的普遍认同。党的十八大以来,习近平总书记对于不同文明交流互鉴的重要性、必要性、丰富内涵、实践路径等内容作出了一系列重要论述,为中华文明走向世界、人类文明发展进步提供了新的思路。

（一） 习近平总书记关于文明交流互鉴重要论述的重要意义

习近平总书记在文化传承发展座谈会上的讲话中强调:"把马克思主义基本原理同中国具体实际、同中华优秀传统文化相结合是必由之路。"习近平总书记关于文明交流互鉴重要论述,作为习近平文化思想的重要内容,彰显了马克思主义的时代活力与实践伟力。"第二个结合"开启了非西方文明争取文明对话平等地位的成功道路,树立了多种文明的包容互鉴、交流交融、发展创新的成功典范。

1. 对马克思主义世界交往理论与文明互鉴观点的坚守与创新

习近平总书记关于文明交流互鉴的重要论述不是无源之水、无本之木,而是立足于世界多元文明交往交流的实践,是马克思主义世界交往理论和文明观点在新时代条件下的具体化运用和创新性发展。习近平总书记在纪念马克思诞辰 200 周年大会上的讲话中指出:"学习马克思,就要学习和实践马克思主义关于世界历史的思想。"在《莱茵报》时期,马克思尖锐地批判普鲁士政府利用反动书报限制言论自由的做法,他认为,世界万物因多样而多彩,不该人为要求"只准产生一种色彩""精神只有一种存在形式"①。在《共产党宣言》中,马克思恩格斯指出,随着文明交往的扩大,不同区域间自给自足和封闭自守的状况被打破。不仅民族性和地方性的物质产品成为世界性和全球性的共同财富,"区域性的文化"也逐渐成为"世界性的文化"。习近平总书记关于文明交流互鉴重要论述是新时代中国对于马克思主义世界交往理论和文明互鉴观点的坚守与创新,推动了马克思主义中国化的历史进程。

2. 对中华优秀传统文化中处世智慧的继承与发展

习近平总书记关于文明交流互鉴的重要论述根植于中华传统文化,将中华民族的处世智慧因时制宜、随事而制,彰显出大国文化的自尊自信和处理国际事务中的大国气量。在谈及"文明是多彩的"时,习近平总书记引用"一花独放不是春,百

① 马克思、恩格斯:《马克思恩格斯全集》第 1 卷,北京:人民出版社,1995 年,第 111 页。

花齐放春满园"(《古今贤文》),"物之不齐,物之情也"(《孟子·滕文公上》),以此强调世界文明的多元化,应加强文明之间的交流交往。在谈及"文明是平等的"时,习近平总书记引用"己所不欲,勿施于人"(《论语·卫灵公》),"橘生淮南则为橘,生于淮北则为枳"(《晏子春秋·内篇·杂下》)等,以此强调文明的平等性,并不存在某种地域性文明优于世界其他文明。在谈及"文明是包容的"时,习近平总书记引用"万物并育而不相害,道并行而不相悖"(《礼记·中庸》),"智者求同,愚者求异"(《黄帝内经·素问·阴阳应象大论篇》),"和羹之美,在于合异"(《三国志·魏书·夏侯玄传》)等,以此强调文明的包容性,应寻求不同文明内蕴的共同精神文化基因。

3. 对中国共产党文明交流互鉴理论的集中概括与表达

习近平总书记关于文明交流互鉴重要论述的形成与发展是中国共产党革命、建设、改革长期实践积淀的结果。中国共产党人历来对人类文明先进成果保持开放的态度,新民主主义革命时期和社会主义革命和建设时期,以毛泽东同志为代表的第一代中国共产党人明确指出"决不可拒绝继承和借鉴古人和外国人"[①],在革命实践和社会主义探索过程中充分借鉴吸收

---

① 毛泽东:《毛泽东选集》第3卷,北京:人民出版社,1991年,第860页。

以苏联为代表的社会主义国家的先进文明成果,建立了新中国、确立了社会主义制度、进行了社会主义建设的初步探索;改革开放后,以邓小平、江泽民、胡锦涛为代表的中国共产党人主张:"必须大胆吸收和借鉴人类社会创造的一切文明成果"①"各种文明相互交流和借鉴,是人类进步的动力"②"和而不同……是人类各种文明协调发展的真谛"③"在竞争比较中取长补短,在求同存异中共同发展"④,在借鉴吸收世界先进文明成果的过程中成功走出了一条中国特色社会主义道路。习近平总书记关于文明交流互鉴的重要论述,是对历代中国共产党人文明交流互鉴思想的继承和发展,是新时代中国共产党在文明交流互鉴领域的重要理论成果。

(二)习近平总书记关于文明交流互鉴重要论述的核心要义

经济全球化背景下,任何文明都不可能孤立存在,优秀文明成果既是世界人民的智慧结晶也是世界的宝贵财富。为此,习近平总书记深刻审视和考察当今世界文明交往,诠释了文明

---

① 邓小平:《邓小平文选》,北京:人民出版社,1993年,第373页。
② 江泽民:《江泽民文选》第3卷,北京:人民出版社,2006年,第474页。
③ 江泽民:《江泽民文选》第3卷,北京:人民出版社,2006年,第522页。
④ 胡锦涛:《胡锦涛文选》第2卷,北京:人民出版社,2016年,第88页。

交流互鉴何以重要、文明交流互鉴是什么、文明为什么能够交流互鉴、文明如何交流互鉴的新时代命题。

1. 揭示了文明交流互鉴的世界意义

2014 年,习近平总书记在联合国教科文组织总部的演讲中指出:"文明因交流而多彩,文明因互鉴而丰富。文明交流互鉴,是推动人类文明进步和世界和平发展的重要动力",深刻揭示了文明交流互鉴的重要性,表达了中国关于文明对话、文明进步的鲜明立场。纵览人类文明发展趋势,世界百年大变局下"文明冲突论"仍然流行。习近平总书记深刻洞悉和正确把握世界发展趋势,观照人类整体利益,致力于满足世界人民对美好生活的追求,主张以文明交流互鉴破解人类共同面临的各种难题。"文明是多彩的,人类文明因多样才有交流互鉴的价值。"①这表明习近平总书记认识到了人类文明是多姿多彩的,世界上所有存在的文明都是人类创造的成果,每一个文明都代表了其民族的集体记忆。正因此,人类文明才会呈现出多样性。可以说,人类社会历史就是一部文明创造创新史。其中,每个文明主体既是自身独特文明的传承者,也共同构成了一个整体,是世界文明百花园的创造者。"文明是平等的,人类文明

---

① 习近平:《习近平谈治国理政》第 1 卷,北京:外文出版社,2018 年,第 258 页。

因平等才有交流互鉴的前提。"①这表明习近平总书记将单一文明放置于整个世界文明体系中来认知，主张不同国家、不同民族，不论大小、强弱、贫富，都曾对人类文明进步作出过其独特贡献，在地位上都是平等的，没有高低、优劣之分，都享有在文明交往对话上的自主性、在文明发展上的独立性。"文明是包容的，人类文明因包容才有交流互鉴的动力。"②这表明习近平总书记把握到了每个文明都是独特的，文明之间具有差异性，开放包容是促进文明交流互鉴、保持文明活力与生命力的重要法宝。人类社会中的每一个文明都是其民族劳动和智慧的结晶，都有着其独特魅力和价值。因而，一个文明对待其他文明应当采取学习借鉴态度，促进和而不同、兼容并包的文明交往和对话。

2. 诠释了文明交流互鉴的丰富内涵

2019 年，习近平总书记在亚洲文明对话大会开幕式上指出："交流互鉴是文明发展的本质要求。"这表明文明的发展，需要通过文明之间的交流互鉴才能实现。从字面意思来看，"交流互鉴"实质上表示的是不同事物交汇在一起、互相学习借鉴的实践行为，而"文明交流互鉴"指的就是文明交往交汇、

---

① 习近平：《习近平谈治国理政》第 1 卷，北京：外文出版社，2018 年，第 259 页。
② 同上。

互学互鉴的具体实践。2014 年,习近平总书记在联合国教科文组织总部的演讲中指出,中外文明交流互鉴"其中有冲突、矛盾、疑惑、拒绝,但更多是学习、消化、融合、创新";在亚洲文明对话大会开幕式上,习近平总书记又强调:"文明交流互鉴应该是对等的、平等的,应该是多元的、多向的,而不应该是强制的、强迫的,不应该是单一的、单向的。"①习近平总书记揭示了文明交流互鉴的丰富意蕴以及正确的交流互鉴即文明之间平等、多元的互学互鉴与融合创新对于文明发展的进步意义。从世界范围看,人类文明发展史是一部不同文明交往交流、互学互鉴、相辅相成、创造创新的历史;从中国地域看,中华文明也"是在同其他文明不断交流互鉴中形成的开放体系"②。从历史上的"佛学东渐",到近代以来的"西学东渐",再到改革开放以及新时代以来我们更加积极主动推进对外开放,这些都是中华文明与其他文明进行交流互鉴的不同表现形式。在这一过程中,中华文明在吸收人类文明精华的同时始终保持自身独立性,不断展现出人类文明发展的新境界,为世界文明百花园增光添彩。

3. 明晰了文明交流互鉴的现实可能

2019 年,习近平总书记在亚洲文明对话大会开幕式上提

---

① 习近平:《习近平谈治国理政》第 3 卷,北京:外文出版社,2020 年,第 469—470 页。
② 同上,第 471 页。

出:"文明因多样而交流,因交流而互鉴,因互鉴而发展",用三个"因"强调了文明为什么能够交流、文明为什么能够互鉴、文明为什么能够发展。文明的多样性是文明交流互鉴的价值基础,不同文明之间绝不是对抗的关系,通过交流互鉴不仅可以看到文明的特殊性,而且可以挖掘不同文明之间的共通之处。2017年,习近平总书记在联合国日内瓦总部的演讲中指出:"人类文明多样性是世界的基本特征,也是人类进步的源泉。"可以说,人类文明多样性决定了文明需要交流互鉴,决定了文明交流互鉴是人类社会历史发展进步的必然要求。"世界上没有放之四海而皆准的发展模式。"[①]中国式现代化生动践行和佐证了这一点,它"既有各国现代化的共同特征,更有基于自己国情的中国特色"[②],有力地向世界证明了人类文明发展模式不止西方的资本主义道路一种。习近平总书记在亚洲文明对话大会开幕式上提出四点主张,即"坚持相互尊重、平等相待","坚持美人之美、美美与共","坚持开放包容、互学互鉴","坚持与时俱进、创新发展",这为不同文明立足文明多样性深化交流互鉴提供了依据。当今世界正处于大发展大变革大调整时期,各国文明的发展面临着错综复杂的格局,越是在这样的时

---

① 习近平:《习近平谈治国理政》第1卷,北京:外文出版社,2018年,第307页。

② 习近平:《高举中国特色社会主义伟大旗帜 为全面建设社会主义现代化国家而团结奋斗——在中国共产党第二十次全国代表大会上的报告》,北京:人民出版社,2022年,第22页。

刻,越是要倡导多元共存,这样才能推动世界文明的共同繁荣。

4. 提出了文明交流互鉴的重要原则

习近平总书记在多个重要场合多次提及"以文明交流超越文明隔阂,以文明互鉴超越文明冲突,以文明共存超越文明优越"这一重要论述,这表明他主张不同文明在实践中增进共识与理解、共筑文明交流互鉴高地,为我们解答了文明如何交流互鉴的问题。第一,以文明交流超越文明隔阂。文明隔阂既包括时间上的隔阂,也包括空间上的隔阂;既包括精神文化上的隔阂,也包括物质上的隔阂;既可能存在于国际社会中的不同文明之间,也可能存在于一个文明中的不同阶级、地区之间。中华文明5 000多年延绵不绝从未中断,就在于吸收不同文明的精华来深化发展,鲜明体现中华民族兼收并蓄的历史积淀与文化基因。因而,消除文明隔阂,激活不同文明的交往活力和生命力,应成为不同文明的共同选择。第二,以文明互鉴超越文明冲突。习近平总书记在纪念中华人民共和国恢复联合国合法席位50周年的讲话中指出:"文明没有高下、优劣之分。"同时他强调:"只要秉持包容精神,就不存在什么'文明冲突'。"[1]事实证明,虽然"文明冲突论""历史终结论""中国崩溃论"等

① 习近平:《习近平谈治国理政》第1卷,北京:外文出版社,2018年,第259页。

沉渣和论调不时泛起,但文明交流互鉴是人类文明不断向前发展的规律使然。第三,以文明共存超越文明优越。习近平总书记深刻洞悉当代国际社会的发展演变,正确认识和处理新时代背景下资本主义文明形态和社会主义文明形态的关系问题,主张在尊重既有文明交往体制框架基础上探索建立新型文明对话机制,如在世界政党史上开创性地举办中国共产党与世界政党高层对话会并使其机制化,产生了广泛的国际影响力,开创了世界政党平等共存、共商共议的新纪元。

(三) 习近平总书记关于文明交流互鉴重要论述的实践要求

文明演变是一个不断融合发展的缓慢过程,习近平总书记关于文明交流互鉴重要论述深刻把握文明演进规律,从优化全球文明治理模式、积极搭建文明交流平台、助推国际关系民主化、坚定文化自觉与自信等方面的建设中进行积极实践以形成系统的集成效应,倡导全球文明倡议,最终实现重构人类文明交往秩序、促进人类文明互鉴共进的长远目标。

1. 构建人类命运共同体,弘扬全人类共同价值

党的十八大以来,习近平总书记从人类共同利益出发,着

眼于世界发展潮流,提出共同打造人类命运共同体的倡议,这一重大倡议汇聚了世界优秀文明成果的智慧和力量,具有强大的凝聚力、感召力,是中国为应对人类共同挑战而贡献出的智慧。毫无疑问,打造人类命运共同体任务繁重,仅仅靠个别国家的单一力量是无法完成的。因此,各国应该大力"开展文明交流对话,增进彼此战略信任"①,携手夯实人类命运共同体的人文基础。所谓"人文",顾名思义就是指人类社会的各种文化现象,通常体现在各个国家和民族的生活习性、价值理念、思维方式、内心情怀等方面。不言而喻,"不同文明凝聚着不同民族的智慧和贡献"②,各有所长,都有别人值得学习的东西。习近平总书记积极把握不同文明在价值观念上具有普遍认同的最大公约数,2015 年,习近平总书记在第七十届联合国大会一般性辩论时的讲话中,首次提出"和平、发展、公平、正义、民主、自由,是全人类的共同价值";2021 年,在中华人民共和国恢复联合国合法席位五十周年纪念会议上宣告"和平与发展是我们的共同事业,公平正义是我们的共同理想,民主自由是我们的共同追求"。这表明尽管文明是多样的,但不同文明都有着共同的文明进步愿景。可以说,全人类共同价值,既是习近平总书记以高远的世界眼光和人类情怀,提出的体现全人类价值目

① 习近平:《习近平谈治国理政》第 3 卷,北京:外文出版社,2020 年,第 438 页。
② 习近平:《习近平谈治国理政》第 2 卷,北京:外文出版社,2017 年,第 524 页。

标、满足全人类发展需要、致力于推进人类文明进步事业的中国方案;也是全球化加速演进背景下,不同文明长期共生共存、交流互鉴的必然产物。

2. 搭建文明对话平台,完善中华文明对外传播体系

习近平总书记主张:"愿意同世界各国人民和各国政党开展对话和交流合作,支持各国人民加强人文往来和民间友好。"①以平等对话方式推进文明交流互鉴,不仅能够展现各国文明的魅力,而且能够扩大中华文明的影响力、推动中华文明更好地"走出去"。尼山世界文明论坛,作为世界上第一个以世界不同文明对话为主旨、把永久会址设在儒家文明发源地的世界文明论坛,也是第一个由中国人主办的世界文明论坛,自2010年以来已累计举办十届,对于促进世界不同文明之间的交流互鉴、构建人类命运共同体、增强中华文明传播力影响力发挥了重要作用,也为推动中华优秀传统文化"走出去"提供了新的范式。同时,不断完善中华文明对外传播体系,依托以孔子学院为代表的文化交流平台讲好中国故事;注重文明交流互鉴的区域性特征,常态化举办亚洲文明对话大会的倡议,为亚洲各国的文明交流作出突出贡献。2023年3月,习近平总书记出席中国

共产党与世界政党高层对话并发表主旨讲话,讲话中强调:"中国共产党将致力于推动文明交流互鉴,促进人类文明进步……中国式现代化作为人类文明新形态,与全球其他文明相互借鉴,必将极大丰富世界文明百花园。"未来,中国有信心,也有能力为世界文明的发展贡献出更多的中国智慧和中国方案。

3. 构建新型国际关系,助推国际关系民主化

2018 年,习近平总书记在上海合作组织成员国元首理事会第十八次会议上指出:"尽管当今世界霸权主义和强权政治依然存在,但推动国际秩序朝着更加公正合理方向发展的呼声不容忽视……尽管文明冲突、文明优越等论调不时沉渣泛起,但文明多样性是人类进步的不竭动力,不同文明交流互鉴是各国人民共同愿望。"这体现了习近平总书记对当今世界局势的准确把握,以及超越单一民族利益对世界人民的深切关怀。文明的兴衰交替是一个普遍、自然的过程,随着全球化时代的到来,不同文明之间交往交流的动力更为充足、条件更为便利。各具特色的不同文明正塑造着世界面貌,而文明交流互鉴则是构建国际秩序的重要举措。近代以来,西方文明以其先发优势虽然极大地促进了人类社会的发展和繁荣,但随之而来的并非和平与安全,而是具有霸权主义特征和西方中心主义色彩的不平等国际秩序。习近平总书记在文化传承发展座谈会上的讲

话中指出："中华文明的和平性，从根本上决定了中国始终是世界和平的建设者、全球发展的贡献者、国际秩序的维护者，决定了中国不断追求文明交流互鉴而不搞文化霸权。"这表明中国积极参与国际秩序改革和建设的鲜明立场，以及坚定推进文明交流互鉴的决心。2019年，习近平总书记在中法全球治理论坛闭幕式上指出，全球治理所面临的共同挑战是包括治理赤字、信任赤字、和平赤字、发展赤字在内的"四大赤字"问题。在此背景下，各个文明要顺应世界人民共同的文明进步愿景，使得国际秩序朝着更加公正合理的方向发展，创造一个文明交往和谐有序的美好世界。

4. 注重文明传承发展，推动中华文明创造性转化和创新性发展

马克思指出："当文明一开始的时候，生产就开始建立在级别、等级和阶级的对抗上，最后建立在积累的劳动和直接的劳动的对抗上。没有对抗就没有进步。这是文明直到今天所遵循的规律。"[1]因而，文明本身就代表着一种进步。可以说，交流互鉴是人类社会的一种实践方式，文明则是人类社会的实践成果。习近平总书记正确把握中华文明既是在中华民族自身

---

[1] 马克思、恩格斯:《马克思恩格斯全集》第4卷，北京：人民出版社，1958年，第107页。

文化传统基础上形成的,又在与其他文明的物质、精神交往实践中保持旺盛活力,顺应文明交往交流交融的进步趋势,积极推动中华文明由传统走向现代。早在 2014 年,习近平总书记就强调要"按照时代的新进步,推动中华文明创造性转化和创新性发展"[①],这表明他在看待中华文明发展问题上的深谋远虑,这一精辟论述为推动文化繁荣、建设文化强国指明了方向。习近平总书记在文化传承发展座谈会上的讲话中指出:"中华文明的包容性,从根本上决定了中华民族交往交流交融的历史取向。"因此,在深化文明交流互鉴的过程中,我们既要向世界展现中华文化风采,不断扩大中华文化影响力;也要积极吸取人类文明的有益成果,助力中华文明创造性转化和创新性发展。

二、山东省济宁市:弘扬中华优秀传统文化,深化文明交流互鉴

当今世界,多重挑战和危机交织叠加,人类面临的全球性挑战更加严峻,需要世界各国齐心协力、共同应对,这既需要经济科技力量,也需要文明的力量。2023 年 3 月 15 日,习近平总

[①]　习近平:《论党的宣传思想工作》,北京:中央文献出版社,2020 年,第 68 页。

书记在中国共产党与世界政党高层对话会上,面向世界首次提出全球文明倡议。2023 年 6 月,习近平总书记在文化传承发展座谈会上指出:"开放包容始终是文明发展的活力来源,也是文化自信的显著标志。中华文明的博大气象,就得益于中华文化自古以来开放的姿态、包容的胸怀。秉持开放包容,就是要更加积极主动地学习借鉴人类创造的一切优秀文明成果。无论是对内提升先进文化的凝聚力感召力,还是对外增强中华文明的传播力影响力,都离不开融通中外、贯通古今。"2023 年 10 月,全国宣传思想文化工作会议召开,会议传达了习近平总书记对宣传思想文化工作作出的重要指示,习近平总书记强调"要着力加强国际传播能力建设、促进文明交流互鉴"。作为儒家文化发源地和中华文明重要发祥地,济宁市如何深入贯彻落实习近平总书记视察曲阜重要指示批示精神,在弘扬中华优秀传统文化、深化文明交流互鉴方面,进行科学探索,开展诸多文化活动,为推动文化繁荣发展发挥更加重要作用,提出了新的课题。

(一) 主要做法

1. 建立健全高效推进体系,构建贯通联动工作格局

(1) 坚持目标引领。2013 年以来,在全省首创印发实施

《关于打造弘扬优秀传统文化首善之区加快文化强市建设的意见》《打造弘扬优秀传统文化首善之区加快文化强市建设三年行动计划》《济宁市弘扬优秀传统文化工作方案》《落实"四个讲清楚"推动儒家文化走出去工作方案》等文件,系统谋划推进弘扬优秀传统文化工作。2021年3月,将加快国家优秀传统文化"两创"先行示范区建设纳入市"十四五"规划和2035年远景目标纲要,把文化"两创"战略作为未来五年全市中心工作"九大战略"之一,明确"建设全国一流文化名市、打造世界文化旅游名城"的奋斗目标。2022年,经市委常委会研究审议,连续制发《关于打造中华优秀传统文化"两创"新标杆行动计划(2022—2025年)》《济宁市高质量推进曲阜优秀传统文化传承发展示范区建设行动计划(2022—2025年)》,起草了《济宁市关于推进"八个融入"加快优秀传统文化"两创"先行示范区建设的实施意见》,进一步绘就了文化"两创"中远期建设的宏大目标与蓝图。

(2)强化制度保障。始终把弘扬优秀传统文化工作摆在重中之重位置,每年列入市委常委会工作要点、政府工作报告,作为全市重点工作强力推进实施。成立济宁市弘扬优秀传统文化首善之区建设工作领导小组,在全省率先挂牌成立优秀传统文化传承发展中心,建立文化"两创"工作联席会议制度,设立1亿元规模的文化旅游发展资金,市财政每年列支弘扬优秀传统文化工作专项资金。2022年,专门整合设立了市文化"两创"推进指挥部,下设6个工作专班,实施文化"两创"先行示范区建设、美德健康生活方式、"山东手造·济宁好礼"推进工程、公共文化服务、运河文化经济带建设、文旅资源整合宣传6大工程,形成"1+6"工作推进体系,推动文化"两创"融入经济社会生活各个领域,全力打造文化"两创"济宁样板。

(3)注重示范带动。全力推进《曲阜优秀传统文化传承发展示范区建设规划》落实落地,实施了尼山世界文明论坛提升工程三年行动计划,建设了尼山圣境、孔子博物馆等一批牵动性重大文化项目,着力打造"尼山片区",推动文化"两创"先行示范区建设迈出坚实步伐。2022年,制订《济宁市优秀传统文化"两创"示范点建设三年行动计划(2022—2024)》,按照"一年试点先行、两年逐步推开、三年提质扩面"的工作思路,区分村居、社区、学校、机关单位、文化服务场所、企业六大类型,在曲阜市、邹城市、泗水县、任城区首批探索打造100个优秀传统文化"两创"示范点,印发《济宁市优秀传统文化"两创"示范点建设指南(试行)》,从组织机构完善、文化阵地建设、文化传承普及、文明行为养成、特色品牌打造五个方面,分别明确示范点建设内容和标准,不断推动优秀传统文化进入寻常、融入日常。

2. 规划实施系列重大工程,夯实文化"两创"坚实基础

(1)实施"两创"研究工程。紧紧围绕"四个讲清楚""两

个结合"等重大论断,深入挖掘整理以儒家文化为重点的传统文化典籍,推进孔子及孟子思想学说研究,加强中华优秀传统文化与马克思主义、中国特色社会主义、中国梦、社会主义核心价值体系等专题研究。创新实行跨部门、高校联合攻关机制,近年来,共承担国家级、省部级等研究项目 87 项,其中获第八届教育部高等学校科学研究成果奖一等奖 2 项,山东省社科优秀成果奖一等奖 4 项、二等奖 5 项;出版"四书"解读、《儒学精神与中国梦》等学术著作 150 余部,其中《〈孟子〉七篇解读》获得全国古籍优秀出版作品奖;在海内外权威期刊刊发《〈孔子家语〉对荀学研究的意义》《儒学的三个阶段》等学术论文 890 余篇,其中《〈古文尚书〉真伪公案再议》获山东省第三十五届社会科学优秀成果一等奖。举办由陈来等儒学大家领衔的"四书"解读活动,在海外出版发行《论语诠解》《孔子家语通解》《孔子这样说》《图说孔子》等代表性著作的英、韩、日、德等多语种版本,进一步夯实世界儒学话语权。

(2)实施历史文化资源挖掘整理工程。制定《关于推进全市历史文化资源挖掘整理工作的实施方案》,印发《济宁市历史文化资源挖掘整理工作专班重点工作清单》,以文化资源挖掘三年行动和"文物活化"行动为牵引,聚焦 12 个品牌文化(文献文物、始祖文化、儒家文化、运河文化、黄河文化、红色文化、王杰精神、水浒文化、李杜文化、梁祝文化、民俗非遗文化、历史文化街区和传统村落），利用三年时间高质量编制"一图一库百书"的工作任务，以更大力度推动文化遗产"活起来"，努力在传承弘扬中华优秀传统文化上走在前。设立济宁市历史文化资源挖掘整理学术委员会，作为专班的学术评议咨询、论证决策、规划实施机构，聘请13位专家审议决定有关重要学术事项，制订完成"一纲要三方案"（即《济宁市历史文化资源摸底普查纲要》和《〈济宁市优秀文化资源库〉编制工作方案》《济宁市百本文化故事丛书编制工作方案》《济宁市文化地图编制工作方案》），完成全市历史文化资源摸底普查，梳理济宁地方文献近1 200种，文化著作3 042部、文化故事读物141部。

（3）实施尼山片区规划建设。实行重点项目挂图作战，大力推进尼山圣境、孔子博物馆、邹城孟苑和尼山世界文明论坛配套提升工程三年行动计划（2019—2021年）重点项目建设，投资31亿元的尼山圣境（一期）、投资8亿元的孔子博物馆、投资6.8亿元的邹城孟苑、投资8.7亿元尼山讲堂等一批重大文化工程项目建成投入运营。建成圣源大道、尼山宾舍、尼山环湖道路及景观提升工程（一期）、尼山水库调蓄水工程，尼山荒山绿化、封山育林、水系提升及生态修复项目等一批配套工程。通过一系列重大项目的顺利实施，尼山片区基础保障能力、文化承载功能日益完善，逐渐成为文化"两创"新高地、对外开放新窗口。

3. 办好系列重大文化活动,搭建文明交流互鉴平台

(1)聚焦"四个讲清楚",深化儒学研究阐发。高质量举办中韩儒学对话会、"孔子的世界"国际学术高峰论坛、国际青年儒学论坛等高端论坛,开展中华传统文化与两岸社会发展研讨会、"圣域论麟经"、孔子形象与两岸一家亲研讨会、《孔子家语》与中华文化新认识"学术研讨会等活动,承办"2022年山东社科论坛——中华优秀传统文化'两创'的理论探索与山东实践"研讨会,连续八年与光明日报社、省委宣传部等联合举办学习贯彻习近平总书记关于传承弘扬中华优秀传统文化重要论述座谈会,深入研究以儒家思想为代表的中华优秀传统文化,努力做好研究阐发、传播交流、文化普及和转化创新文章。

(2)聚焦文明交流互鉴,精心办好节会活动。连续举办或承办40届国际孔子文化节、8届世界儒学大会和10届尼山世界文明论坛,实现从单一学术论坛向综合人文论坛的跃升。围绕构建人类命运共同体,坚持交流互鉴、凝聚共识,精心、科学确定论坛主题,自2010年举办以来,10届论坛先后围绕"和而不同与和谐世界""信仰、道德、尊重、友爱""不同信仰下的人类共同伦理""传统文化与生态文明""文明的相融与人类命运共同体""文明照鉴未来""文明对话与全球合作""人类文明多样性与人类共同价值""全人类共同价值与人类命运共同体"

"传统文化与现代文明"等主题开展交流对话,求解全球治理的最大公约数。坚持汇聚高质量国际资源,面向世界开门办论坛,连续在联合国总部举办"纽约尼山论坛"、在联合国教科文组织总部举办"巴黎尼山论坛"、在泰国举办"曼谷尼山论坛"、在北京举办"北京尼山论坛"、在意大利米兰举办"东西方服饰之美论坛"、在奥地利维也纳举办尼山世界古典文明论坛等活动。特别是第九届尼山世界文明论坛期间,来自 78 个国家和地区的 1 610 名中外嘉宾现场与会,深入对话交流,奉献了 29 场高水准、高质量学术盛宴,征集高质量论文 265 篇,每场论坛都以倡议、学术总结、成果综述等形式凝聚智慧结晶,最终形成《第九届尼山世界文明论坛共识》,引发全球各方面共鸣,成就了一届精彩纷呈、圆满成功、出新出彩的思想和文化盛会。

(3)聚焦搭建国际平台,持续扩大文化影响力。成功承办了 2018 央视春晚、2018 央视中秋晚会、2020 中国网络诚信大会、2021"一带一路"年度汉字发布、2022 山东省旅游发展大会等重大文化活动,中国(曲阜)国际孔子文化节入选"中国最具国际影响力的十大节庆活动",曲阜市入选"中国十大文化品牌城市"。创新儒学大众传播模式,举办国际中学生儒学辩论大会、全国大学生论语大会;与国家话剧院合作,实施青年导演创作扶持计划,推出 10 部经典话剧作品,举办百场"大讲堂·大师课"文化讲座,持续放大优秀传统文化对外传播效应。

4. 构建立体国际传播矩阵,推动中华文化走向世界

(1) 打造文化"两创"全媒宣传矩阵。打通中央、省、市、县四级媒体联动渠道,年均在中央级、省级重点媒体刊发"两创"稿件 800 余篇(条),推出了《让千年文脉焕发全新神采》《山东济宁文化"两创"暖人心》《济宁深挖优秀传统文化富矿 激活创新发展动力源》《济宁:一脉相承中华传统文化活水 "孔孟故里"谱写"两创"新篇》等典型稿件。近年来,总台央视"新闻联播""中国新闻"等顶级栏目,人民系、光明系、新华系等央级媒体持续关注,2021 年全网阅读量超 1 亿人次,2022 年全网点击超 7 亿人次。以互联网思维、全媒体角度谋划文化"两创"工作的主要内容,做大做强"这里是济宁"融媒传播项目,打造济宁新闻客户端、掌上济宁客户端、"更济宁"短视频等多个新媒体平台,通过图文、短视频、动漫、海报等形式对优秀传统文化进行全面深入报道,构建城市传播融媒矩阵。创新开办《儒乡开讲》《金声玉振》《儒风雅韵》等特色文化节目和《济宁文旅一分钟》《文化"两创"在济宁》等精品专题节目,全面展示了济宁的历史文化、遗迹传说、风光风情、民风民俗、物产美食等。

(2) 建好用好国际友城传播平台。建立"1+5+1"外宣工作机制,发挥市对外宣传工作联席会议制度作用,围绕优势特色文化资源,建立每月定期报告和工作清单制度,推动形成外宣工作大格局。成功上线运行"济宁英文全球传播平台",加大与环球网、中国日报社、国际在线、中国新闻社等中央主流外宣媒体的国际传播项目合作,成为宣传济宁城市形象的重要窗口。制定包联友城日本足利市宣介推广工作方案,在《朝日新闻》、日本共同社等日本媒体刊发文化旅游、城市建设等稿件56篇、覆盖人群超 8 000 万,面向日本足利市、小松市投放文化特色外宣精品 1 万余册,策划推出济宁市与韩国寿城区线上对话会、"青春力量 携手前行——济宁市足利市中日大学生线上文化交流会"等精品活动。设立全国首个"中外青少年交流基地",成功举办了山东与北爱尔兰政府青年文化线上交流、东北亚青年可持续发展研习营山东分团活动等国际交流活动。

(3)提高优秀传统文化影响力。成功举办国际中学生儒学辩论大会、"传承和弘扬中华优秀传统文化"微电影微视频创作大赛、TOUCH 济宁——外国友人中国传统文化系列体验、北京冬奥会尼山圣境直播、"相约孔孟之乡 品味文化济宁"国内外线上联动宣传、"爱济宁 爱家乡"——点赞济宁短视频大赛、"中国这十年"中央主流外宣媒体济宁行等系列精品外宣活动,曲阜祭孔大典乐舞、济宁市博物馆文物海外展览等文化活动赴韩、俄、澳等国展演。依托优秀文化旅游资源,向世界讲好中国故事济宁篇章,面向境外市场持续推介"孔子家乡体验游""儒学经典修学游""京杭运河休闲游"主题线路,开展孔孟之乡图片展、汉画像石展、"传承黄河文化·云游文化济宁"海外宣传月活动,上线 50 余家海内外媒体及脸书(Facebook)、照片墙(Instagram)、推特(Twitter)等海外热门社交平台,累计发布帖文内容 400 篇次,视频 40 余部。在央视、山东卫视投放济宁文旅宣传片,其间央视累计收视率达 49.5%,覆盖全国近1.1 亿人口。推出"背论语免费游三孔"等活动,荣获"中国旅游营销创新大奖",我市被评为中国文化竞争力十佳城市、十大最具人气旅游目的地,曲阜成为中国第一个文化国际慢城,并以全省第一、全国第七的好成绩入选"2021 中国文化建设百佳县市",济宁在国内外的文化知名度和影响力持续提升。

(二)启示与思考

一是推进文明交流互鉴,必须把稳政治方向之舵。推动文明交流互鉴,以文明交流超越文明隔阂、文明互鉴超越文明冲突、文明共存超越文明优越,必须秉持正确的态度和原则,牢牢把稳正确的政治方向。济宁市委、市政府始终把学习贯彻习近平新时代中国特色社会主义思想作为重大政治任务,深入贯彻落实习近平总书记视察山东视察济宁重要讲话精神,紧紧围绕全面落实"四个讲清楚",高质量承办尼山论坛,扎实推进中华优秀传统文化"两创",努力建设世界文明交流互鉴高地。实践证明,只有主动担负新时代的文化使命,从服务国家重大文化战略和文化强国、文化强省建设的高度出发,强化政治担当,践行"两个结合",坚守好马克思主义这个魂脉、中华优秀传统文化这个根脉,才能在推动文化"两创"进程中行稳致远、不偏航。

二是推进文明交流互鉴,必须发挥资源优势之长。济宁作为中华文明重要发祥地、儒家文化的发源地和习近平总书记提出"两创"思想的重要策源地,必须发挥优势、主动作为,在肩负起新时代的文化使命中展现更强的担当。近年来,济宁市委、市政府牢记习近平总书记"四个讲清楚"和"两个结合"的重要指示要求,坚决扛牢使命担当,努力把济宁打造成中华优秀传统文化"两创"先行示范区和世界文明交流互鉴高地,建设全国一流文化名市。实践证明,只有立足实际,深挖当地特色文化资源、品牌资源,坚持因地制宜、守正创新,才能更好发挥文化浸润作用,在文化传承发展上走在前、开新局。

三是推进文明交流互鉴,必须增强文化传播之力。习近平总书记在党的二十大报告提出:"加强国际传播能力建设,全面提升国际传播效能,形成同我国综合国力和国际地位相匹配的国际话语权。"济宁市委、市政府围绕尼山论坛,按照"大手笔、大格局、大气魄"要求,通过举办或承办各类节庆活动、构筑儒学传播交流平台、完善全媒体传播矩阵等手段,全面提升了论坛的层级、能级和世界影响力,充分彰显了中国形象、齐鲁风格、济宁特色。要进一步增强国际传播能力,继续发挥以儒学为代表的优秀传统文化在文明交流、文化传播中的独特价值,讲好儒家故事、山东故事、济宁故事,增强中华优秀传统文化在国际上的影响力,从而不断提升我国的国际话语权。

四是推进文明交流互鉴,必须秉持久久为功之心。加强文明交流互鉴,构建人类命运共同体是一个长期过程,需要一茬接着一茬干、一件事接着一件事办,才能推动久久为功。十多年来,济宁市委、市政府以尼山论坛为重要抓手,狠抓文化"两创",全市上下齐心协力、共同合作,推动工作取得了一定成效。要充分释放文化的生产力,就需要广大党员领导干部有久久为功的恒心和毅力,延展"文化+"的覆盖范围,使之成为经济社会发展的持久动力。只有持之以恒深入挖掘传统文化的当代价值,才能真正以文化内生力释放出文化生产力。

牵头人:山东省济宁市社会科学界联合会马汉涛

撰稿人:山东省济宁市社会科学界联合会薛建歧、杜爱华、王勤、黄广灿、郭娟、刘长利

后 记

　　党的十八大以来,习近平总书记把文化建设摆在全局工作的重要位置,不断深化对文化建设的规律性认识,提出一系列新思想新观点新论断,从政治高度、历史厚度和实践深度回应文化建设的时代之思、世界之问、实践之路,勾勒出新时代文化建设的新蓝图,明确了新时代的文化使命,丰富和发展了马克思主义文化理论,构成了习近平新时代中国特色社会主义思想的文化篇,形成了习近平文化思想。习近平文化思想内涵丰富,思想深邃,博大精深,是新时代党领导文化建设实践经验的理论结晶,是坚持"两个结合"、推进马克思主义文化理论的重大成果,为担负起新时代的文化使命提供了强大思想武器和科学行动指南,为强国建设、民族复兴提供了坚强思想保证、强大精神力量、有利文化条件。

　　本书是一本关于学习贯彻习近平文化思想的通俗理论读物。书稿以习近平新时代中国特色社会主义思想为指导,全面落实习近平文化思想,紧紧围绕习近平总书记在 2023 年 6 月文化传承发展座谈会上提出的文化建设方面"十四个强调"任务，从理论解读、实践探索两个层面对"十四个强调"任务进行逐一的解析，既有理论层面的解读阐释，也有实践层面的经验做法，对基层宣传思想文化战线和广大读者深入学习领会习近平文化思想，守正创新做好新时代新征程宣传思想文化工作，具有较好的参考借鉴作用。

本书由中宣部全国宣传干部学院秦强同志、乔如正同志牵头组织编写，全国宣传干部学院葛磊、冯德昕、程赞，中央广播电视总台张新阳、甘肃省委宣传部张娜、中国海洋大学宋欣、昆明理工大学马克思主义学院詹晓媛等同志参加了组稿统稿工作，江西省新余市渝水区区委宣传部周金林、江西省南昌市进贤县县委宣传部凌婧、湖北省襄阳市公安局杜海峦、湖北省武汉市武昌区司法局杜百川等同志参加了修改校订工作。各个专题撰写分工如下。专题一：赵海英；专题二：王开仓、魏运玲、曾伟；专题三：胡建武、史晨昊、张鹏涛；专题四：周建明、刘小妹、宋增文；专题五：董彪；专题六：申中华、郑剑辉、俞旭东；专题七：周义波、王文章；专题八：郭强；专题九：欧阳斌、薛文军；专题十：宫吉成、张海玉、赵赛楠；专题十一：陈雪娇、王志国、包慧慧；专题十二：谢春岐，宰红涛、方煜雯；专题十三：陈顺源、魏晓颖；专题十四：马汉涛、王勤、薛建歧、黄广灿、杜爱华。

在编写过程中参考了专家学者的观点和论述,限于本书体例没有一一列出,在此表示致歉和感谢。由于作者理论水平有限,实践经验不足,本书的错误纰漏之处在所难免,对此恳请广大读者批评指正。

编　者

2025 年 1 月